# 한글 2020

김찬회 · 임정목 · 박대성 공저

# 머리말

하드웨어의 발전은 바야흐로 32bit에서 64bit로 크나큰 발전을 거듭하고 있다. 이로 인해서 운영체제 및 관련 소프트웨어들도 확장하기 위한 작업이 필요하게 되었으며, 사용자들에게 자주 사용되는 오피스 관련 프로그램들도 버전업이 불가피하게 되었다.

또한, 워드프로세서도 64bit에 어울리도록 프로그램이 발전하고 있으며, 최근에는 기능의 발전은 물론이고, 문서의 정보에 대한 중요성이 대두하고 있으며 보안 문제에 대해서도 심각하게 대처해야 할 환경에 이르렀다고 생각한다. 여태껏 PC 계열이 탄생한 이후 자주 사용되는 프로그램이 워드프로세서라는 것은 누구나 알고 있으며, 아울러 우리나라에서 제일 많이 사용되는 워드프로세서용 프로그램이 한글워드프로세서인 것이다.

한글워드프로세서 2020은 윈도우용 워드프로세서 프로그램입니다. 개선된 사용자 인터페이스와 강력해진 편집 기능을 통해 더욱 간편하고 신속하게 문서 편집 작업을 수행할 수 있다. 세련된 프레임이 적용되었지만, 기본적인 사용 방법은 이전 판을 따르고 있기 때문에 계속해서 한/글을 사용해온 기존 사용자도 새로워진 한/글 2020을 손쉽게 사용할 수 있습니다.

이 책은 사용자가 손쉽게 한글 2020의 기능들을 배울 수 있도록 집필된 책으로 사용자 편의 위주로 기초적인 면에 중점을 두었으며, 중급/고급 사용자에게도 필요한 부분을 많이 수록하였다. 특히 보안 문제에 대비하여 배포용 문서나 인증 관련 기능으로 중요한 정보의 유출을 막아주는 기능으로 재포장되어 사용자들의 근심을 덜어 줄 수 있으며 문서를 작성하는데 고급의 기능이 많이 추가되었다.

시대적인 대세에 따라 버전업이라는 기능발전은 불가피한 것으로 더욱 빠르게 새로운 기능에 접근하는 것이 하나의 지혜가 될 수 있음을 강조하며, 아무쪼록 어려운 점이 있더라도 끝까지 이 책을 탐독하면 한글 2020을 사용하는데 많은 도움이 될 것이며 이 책이 나오기까지 고생하신 김형근 사장님께 감사드리고, 집필하는데 많은 도움을 준 제자와 후배님들에게 이 자리를 빌려서 심심한 감사를 드린다.

제1장

# 한글 2020 기초

1.1 한글 2020 소개 및 특징
1.2 한글 2020 시작하기
1.3 화면 구성
1.4 메뉴 사용법
1.5 대화 상자 사용법
1.6 도움말 사용법
1.7 한글 2020 끝내기
1.8 환경 설정
1.9 사용자 설정
1.10 스킨 설정

# 1.1 한글 2020 소개 및 특징

한글 2020은 윈도우즈 10 pro에서의 한글 워드프로세서로서 「한글과 컴퓨터」에서 제작한 한컴오피스에 포함된 최신의 핵심 워드프로세서 프로그램이다.

한글 2020은 새로운 모양과 편리한 사용 방법, 더욱 강력해진 기능을 제공하므로, 초보자에서 전문 사용자에 이르기까지 문서 편집 작업을 더욱 빠르고 편리하게 할 수 있을 것이다.

또한, 기존 한글 2020 이하 버전 사용자가 사용하는데 전혀 문제가 없도록 기본적인 사용 방법은 그대로 따르고 있다.

새로워진 한글 2020의 특징을 살펴보기로 한다.

## 1.1.1 OCR로 그림에서 글자 추출

한컴오피스에서는 OCR(Optical Character Recognition) 기술을 활용하여 그림 파일에서 글자를 추출할 수 있는 기능을 지원한다.

이 기능을 사용하여 스캔하거나 다운로드한 이미지에 포함된 문자를 편집 창에 바로 입력할 수 있으며, 이 내용을 복사하여 다른 곳에 붙여 넣을 수 있다. 인쇄물 형태의 명함 또는 서류를 스캔하거나 카메라로 촬영한 다음 편집 가능한 문자로 변환하고 싶을 때 유용하게 사용할 수 있다.

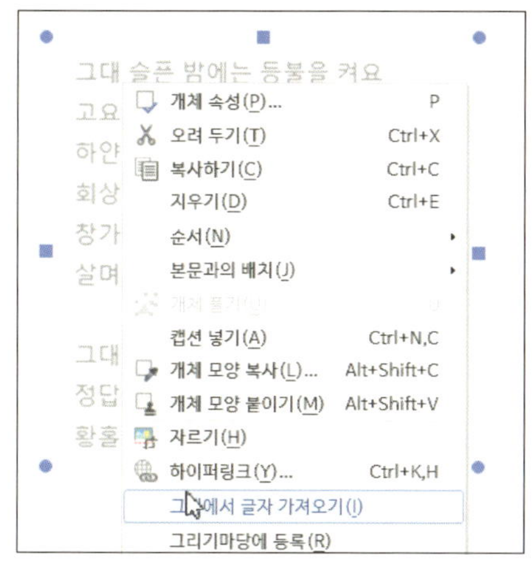


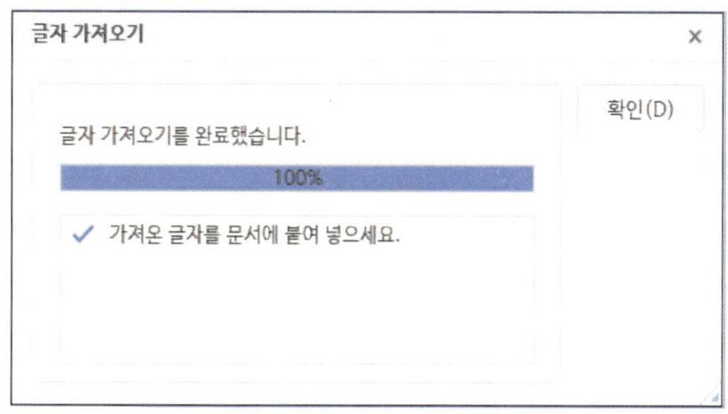


그대 슬픈 밤에는 등불을 켜요
고요히 타오르는 장미의 눈물
하얀 외로움에 그대 불을 밝히고
회상의 먼바다에 그대 배를 띄워요
창가에 홀로앉아 등불을 켜면
살며시 피어나는 무지개 추억

그대 슬픈 밤에는 등불을 켜요
정답게 피어나는 밀감빛 안개
황홀한 그리움에 그대 불을 밝히고

그대 슬픈 밤에는 등불을 켜요
고요히 타오르는 장미의 눈물

## 1.1.2 작업 창 분리 또는 고정

사용자의 편의에 따라 여러 개의 작업 창을 자유자재로 분리했다가 다시 고정할 수 있다.

[보기]-[작업 창]에서 원하는 작업 창을 선택하면 프로그램 창 오른쪽 영역에서 탭 형태로 열린다. 그중 하나의 작업 창 위에 마우스 커서를 놓은 상태에서 문서 영역으로 끌면 작업 창이 분리된다. 분리된 작업 창을 다시 작업 창 영역으로 끌면 탭 형태로 고정할 수 있다.

### 1.1.3 스플래시 이미지 닫기를 통한 프로그램 종료

한컴오피스를 처음 실행할 때 나타나는 스플래시 이미지에 [닫기] 단추가 추가되었다. 일부 공공기관이나 성능이 낮은 PC에서 프로그램을 실행할 때 로딩 이미지만 나타난 채 응답 대기 시간이 길어지면 프로그램을 신속하게 종료할 수 있다.

### 1.1.4 타자 프로그램 없이 사용자의 입력 타수를 즉시 확인

한컴 타자연습 프로그램을 실행하지 않아도 문서를 편집하는 동안 실시간으로 사용자의 입력 타수를 확인할 수 있다. 한/글 실행 시 나타나는 간편 도움말에서 타수 변경 현황을 알려준다.

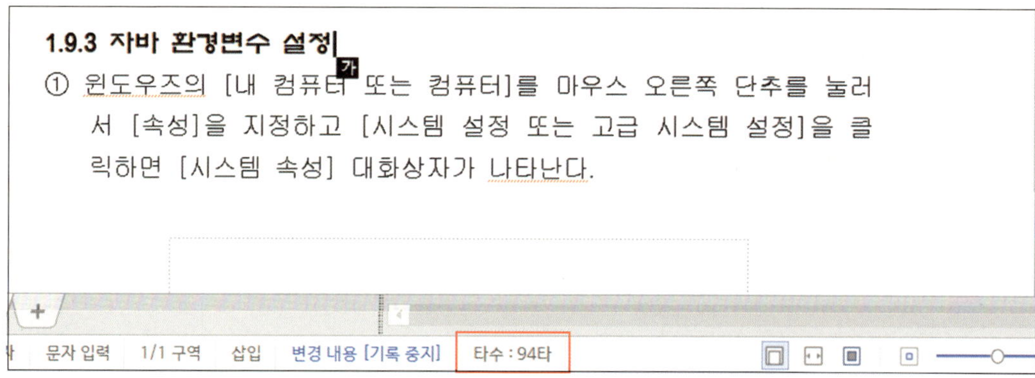


## 1.1.5 연결된 글상자 UI 개선

두 개 이상 연결된 글상자 간 커서를 이동하지 않아도 연결 여부를 한눈에 알 수 있도록 사용자 인터페이스를 개선하였다. 여러 개의 글상자가 포함된 신문이나 다단 문서를 편집할 때 편리하게 사용할 수 있다.

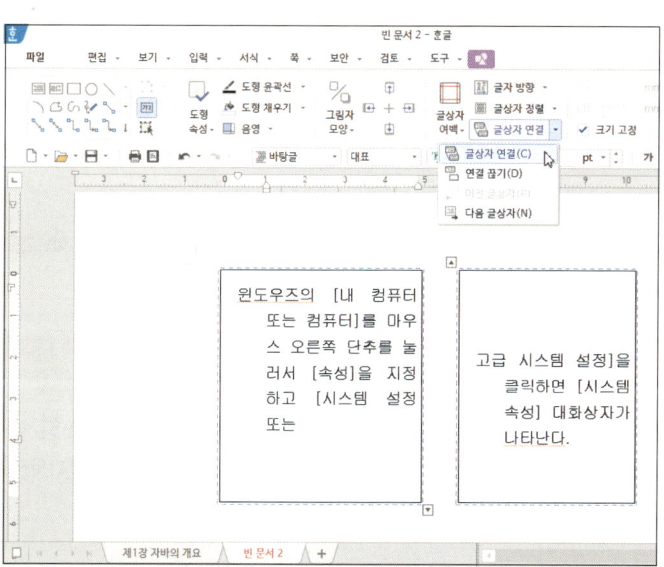


## 1.1.6 캡션 스타일 추가

그림이나 표와 같은 개체의 추가하는 캡션에 적용할 수 있는 스타일이 추가되었다. 캡션 속성을 일일이 적용할 필요 없이 캡션 스타일의 속성을 변경하면 모든 캡션에 변경된 속성이 일괄 적용된다.

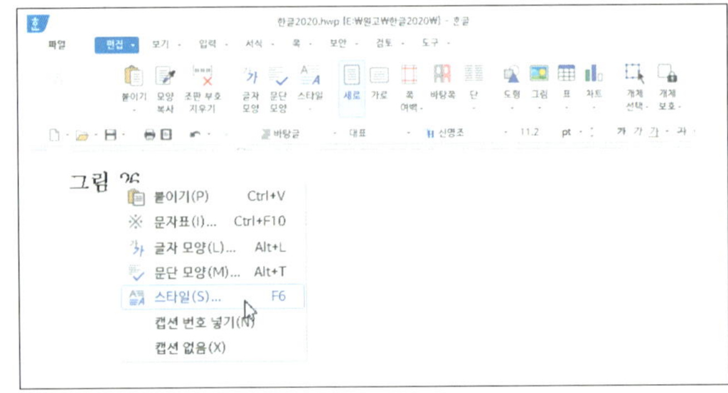


### 1.1.7 사용자가 입력 중인 언어 표시

새로워진 한/글에서는 현재 선택한 언어를 모른 채 실수로 내용을 입력했다가 지운 다음 다시 언어 변경을 시도하지 않아도 된다. 이 옵션을 설정하면 문서 편집 영역에서 현재 사용 중인 언어를 표시하므로 다른 작업을 하다가 한/글 편집 창으로 돌아왔을 때 '영어를 한글로' 또는 '한글을 영어로' 입력하는 오류를 방지할 수 있다.

한글 2020으로 작업 중입니다.

## 1.2 한글 2020 시작하기

한글 2020은 윈도우즈용 워드프로세서로서 윈도우즈 10에서 주로 사용할 수 있으며, 뛰어난 문서 편집 기능과 함께 그리기와 동영상 그리고 보안 기능을 강화하여, 프레젠테이션 문서에 버금가는 효과적인 문서를 작성할 수 있다.

윈도우즈 10의 [시작]-[모든 프로그램]-[한글 2020]를 차례대로 클릭하면 한글 2020의 편집 화면이 나타난다.

### 1.2.1 새 문서

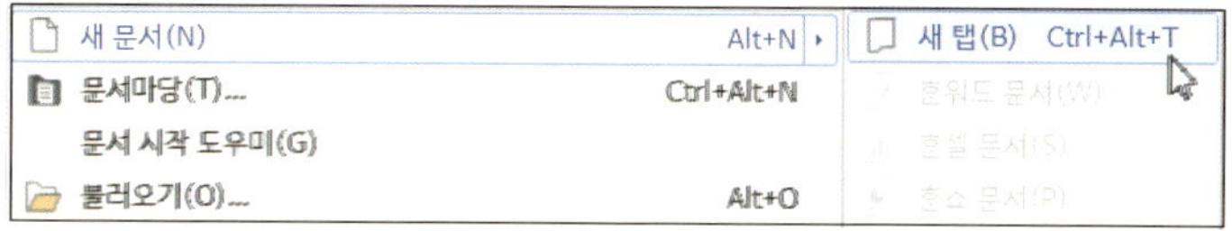


새로운 문서를 만든다. 지금까지 작업 중이던 문서 탭을 그대로 두고, 같은 창안에 새로운 문서 작업을 위한 빈 문서 탭을 하나 더 만든다. [새 문서]와 [새 탭]은 모두 새로운 문서 작업을 위해 빈 문서를 새로 시작하는 것이다. 차이점은 [새 문서]는 빈 문서를 창 모양으로 만드는 것이고, [새 탭]은 현재 문서 창 안에 탭을 하나 덧붙여 만드는 것이다.

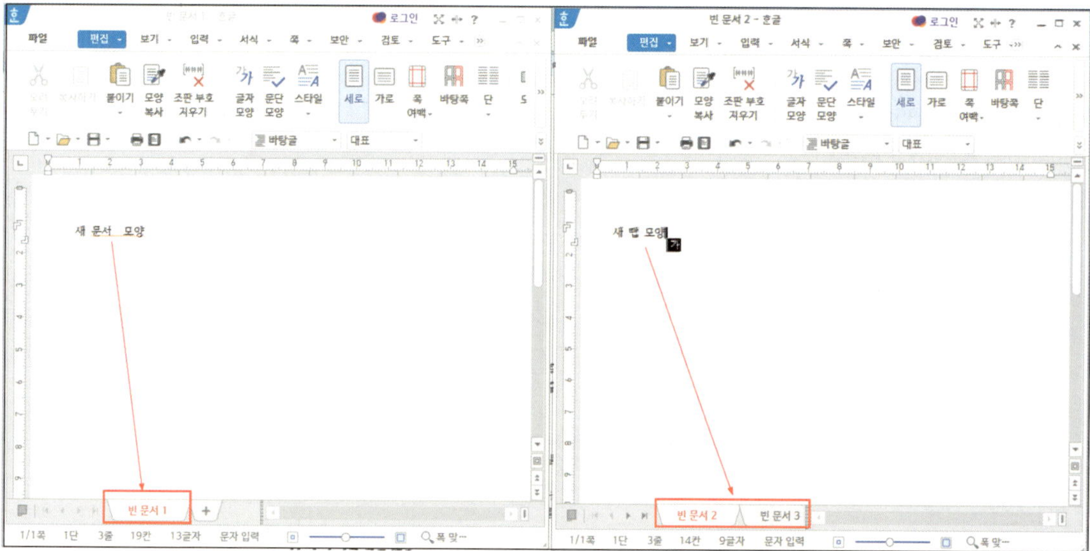


### 1.2.2 문서마당

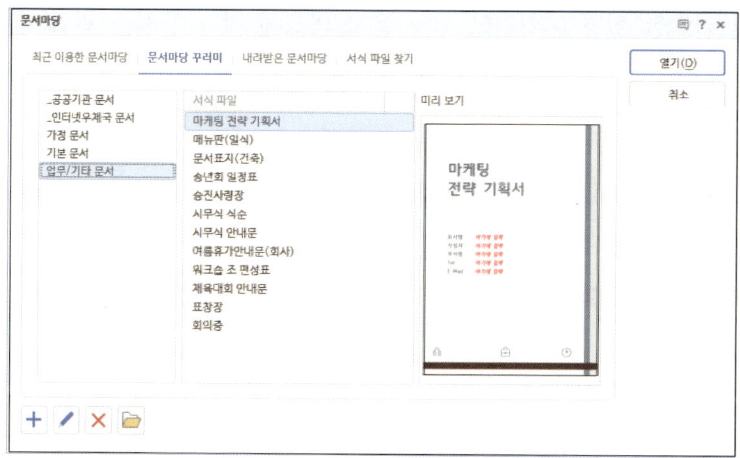

[문서마당]은 자주 사용하는 문서의 모양을 미리 서식 파일(*.Hwt)로 만들어 놓고 필요할 때마다 불러와 문서의 빈 부분만 채우면 문서를 빠르게 만들 수 있는 템플릿(Template) 방식의 기능이다. 그리고 같은 종류의 서식 파일들을 한곳에 모아 놓은 폴더를 [문서마당 꾸러미]라고 한다.

한글 2020에서는 다양한 문서마당의 서식 파일을 제공한다. 따라서 한글 2020을 처음 사용하는 사용자라도 문서마당을 이용하면 문서 작성에 들어가는 많은 시간과 노력을 절약하여 멋진 문서를 쉽고 빠르게 만들 수 있다.

### 1.2.3 문서 시작 도우미

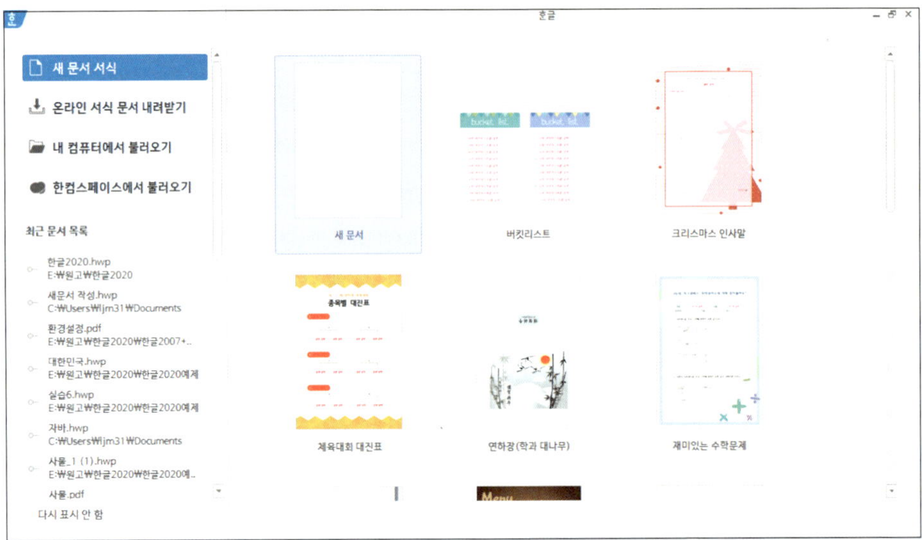


문서 시작 도우미 화면에서는 몇 번의 클릭만으로 신속하게 문서를 생성하거나 기존 작업을 이어갈 수 있다.

최근 작업 중인 문서의 목록에서 필요한 문서를 선택하여 즉시 편집할 수 있으며, 서식 문서의 썸네일 이미지와 간략한 설명을 확인한 후 사용자 의도에 맞는 문서를 만들 수 있다.

## 1.3 화면 구성

한글 2020을 실행시키면 다음과 같은 화면이 나타난다. 최근에 작업한 문서를 불러내어 수정하고자 할 때 [내 컴퓨터에서 불러오기]를 클릭하면 [불러오기] 탐색기가 나타난다.

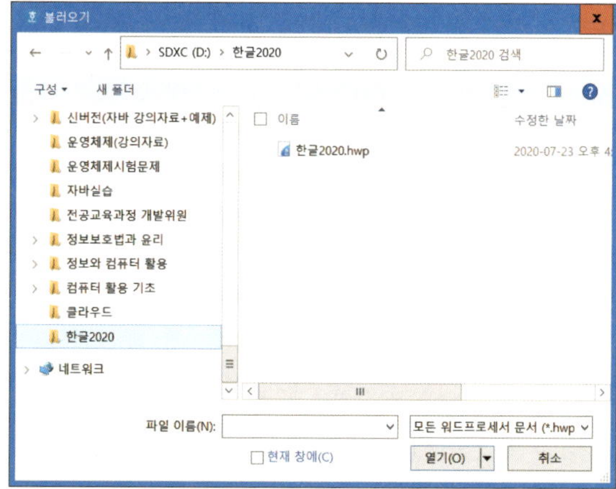


해당 파일을 선택하면 한글 문서 편집 화면이 나타난다.

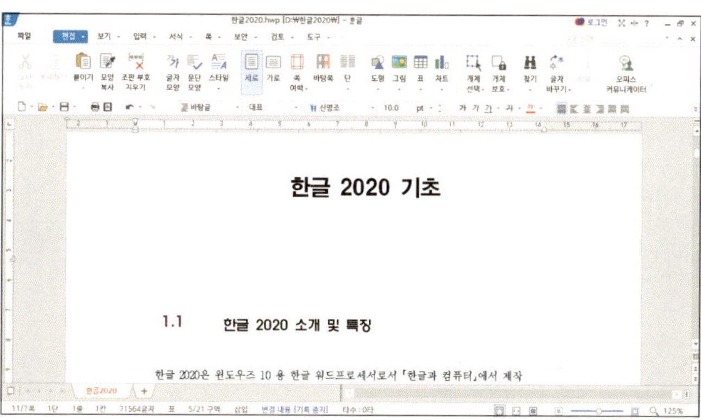


편집 화면의 구성 요소들은 다음과 같다.

### 1.3.1 제목표시줄

문서 창에서 현재 작업 중인 문서의 디렉토리와 파일 이름 및 문서의 제목을 표시한다.

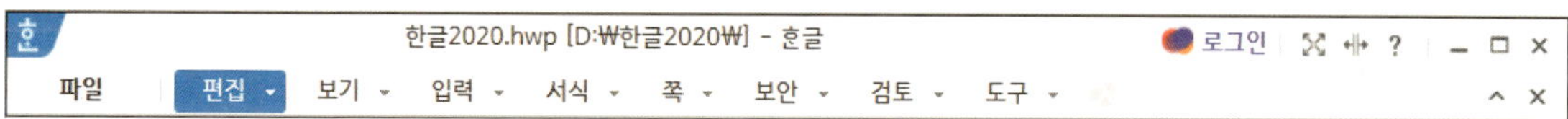


• 문서 닫기 : 더블 클릭하면 작업 중인 문서를 닫는다.

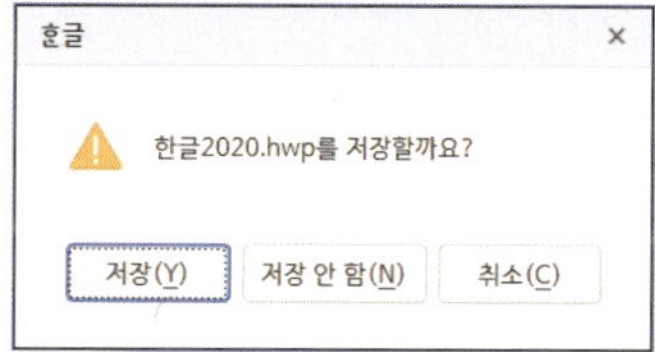

- 한글2020.hwp [D:₩한글2020₩] - 한글 **문서이름 :** 작성 중인 문서의 이름을 보여준다.
- **전체 화면 :** 제목, 메뉴, 기본 도구 상자, 서식 도구 상자 등이 사라지고 편집 중인 페이지가 화면 전체에 표시된다.
- **크게 보기 :** 한글 메뉴와 도구 등이 크게 나타난다.
- ? **도움말 :** 한글 도움말 화면이 나타난다.
- **최소화 :** 클릭하면 현재 작업중인 문서를 대기상태로 전환시킨다.
  다시 활성화하여 작업을 진행하려면 윈도우즈 10 작업표시줄에서 해당하는 제목을 클릭하면 주 화면에 다시 나타난다.
- **전체화면표시 :** 클릭하면 현재 창을 전체화면 크기로 한다.
- **축소화면표시 :** 클릭하면 현재 창의 크기를 작게 한다.
- × **문서 닫기 :** 클릭하면 작성 중인 문서를 닫는다.

### 1.3.2 주 메뉴 및 서브 메뉴

한글 2020에서 제공되는 여러 가지 주 메뉴와 서브 메뉴이다.

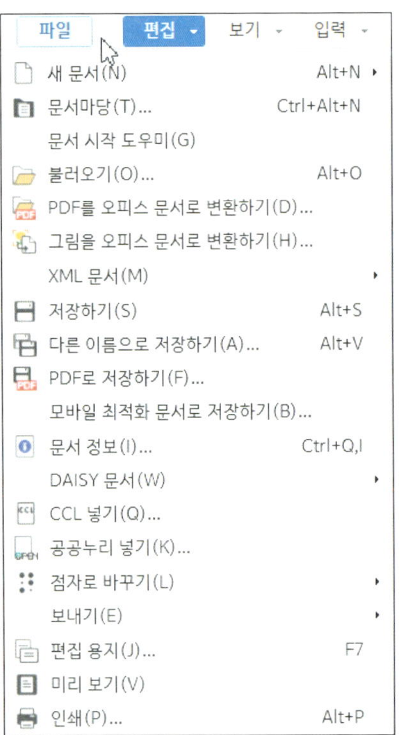

### 1.3.3 도구상자

메뉴에서 자주 사용하는 기능들을 아이콘으로 표현한 것이다. 마우스를 사용하여 원하는 기능의 아이콘을 클릭하면 바로 실행된다.

각각의 아이콘에 마우스를 위치하면 아이콘의 기능을 설명하는 풍선 도움말(Bubble Help)이 나온다.

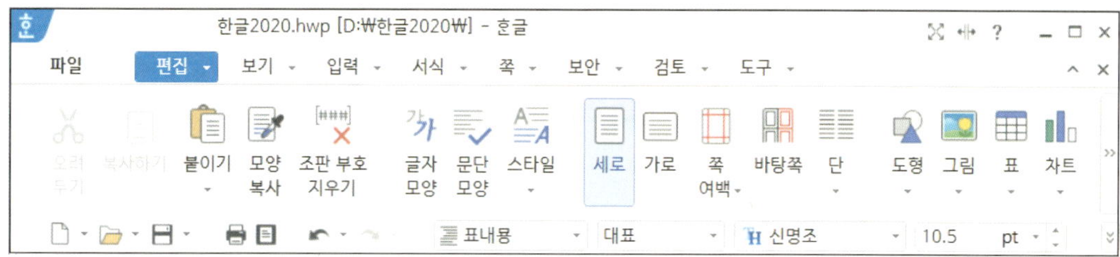


### 1.3.4 리본

메뉴를 통한 기능 수행보다 훨씬 빠르게 작업할 수 있어, 글자 모양, 문단 모양을 직접 조정할 수 있다.

조정하는 방법은 원하는 항목을 클릭하고 원하는 목록으로 이동한 후 다시 한 번 클릭하여 선택하면 된다.

- 바탕글 스타일 : 자주 사용하는 글자 모양이나 문단 모양을 미리 정해 놓고 쓰는 것을 스타일(styles)이라고 한다.
  스타일을 만들어 놓으면 필요할 때 그 스타일을 선택하는 것만으로 해당 문단의 글자 모양과 문단 모양을 한꺼번에 바꿀 수 있다.
  스타일은 단순히 글자 모양이나 문단 모양을 간편하게 선택하기 위해서라기보다는, 긴 글에 대하여 일관성 있는 문단 모양을 유지하면서 편집 작업을 하는데 꼭 필요한 기능이다.
- 대표 글꼴 종류 : 한글, 영문을 선택하여 각각의 글꼴을 다르게 지정할 수 있도록 한다.
- 신명조 글꼴 : 한글 2020에 설치되어 있는 글꼴을 선택할 수 있다.
- 11.2 pt 글자 크기 : 글자 크기를 지정할 수 있다.
- 가 가 가 가 가 기본 글자 속성 : 기본적인 글자 속성을 지정한다.
- 문단 정렬 : 문단 정렬의 종류를 지정한다.
- 160 % 줄 간격 : 줄과 줄 사이의 간격을 지정한다.

### 1.3.5 그리기 개체

편집 화면에 그림 그리기의 종류를 나타내기 위한 아이콘이다. 이 기능은 [입력] 메뉴의 박스에서 아이콘을 클릭한 후 편집 화면으로 마우스 포인터를 옮겨 십자 표시(+)를 드래그&드롭하여 크기를 지정한 다음 마우스 버튼을 놓는다.

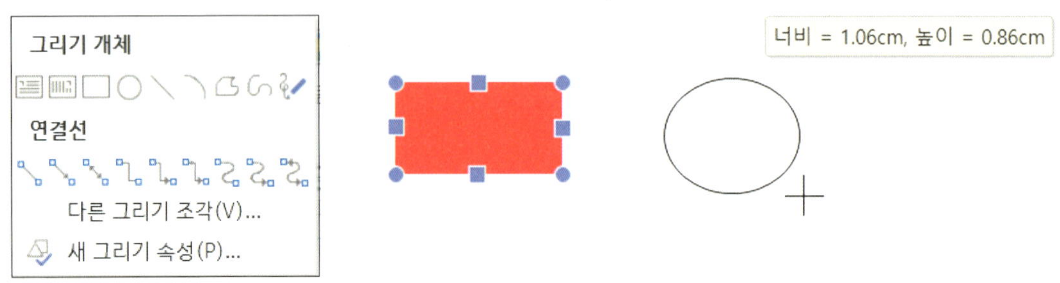


### 1.3.6 눈금자

실제 작성하는 문서의 크기를 확인하는데 도움이 되고, 눈금 단위를 조정할 수 있다. 가로 눈금자에는 탭(tab) 종류 및 위치가 표시된다.

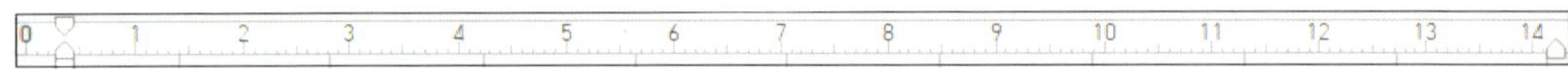

- **문단 여백 조절표시** : 이 표시를 마우스로 끌기하여 문단의 들여쓰기, 내어쓰기, 왼쪽 여백 등을 조정한다.
- **오른쪽 여백 조절표시** : 마우스로 끌기하여 오른쪽 여백을 조정한다.
- **탭 종류 변경** : 이 표시를 누르면 탭의 종류가 차례대로 나타난다. 원하는 항목을 클릭하여 선택한다. 탭의 종류는 다음과 같다.

| 왼쪽 탭 | | 왼쪽 정렬 탭을 설정하면 그 위치에 있는 낱말의 왼쪽 시작 부분을 가지런하게 맞춰준다. |
|---|---|---|
| 오른쪽 탭 | | 오른쪽 정렬 탭을 설정하면 그 위치에 있는 낱말의 오른쪽 끝 부분을 가지런하게 맞춰준다. |
| 가운데 탭 | | 가운데 정렬 탭을 설정하면 그 위치에 있는 낱말의 가운데 부분을 가지런하게 맞춰준다. |
| 소수점 탭 | | 소수점 정렬 탭을 설정하면 그 위치에 있는 숫자의 소수점 부분을 가지런하게 맞춰준다. |

- **탭 지정 위치** : 원하는 눈금자 위치에서 클릭하면 표시된 탭이 지정되어 나타난다.

### 1.3.7 상황선

쪽 번호, 줄 번호, 칸 번호, 문단구분 형태, 단수 및 새로운 탭과 글자판 환경 설정 도구(이동 가능) 등이 나타나 있다.

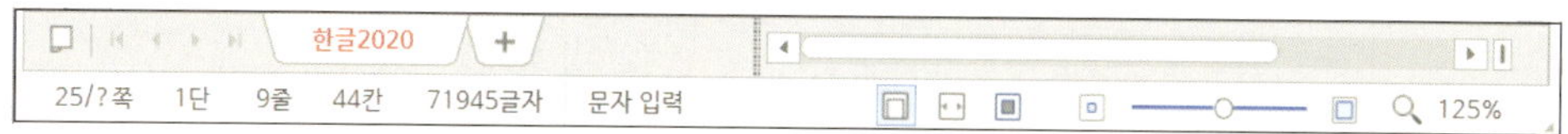


새로운 탭 단추를 추가( + )하여 통합문서의 개념을 도입하였다.

## 1.4 메뉴 사용법

9가지의 메뉴로 구성되어 있으며 원하는 메뉴를 클릭하면 주 메뉴에 연결된 서브 메뉴가 나타난다.

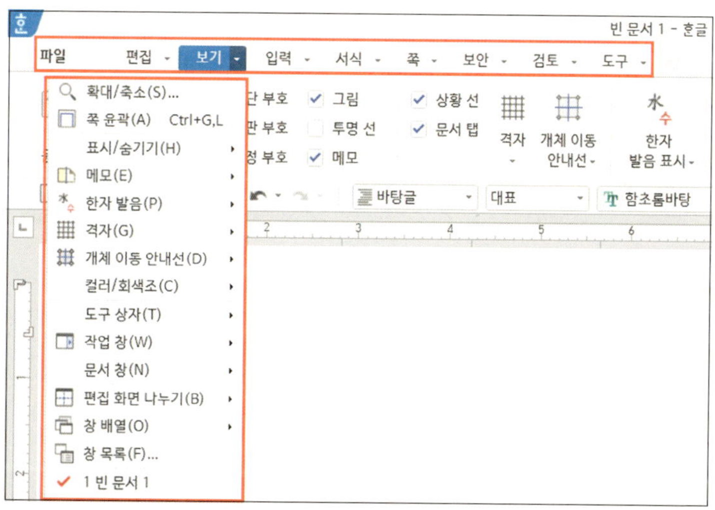

### 실습 1-1

화면확대를 [폭 맞춤]으로 설정해 보자.

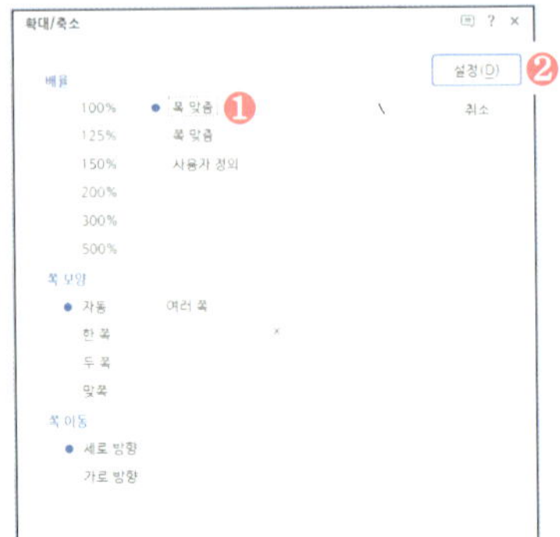

❶ 비율의 [폭맞춤]을 지정한다.
❷ [설정] 단추를 클릭한다.
　[화면확대]를 확인한다.

## 1.5 대화 상자 사용법

특정한 명령을 수행하려면 조건을 지정하는 상자가 나타난다. 이것을 대화 상자라고 한다. 대화 상자는 여러 형태로 나타나는데, 몇 가지 대화 상자를 살펴보도록 하자.

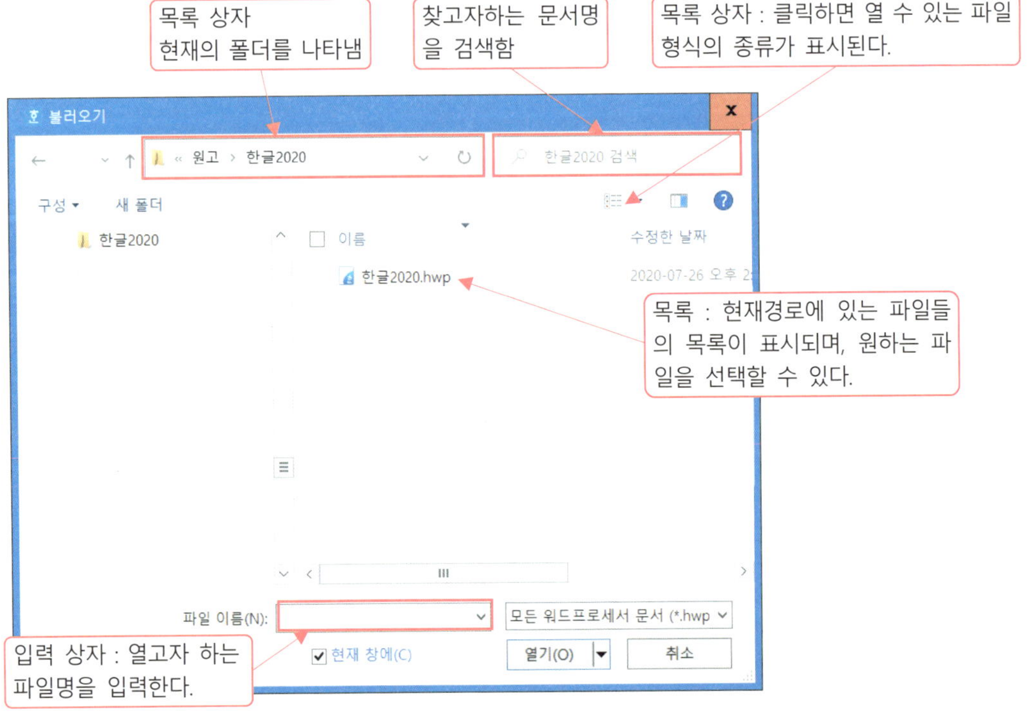

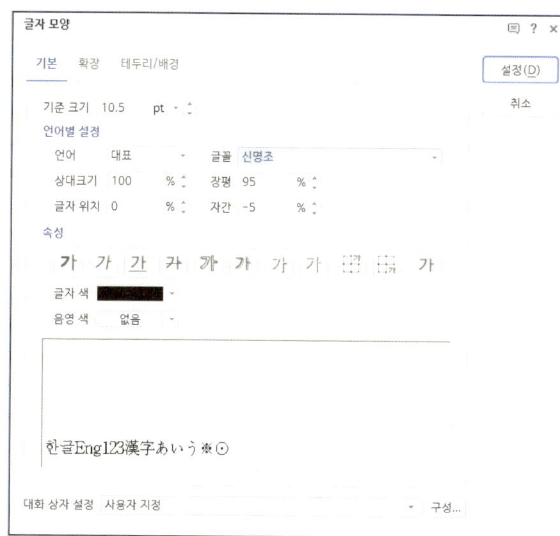

* 글자 크기 조절
* 글꼴 선택 및 상대크기, 장평, 글자위치, 자간
* 글꼴 속성
* 글꼴 색상
* 글꼴 음영 조절
** 선택방법은
- ▲을 한번 클릭시 숫자 증가
- ▼을 한번 클릭시 숫자 감소
- 입력 상자를 클릭하여 입력상태로 바꾼 후 직접 수치 입력

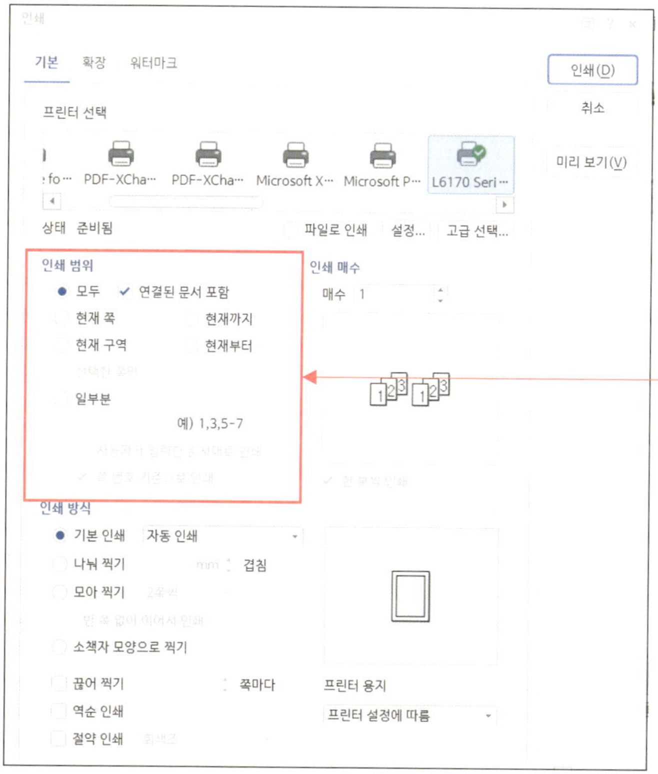

라디오단추 :
여러 가지 항목들 중에서 하나만을 선택할 수 있다.
[모두] 항목을 선택하면 [현재 쪽]이 선택되었던 것이 자동으로 취소된다.

## 1.6 도움말 사용법

문서 작성 중 모르는 부분이나 좀 더 고급스러운 기능을 알고자 할 때에 사용자에게 도움을 주는 기능이다.

### 1.6.1 인터넷을 통한 도움말

F1 키 또는 ?를 눌렀을 때 인터넷에 연결되어 도움말의 목록에서 내용을 찾을 수 있다.

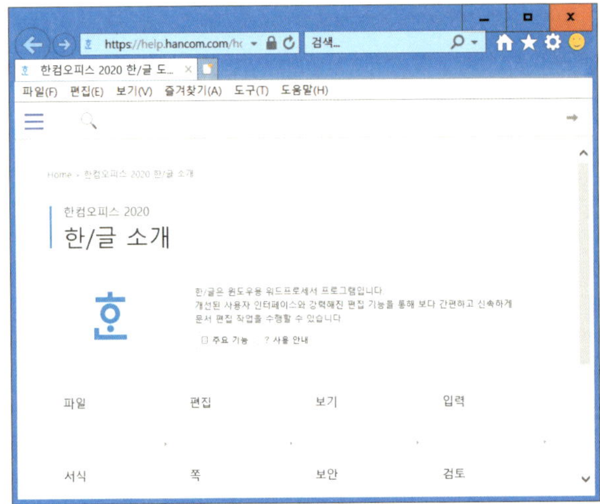


도움말을 검색하기 위해 메뉴의 목록을 선택하면 목록에 대한 도움말 메뉴가 나타난다.

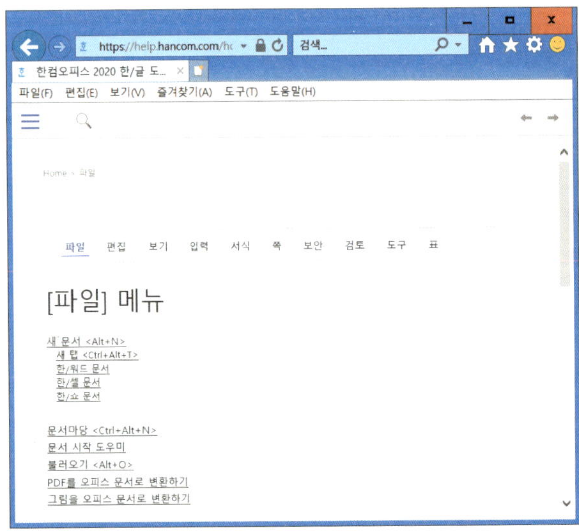

'불러오기'를 검색해서 클릭한 결과는 다음과 같다.

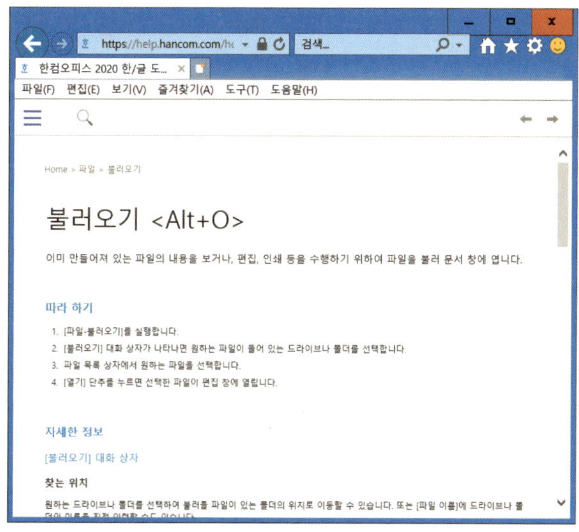


## 1.6.2 오피스 톡

[도구]-[오피스 톡]을 클릭하면 편집화면 오른쪽에 오피스 톡 화면이 나타나고 아래 목록에 찾고자 하는 "불러오기" 내용을 입력하고 전송(💬) 버튼을 누르면 그 결과 목록이 다음과 같이 나타난다.

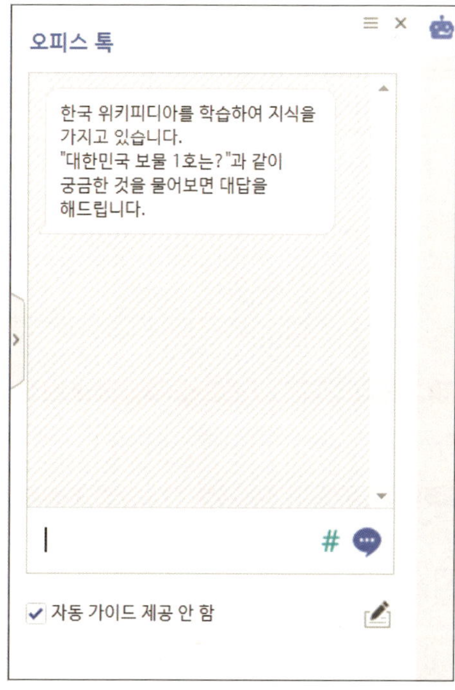


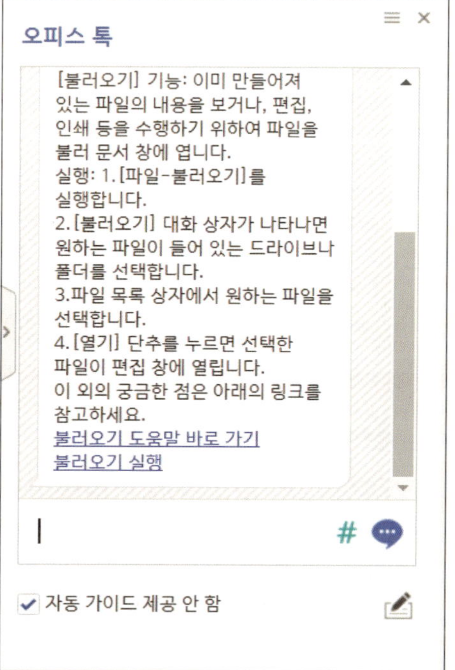

오피스 톡을 사용하려면 한컴 스페이스에 사용자 등록을 사전에 처리해야 한다.

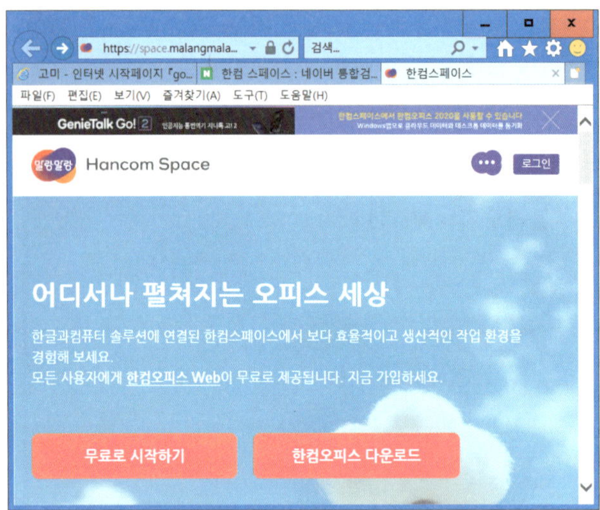


한글 메뉴에서 [도움말]을 보려면 ?를 누른 후 해당 항목을 클릭하고, 이전 화면으로 되돌아가려면 [취소] 키 또는 × 단추를 누른다.

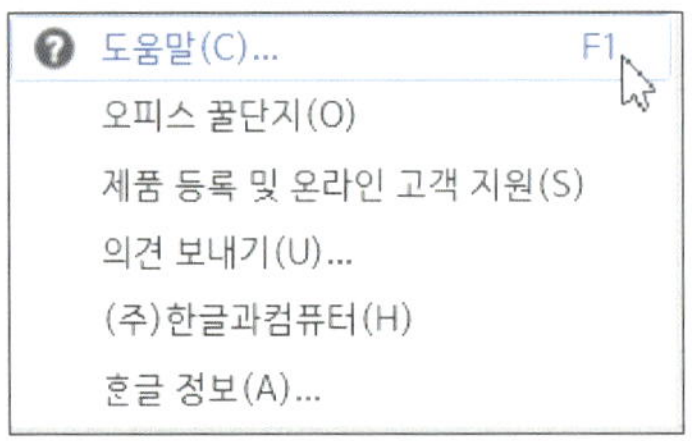


## 1.7 한글 2020 끝내기

[파일]-[끝] 메뉴를 클릭하거나, – 🗗 × 부분의 ×를 클릭하여 윈도우즈10의 바탕화면이 나오면 한글 2020이 종료된 것이다.

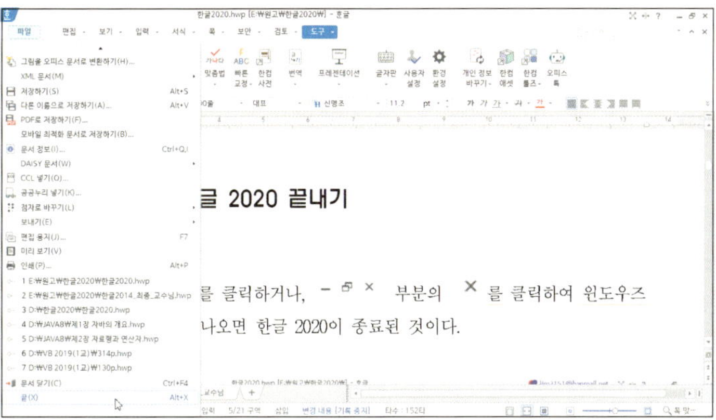

한글 2020을 종료하기 전에 작업중인 파일을 저장해야 한다. 저장하지 않고 끝내기 명령을 하면 다음 대화 상자가 나타난다.

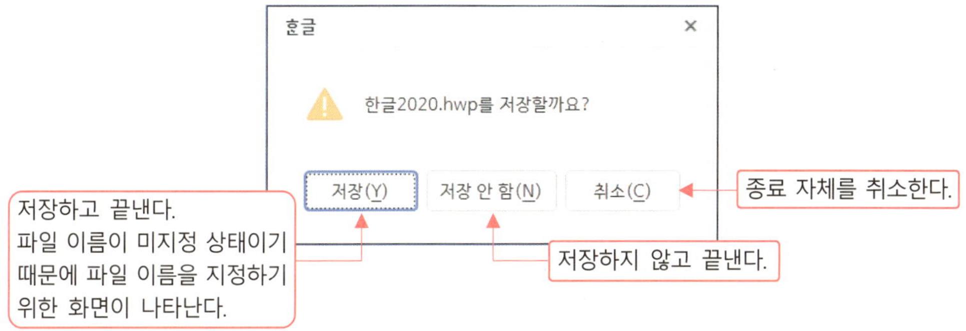


단축키 Alt + F4 키를 눌러도 위와 같은 화면으로 종료시킬 수 있다.

[도구]-[환경설정]에서 [편집] 탭에서 [확인하고 끝내기]를 체크하면, 한글 2020 워드프로세서를 끝낼 경우 다음과 같이 한글 끝내기를 묻는 화면이 나타나고 [끝냄]을 지정해야 비로소 한글2020 워드프로세서가 종료된다.

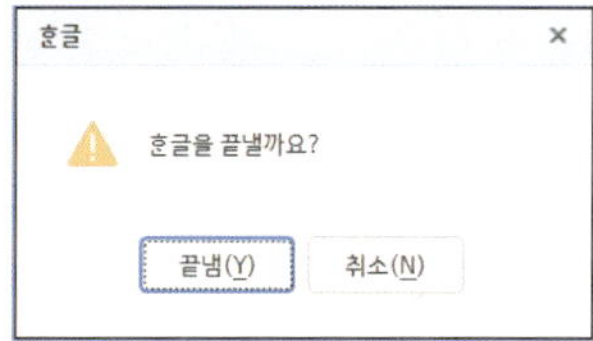

# 1.8 환경 설정

한글에서 사용되는 자동 저장 방식, 최근 작업 문서를 여는 방식, 맞춤법 도우미 작동 여부 선택 등의 편집 환경을 설정한다. 또한, 사용자 정보를 입력할 수 있고, 텍스트 파일이나 HTML 파일을 읽고 쓸 때의 코드 형식도 설정할 수 있다.

[도구]-[환경 설정]에서 설정된 값들은 한/글을 시작할 때 레지스트리에 저장되어 처음 값(default)으로 사용되며, 모든 문서에 적용된다.

## 1.8.1 [편집]

문서를 불러오는 방식, 최근에 작업한 문서를 여는 방식 등 한/글의 사용 환경을 설정한다.

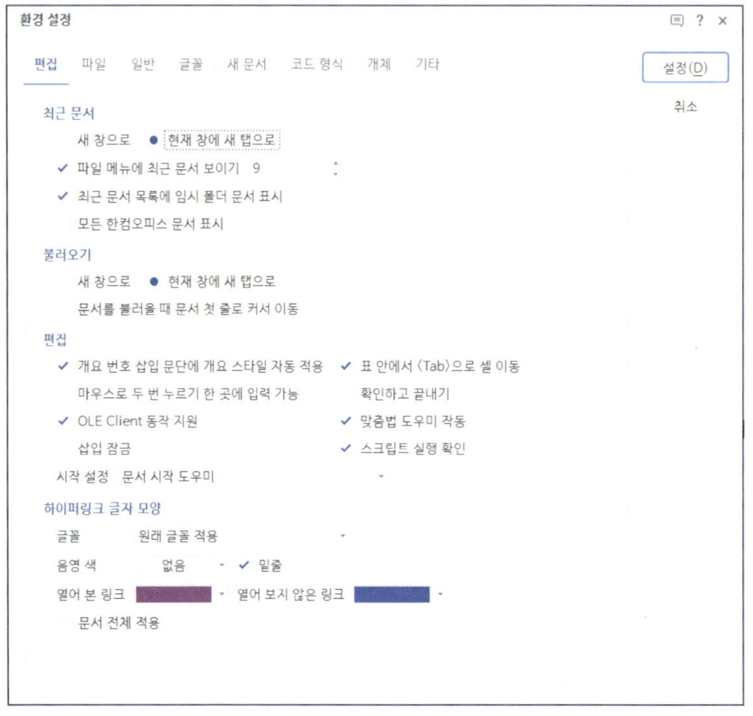


### (1) 최근 문서

[새 창으로]를 지정하면 별도의 한글 2020 문서가 작성되어 나타나고, [현재 창에 새 탭으로]를 지정하면, 한 개의 한글 2020 문서에 탭의 형태로 나타난다.

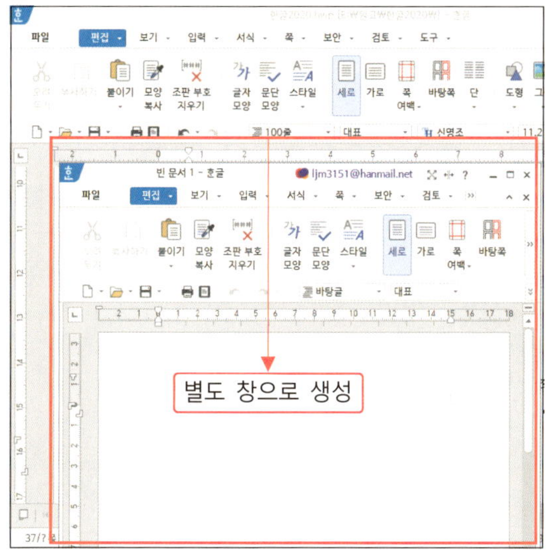


새 창으로

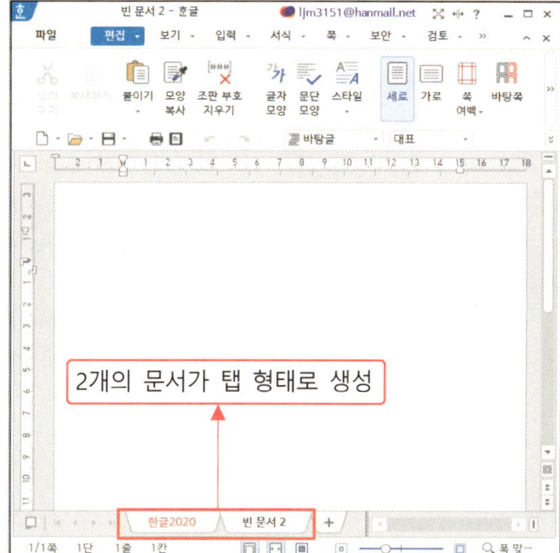


현재 창에 새 탭으로

### (2) 편집

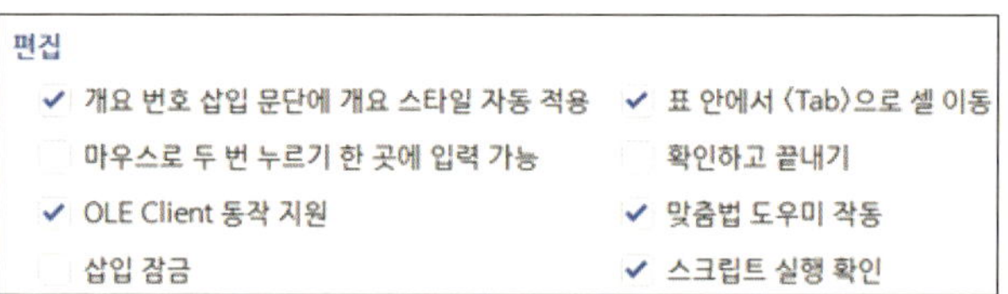


[확인하고 끝내기]는 종료 저장할 경우 아래와 같이 끝내기를 물어보는 대화 상자가 나타난다.

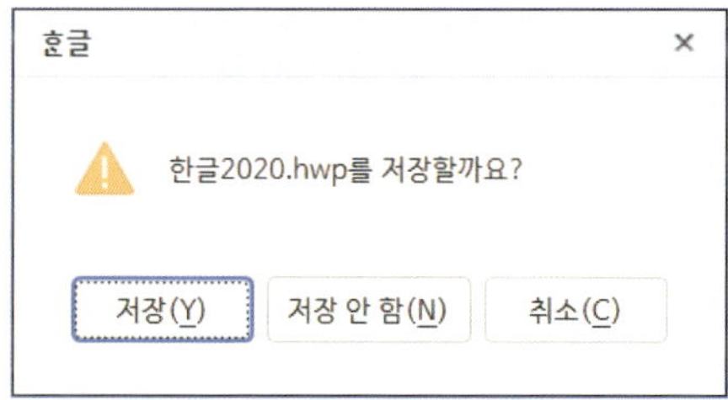


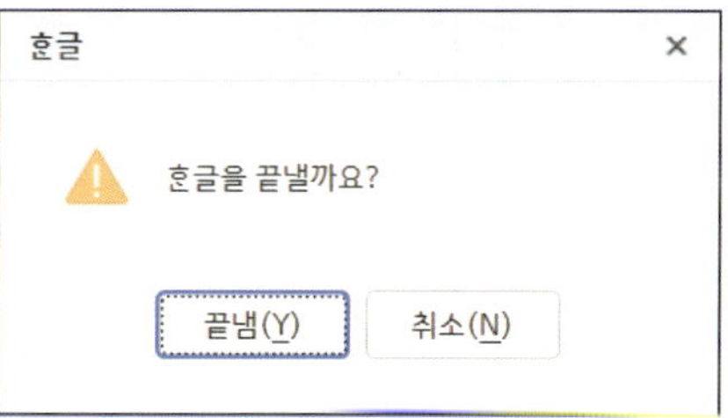


[삽입 잠금]을 설정하면 Insert를 눌러 한/글 편집 화면의 상황 선에 "삽입"이라는 글자가 나타나도록 한다.

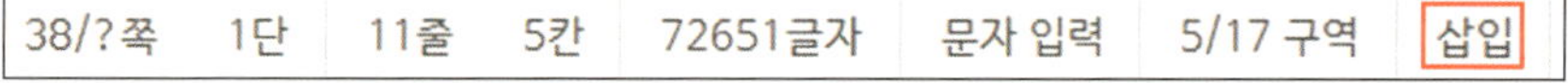

## 1.8.2 [파일]

[새 문서를 저장할 때 문서 암호 설정]은 처음 새 문서를 작성하고 끝낼 때 문서 암호를 지정하기 위한 대화 상자가 나타난다.

[무조건 자동 저장]은 편집상태가 시작되고 10분이 지나면 편집 문서가 자동 저장되고, 쉴 때 자동 저장은 편집상태에서 아무것도 안 하면 쉴 때 자동저장 기능으로 360초로 설정하는 것이 좋다.

복구용 임시 파일 자동 저장

✔ 무조건 자동 저장 10 분 ✔ 쉴 때 자동 저장 360 초

### 1.8.3 [새 문서]

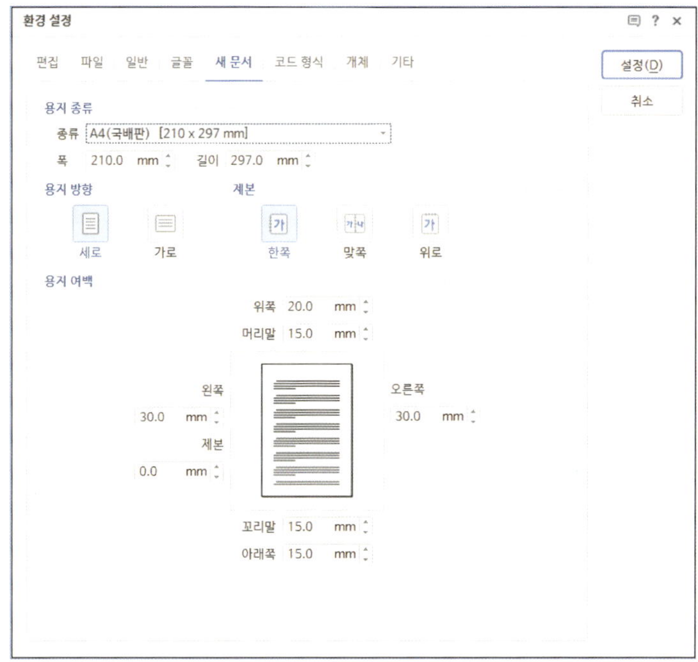


처음 새 문서를 열었을 경우 기본적으로 [용지 종류], [용지 방향], [용지 여백]을 설정하기 위한 값을 지정할 수 있다.

[용지 종류]를 펼쳐 보면 다음과 같은 화면이 나타나고, 다양하게 용지 종류를 바꿀 수 있다.

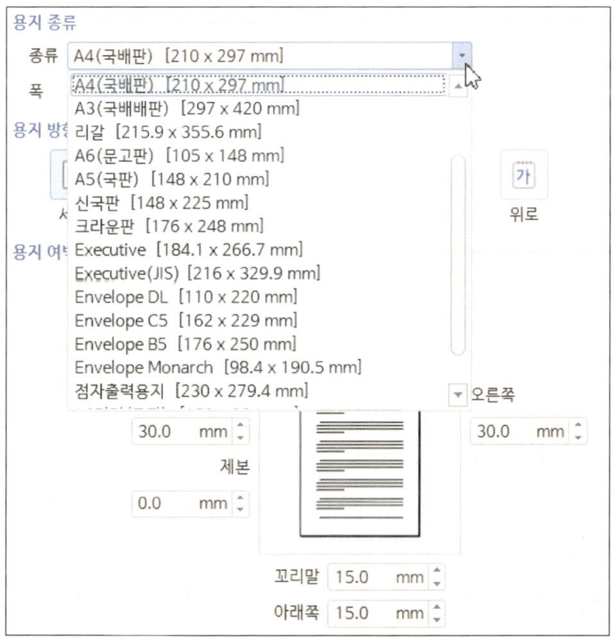

### 1.8.4 [개체]

문장과 개체가 어울리거나, 편집 작업을 하는 정보를 나타낸다.

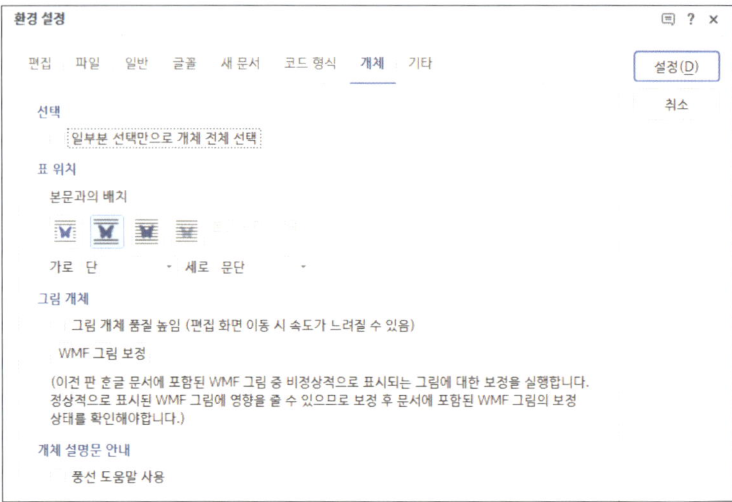


[일부분 선택만으로 개체 전체 선택]은 [도형] 탭에서 [개체 선택] 아이콘( )을 누른 다음 마우스를 끌어 그리기 개체나 그림 등의 개체를 선택할 때 마우스 끌기 영역에 해당 개체의 일부분만 포함되어도 개체 전체가 선택된다.

[본문과 배치]는 마우스를 끌어 그림과 표를 본문에 삽입할 때 본문과 개체를 어떤 방식으로 배치할 것인지 지정한다.

| 아이콘 | 이름 | 설명 |
|---|---|---|
| | 어울림 | 개체의 주위로 글이 어울려 흘러 지나가도록 한다. |
| | 자리 차지 | 개체 높이만큼 빈칸으로 자리를 채운다. |
| | 글 앞으로 | 개체를 본문 앞쪽에 배치하여 겹쳐지는 글이 보이지 않도록 만든다. |
| | 글 뒤로 | 개체를 본문 뒤쪽에 배치하여 겹쳐지는 글의 배경처럼 보이도록 만든다. |

### 1.8.5 [기타]

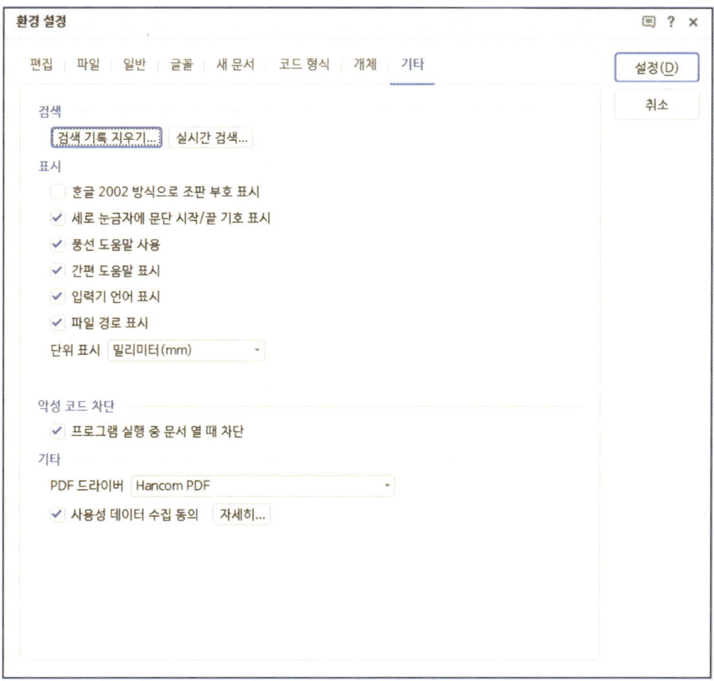


[검색 기록 지우기]는 검색 이력이 남는 기능에 대해 검색 기록을 지울 수 있도록 [검색 기록 지우기] 대화 상자가 나타난다.

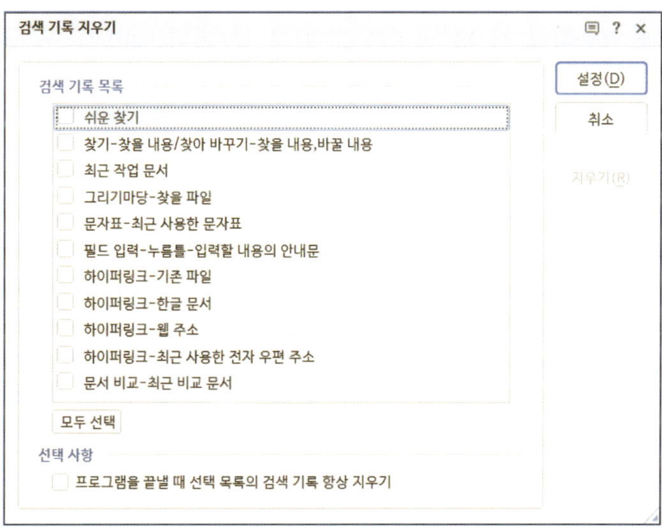


검색 기록 목록에서 선택 항목을 지정하고 [설정]을 누르면 해당 기능이 실행된다.

[표시]는 각각의 항목에 대한 기능을 편집화면에 적용하거나 나타내는 기능이다.

| 기능 | 설명 |
|---|---|
| 한/글 2002 방식으로 조판 부호 표시하기 | 이 항목을 선택하고 [보기-표시/숨기기-조판 부호]를 실행하면 본문에서 사용한 모든 조판 부호 표시가 나타난다. |
| 세로 눈금자에 문단 시작/끝 기호 표시 | 현재 편집 중인 문단의 시작과 끝을 나타내는 기호가 세로 눈금자에 표시되고, 위 또는 아래로 끌면 문단 간격을 조절할 수 있다. |
| 풍선 도움말 사용 | 도구 상자에서 아이콘에 마우스 포인터를 올려 놓을 때 풍선 도움말 표시 여부를 설정한다. |
| 간편 도움말 표시 | 일부 기능 실행 중 마우스 포인터 모양이 변경될 때 간편 도움말을 표시하며, 사용자 동작에 방해되지 않도록 신속하게 나타났다 사라진다. |
| 입력기 언어 표시 | 일정 시간 동안 문서에 내용을 입력하지 않다가 편집 영역을 마우스로 눌러 커서를 표시하면 현재 선택된 언어에 대한 정보를 커서 옆 아이콘으로 제공한다. 이 항목을 설정하면 다른 작업을 하다가 편집 창으로 돌아왔을 때 '영어를 한글로' 또는 '한글을 영어로' 입력하는 실수를 방지할 수 있다. |
| 파일 경로 표시 | 문서 창의 제목 표시줄에 파일의 전체 경로를 표시한다. |
| 단위 표시 | 대화 상자에서 길이, 두께 등의 값을 표시하는 단위를 지정한다. 단위를 지정하면 대화 상자를 열었을 때 해당 단위를 기준으로 값이 표시되며, 각 대화 상자에서 단위를 변경할 수 있다. 선택할 수 있는 단위는 포인트(pt), 밀리미터(mm), 센티미터(cm), 인치("), 파이카(pi), 픽셀(px)이 있다. |

## 1.9 사용자 설정

[사용자 설정] 기능을 이용하면 사용자의 취향에 따라 한/글의 테마, 도구 상자, 명령, 단축키를 변경하여 작업 환경을 자신에게 맞게 재구성할 수 있다.

[메뉴 및 도구 상자] 탭에서는 한/글에서 기본적으로 제공하는 도구 상자의 순서나 구성을 변경하거나, 사용자에게 필요 없는 도구 상자를 숨길 수 있다.

또한, 사용자의 필요나 취향에 따라 사용자가 원하는 기능만으로 구성된 사용자 전용 도구상자를 만들 수도 있다.

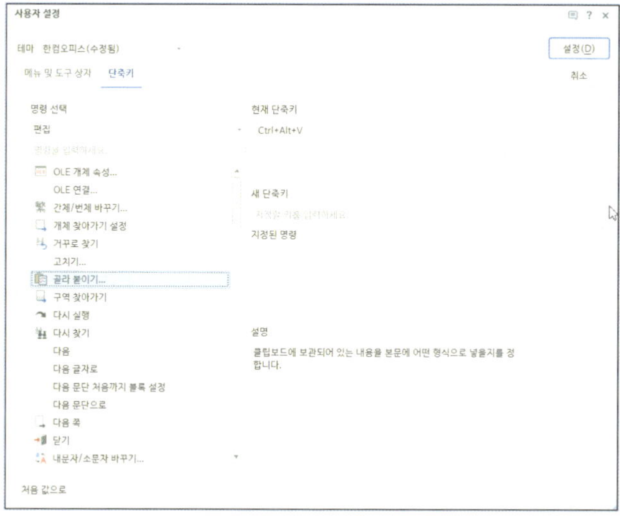

[단축키] 탭에서는 모든 명령에 현재 지정된 단축키를 확인하거나 새롭게 지정할 수 있다. 또한, 단축키 모음을 만들어 원하는 단축키 기능만 골라서 사용할 수도 있다.

[처음 값으로] 단추는 사용자가 변경한 테마를 프로그램을 처음 설치했을 때의 상태로 되돌린다. 사용자 변경 내용은 저장되지 않고 모두 삭제된다.

## 1.10 스킨 설정

사용자가 원하는 색상으로 프로그램 스킨을 변경하거나 특정 그림을 스킨에 적용한다. 프로그램 기능은 그대로 유지한 채 사용자의 취향이나 목적에 맞는 프로그램을 만들 수 있다.

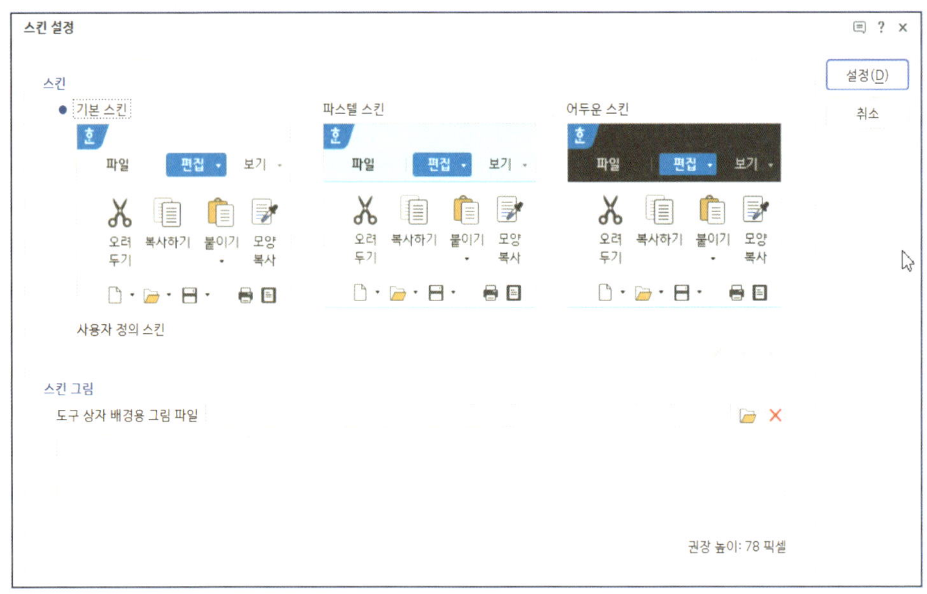


스킨을 변경하면, 곧바로 변경 결과가 나타나지 않고, 한글 2020을 종료하고, 다시 시작해야 나타난다. 스킨을 설정한 결과는 다음과 같다.

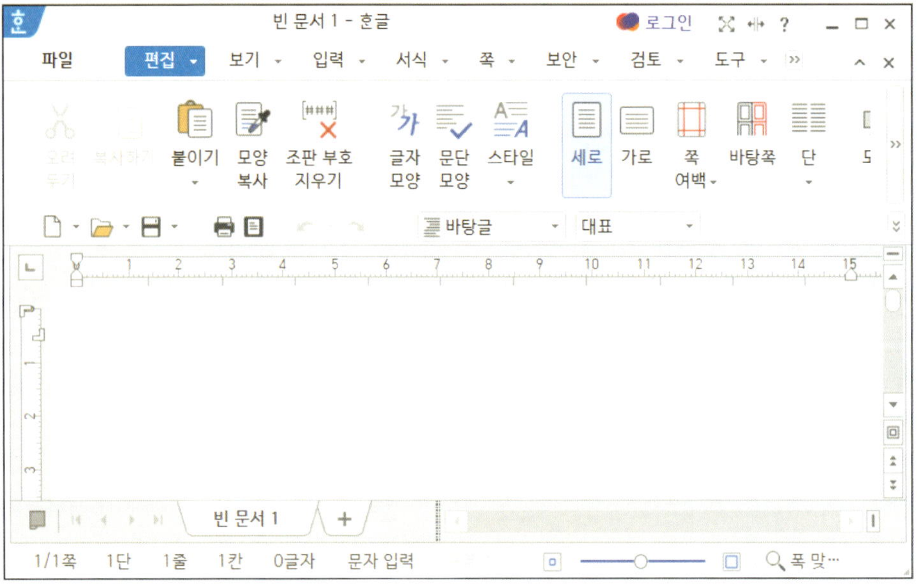


기본 스킨

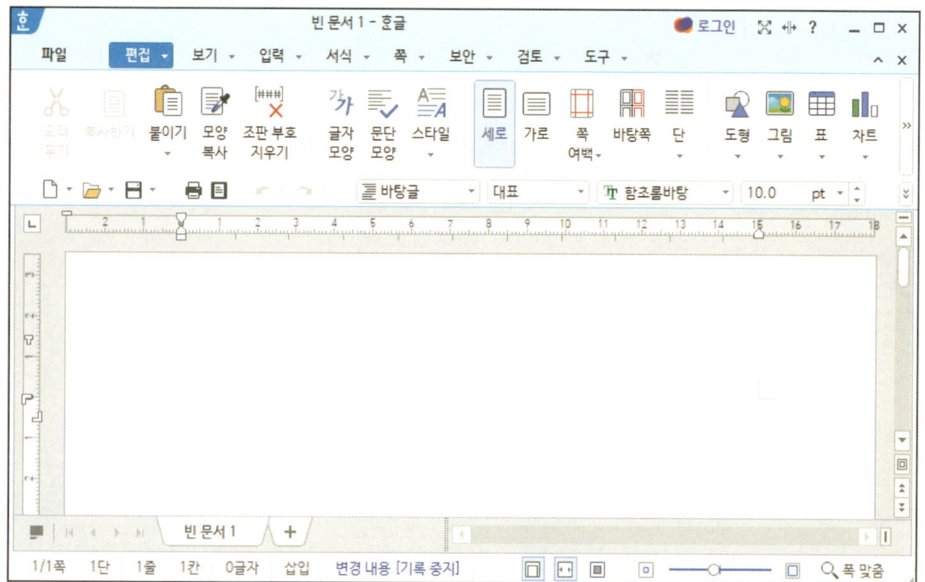
빈 문서 1 - 한글
로그인
파일
편집
보기
입력
서식
쪽
보안
검토
도구
오려 두기
복사하기
붙이기
모양 복사
조판 부호 지우기
글자 모양
문단 모양
스타일
세로
가로
쪽 여백
바탕쪽
단
도형
그림
표
차트
바탕글
대표
함초롬바탕
10.0
pt
빈 문서 1
1/1쪽
1단
1줄
1칸
0글자
삽입
변경 내용 [기록 중지]
폭 맞춤

파스텔 스킨

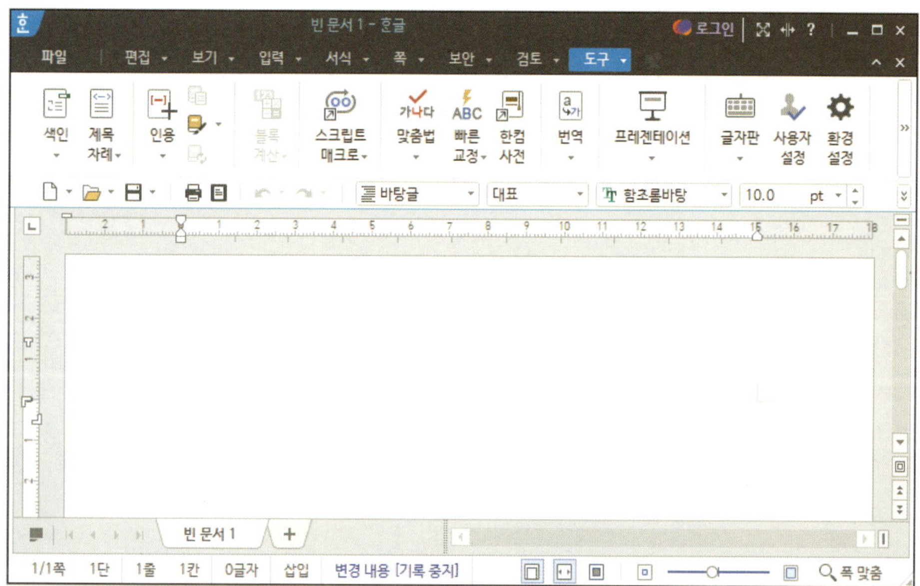
빈 문서 1 - 한글
로그인
파일
편집
보기
입력
서식
쪽
보안
검토
도구
색인
제목 차례
인용
블록 계산
스크립트 매크로
맞춤법
빠른 교정
한컴 사전
번역
프레젠테이션
글자판
사용자 설정
환경 설정
바탕글
대표
함초롬바탕
10.0
pt
빈 문서 1
1/1쪽
1단
1줄
1칸
0글자
삽입
변경 내용 [기록 중지]
폭 맞춤

어두운 스킨

제2장

# 글자/개체 입력

## 2.1 문자 입력

### 2.1.1 커서 (|)

커서란 편집 화면에 "|"의 모양으로 깜빡거리는 것을 말하며 현재 글자를 입력할 위치를 표시해 준다.

현재 커서는 1행 1열에 위치하고 있다. 커서를 이동시키려면 원하는 위치로 마우스 포인터를 이동하여 "|"인 모양일 때 클릭한다.

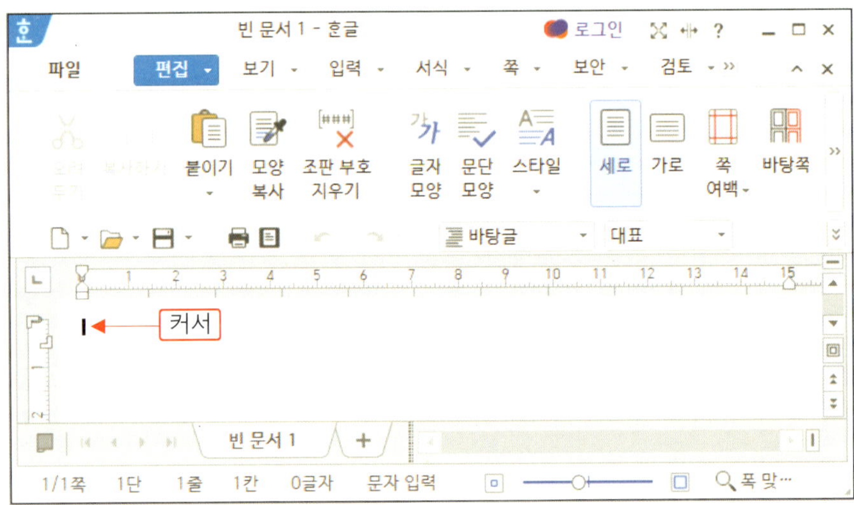


### 2.1.2 한글과 영문 입력하기

한글과 영문을 바꿔가며 입력하려면 [한/영] 키로 입력하거나 왼쪽 Shift 키를 누르고 있는 상태에서 Space Bar 키를 입력한다([왼쪽 Shift + Space Bar]로 표시).

CapsLock 키를 입력하여 CapsLock 표시가 연두색 불이 켜져 있는 상태는 영문 대문자가 입력되는 상태이며, 다시 한 번 CapsLock 키를 입력하여 CapsLock 표시에 불이 꺼져 있는 상태는 영문 소문자가 입력되는 상태이다. 또한, 대문자를 입력하다 소문자를 입력하려면 Shift 키를 누른 상태에서 영문자를 입력하면 된다.

[한/영] 단추를 누르면 가 표시가 나타나서 한글 또는 영문을 올바르게 입력할 수 있도록 사전에 가이드라인을 제시한다.

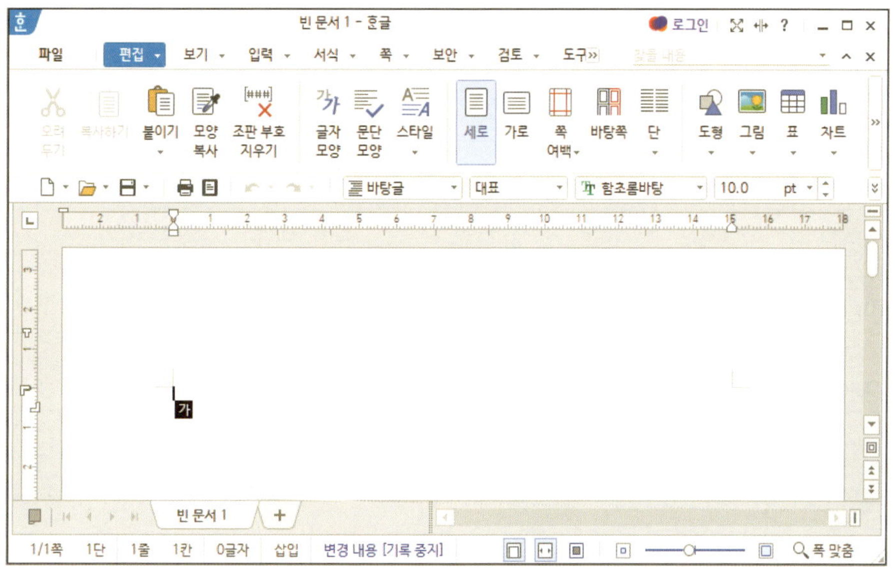

**실습 2-1**

다음 문장을 새 문서 기능을 선택하여 직접 입력하여 보자.

  우리는 '변화'라는 화두를 안고 살아간다. 그 변화는 우리 인생을 송두리째 흔들어 놓기도 하고, 더욱 안전한 삶을 향한 이정표가 되어주기도 한다. 그러나 애석하게도 우리는 변화를 긍정적으로 받아들이는 사고에 익숙하지 않다. 낯익은 환경이 주는 안락에 취해 다가오는 변화의 기미를 애써 외면해버리고, 알 수 없는 미래에 대한 두려움으로 인해 우리의 촉수는 점점 더 무디어져 간다.

**따라하기**

① 위의 글을 입력하는데 있어서 첫 줄의 단어 "우리는"은 여백을 두 칸 띄우고 시작한다.

② 다음 계속하여 입력하는데 있어서 줄이 바뀌더라도 Enter↵를 누르지 말고 문장의 끝이 나올 때까지 계속하여 입력한다.

③ 하나의 문단이 끝났을 경우(위의 예에서 "무디어져 간다."까지 입력한 경우) Enter↵를 누르면 하나의 문단이 만들어진 것으로 인식한다.

### 2.1.3 글자 삽입/수정/삭제

한글 2020에서는 내용을 삽입하고자 할 경우 커서를 원하는 위치로 이동시키고 삽입 상태에서 입력하면 삽입 상태가 되어서 현재의 내용이 뒤로 밀리면서 삽입되고, 틀린 글자를 수정할 경우

[삽입]을 클릭하여 [수정] 상태로 바꿔서 수정한다.

40/?쪽 1단 4줄 5칸 72017글자 문자 입력 5/19 구역 삽입 변경 내용 [기록 중지] 타수 : 999타

| 사용키 | 입력 형태 |
|---|---|
| Space Bar<br>사이 띄게 | 글자 사이에 띄어쓰기가 진행된다. |
| Delete<br>Delete | 현 커서 위치의 글자를 지우고 뒤에 있는 내용이 당겨진다. |
| ←<br>Back Space | 커서 앞에 있는 글자를 지우면서 뒤에 있는 내용도 앞으로 당겨진다. |

문장에서 필요 없는 줄을 삭제하기 위해서는 해당 줄에 커서를 놓은 다음 Ctrl + Y를 누르면 커서 위치 다음의 줄이 당겨진다. 다른 의미의 삭제 종류는 다음과 같다.

### (1) 단어 삭제 : Ctrl + T, Ctrl + Del

이떤 단어 사이에 커서가 있을 때 위의 단축키를 누르면 해당 단어가 삭제되고, 커서 뒤의 내용이 당겨진다.

### (2) 줄 끝까지 삭제 : Alt + Y

위의 단축키를 누르면 커서가 놓인 부분부터 오른쪽의 줄 끝까지의 내용이 모두 삭제된다.

### (3) 현재 페이지 삭제 : [쪽]-[쪽 지우기]

원하는 쪽에 커서를 지정한다. 2쪽 이상의 문서 내용은 블록으로 지정한다.

다음으로 [쪽]-[쪽 지우기]를 실행하며, 선택한 쪽이 삭제된다.

### 실습 2-2

다음 문장을 줄 삭제(Ctrl+Y) 기능을 이용하여 첫 번째 줄을 삭제하여 보자.

> 컴퓨터(computer)라는 이름은 원래 라틴어의 '계산하다'라는 뜻으로서 'compu tare'에서 유래되었으며, 컴퓨터는 크게 하드웨어(hardware)와 소프트웨어(software)로 구분되어 진다.
> 하드웨어는 컴퓨터를 구성하는 여러 가지 장치들을 의미하며, 소프트웨어는 하드웨어를 효율적으로 작동시키기 위한 기술을 총칭하는 것으로서 일반적으로 컴퓨터 프로그램을 의미한다.

### 실습 2-3

다음 문장을 새 탭 기능을 지정하여 직접 입력하여 보자.

**입력내용**

XML(Extensible Markup Language)은 W3C에서 다른 특수 목적의 마크업 언어를 만드는 용도로 권고하는 다목적 마크업 언어이다. XML은 SGML의 단순화된 부분집합이지만, 수많은 종류의 데이터를 기술하는데 적용할 수 있다. XML은 주로 다른 시스템, 특히 인터넷에 연결된 시스템 간의 데이터 공유를 쉽게 하는 목적으로 만들어졌다. XML 기반 언어로는 RDF, RSS, MathML, XHTML, SVG 등이 있으며, 이들 언어는 단일하게 규정된 방식으로 정의되었기 때문에, 사전정보 없이도 이들 언어로 작성된 문서에 대해 수정이나 적합성 검사를 하는 프로그램의 제작도 가능하다.

**따라하기**

① "빈 문서 1"에서 [파일]-[새 문서]-[새 탭]을 지정하면 "빈 문서 2"가 나타나고 위의 문장을 입력한다.
② Ctrl+Shift+Tab을 눌러서 "빈 문서 1"로 이동하면 "빈 문서 1"의 내용이 나타난다.
③ 다시 Ctrl+Tab을 누르면 "빈 문서 2"로 이동되어 해당 문장이 나타난다.

## 2.1.4 빈 줄 삽입, 문단 나누기, 문단 합치기

Enter키는 문단을 구분할 때만 사용한다. Enter를 입력하여 줄을 바꾸는데 이것은 필요할 때만 사용해야 한다.

### 실습 2-4

다음 문장 중에서 ● 위치에 새로운 줄을 삽입하여 보기로 한다.

**입력내용**

사람이 사람을 만난 이야기

수필이란 어떤 것일까. 특정한 형식에 구애되지 않은 자유로운 이 글쓰기 형식은, 그러한 특성으로 인해 한 개인의 체험이 감상을 낳고 다시 그것이 보편적인 사유에 이르는 과정을 가장 솔직하게 그려내는 양식이다. 그럼에도 불구하고 그것이 타인의 가슴과 머리에 가 닿아 공감을 이끌어낼 수 있기 위해서는 남다른 체험이, 자신만이 느끼는 독특한 감상의 결이, 그리고 단단한 사유의 힘이 있지 않으면 안 된다. ●

삽입내용

총 84편의 투고작 가운데 수상작을 가려내는 일은 무척 힘든 작업이었다. 각각의 작품 속에는 절실하고도 진지하게 추구된 저마다의 가치 있는 체험들이 담겨 있었고, 그것을 표현하는 수준 또한 한결같이 높았기 때문이다.

따라하기

① 위의 문장에서 ● 위치에 커서를 위치한 다음 [삽입] 상태로 지정하고 [삽입 내용]을 입력한다.
② 다음과 같은 결과 화면이 나타나게 된다.

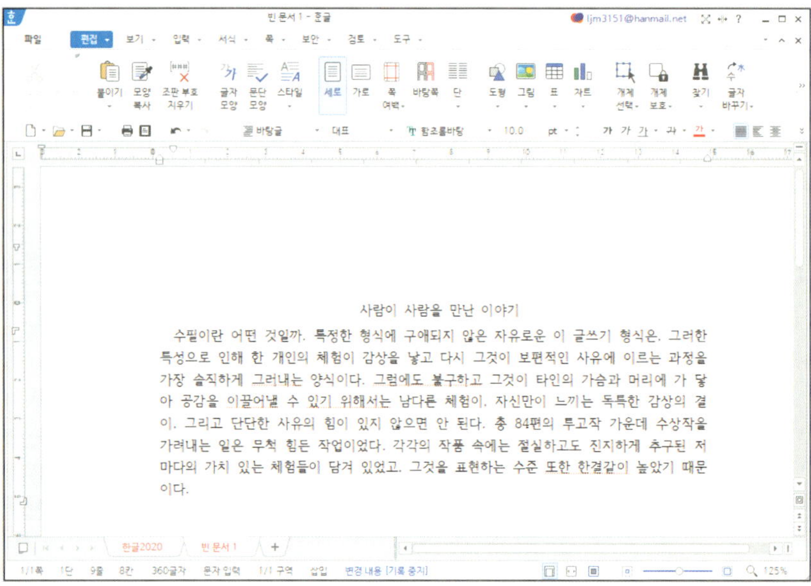


## 2.1.5 줄 삭제

- Ctrl + Y : 커서가 위치한 현재 한 줄 전체를 삭제

한글 2020은 기존의 한글 2018 이하 버전과는 다른 새로운 모양과 편리한 사용 방법, 더욱 강력해진 기능을 제공하므로, 초보자에서 전문 사용자에 이르기까지 문서 편집 작업을 더욱 빠르고 편리하게 할 수 있을 것이다.

 Ctrl+Y

또한 기존 한글 2020 이하 버전 사용자가 사용하는데 전혀 문제가 없도록 기본적인 사용 방법은 그대로 따르고 있다.

• [Alt]+[Y] : 커서 위치에서부터 줄 끝까지 삭제

한글 2020은 기존의 한글 2018 이하 버전과는 다른 새로운 모양과 편리한 사용 방법, 더욱 강력해진 기능을 제공하므로, 초보자에서 전문 사용자에 이르기까지 문서 편집 작업을 더욱 빠르고 편리하게 할 수 있을 것이다.

← [Alt]+[Y]

또한, 기존 한글 2020 이하 버전 사용자가 사용하는데 전혀 문제가 없도록 기본적인 사용 방법은 그대로 따르고 있다.

• 줄 끝까지 삭제 결과

한글 2020은 기존의 한글 2018 이하 버전과는 다른 새로운 모양과 편리한 사용 방법, 더욱 강력해진 기능을 제공하므로, 초보자에서 전문 사용자에 이르기까지 문서 편집 작업을 더욱 빠르고 편리하게 할 수 있을 것이다.

← [Alt]+[Y]

### 2.1.6 되돌리기([Ctrl]+[Z])

최근에 삭제 명령으로 지워진 내용들을 [Ctrl]+[Z]로 되돌릴 수 있다.

[Ctrl]+[Z]를 누를 때마다 최근에 지운 내용들이 차례대로 본문의 원위치에 나타난다.

[Delete] [Ctrl]+[Z]

대한민국 → 한국 → 대한민국

### 2.1.7 다시 실행([Ctrl]+[Shift]+[Z])

되돌리기의 반대 개념으로서 말 그대로 다시 실행시킨다.

### 실습 2-5

지우기와 되돌리기 연습을 해보자.

**입력내용**

하드웨어는 컴퓨터를 구성하는 여러 가지 장치들을 의미하며, 소프트웨어는 하드웨어를 효율적으로 작동시키기 위한 기술을 총칭하는 것으로서 일반적으로 컴퓨터 프로그램을 의미한다.

컴퓨터 프로그램 없이는 하드웨어를 작동할 수 없다.

다시 말해서 소프트웨어는 여러 가지 하드웨어를 동작시키기 위한 명령들의 집합이라 할 수 있으며, 소프트웨어가 없으면 하드웨어는 그저 기계 덩어리일 뿐이다.

**따라하기**

**〈현 커서 뒤의 내용을 지우기〉**

① 커서를 첫 문단의 '하' 앞에 위치한다.

② Alt+Y를 눌러서 커서 뒤의 내용을 지운다.

**〈지운 내용 되살리기〉**

① 커서를 되돌리고자 하는 곳으로 이동한다.

② Ctrl+Z를 누르면 최근에 지운 내용이 화면에 나타난다. 만약 다른 내용을 확인하고자 하면 반복해서 Ctrl+Z를 누른다.

## 2.2 한자 변환

### 2.2.1 한 글자 변환

커서를 한자로 변환시키고자 하는 한글 오른쪽에 위치하고 F9를 눌러 한자로 변환한다. [입력]-[한자 입력]을 지정하면 다음과 같은 메뉴가 나타난다.

한자로 바꿀 단어 뒤에 커서를 위치하고 F9을 누르면 다음과 같은 [한자로 바꾸기] 대화 상자가 나타난다.

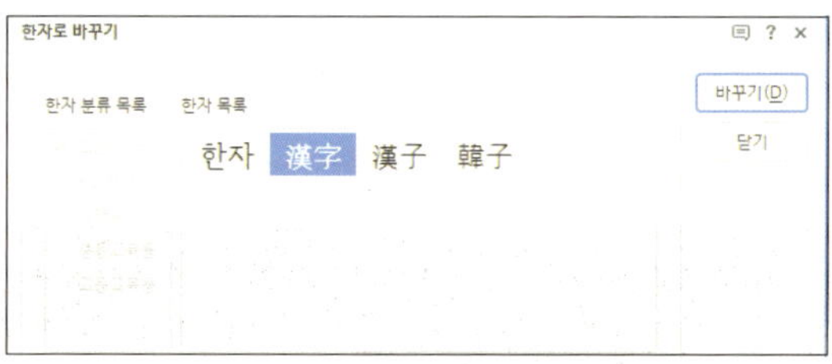


다음으로 [바꾸기] 단추를 클릭하면 한자가 나타난다. 반대로 한자를 한글로 바꿀 때 바꿀 한자 단어 뒤에 커서를 위치하고 F9를 누르면 곧바로 한글로 나타난다.

## 실습 2-6

대한민국은 大韓民國으로 변환해보자.

### 입력내용

대한민국↲

단어 뒤에 커서를 위치하고 F9를 누른다.

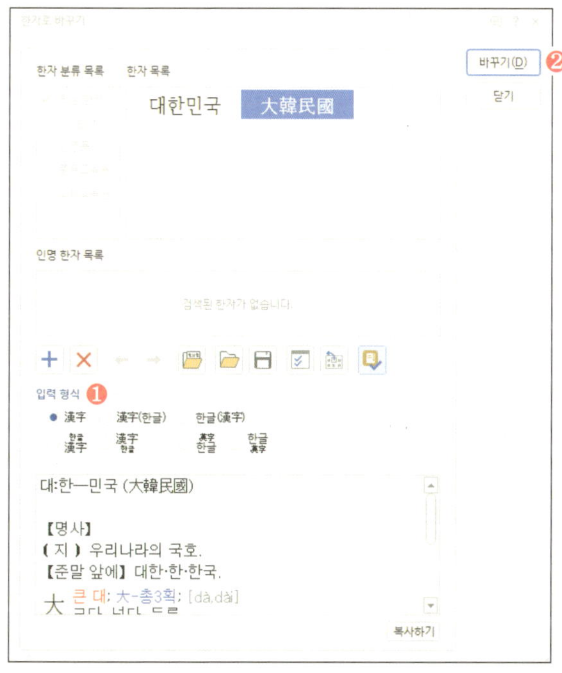


❶ 입력형식 중 하나를 클릭하여 지정한다.

❷ [바꾸기] 단추를 클릭하면 한자로 변환되어 나타난다.

### 2.2.2 단어 변환

입력된 한자 단어를 오른쪽에 위치한 후 F9를 누른다.

한꺼번에 한자를 한글로 변화시키려면 블록을 설정하고 Alt+F9를 누른다.

> 우리는 民族 中興의 歷史的 使命을 띄고 이 땅에 태어났다.
> 祖上의 빛난 얼을 오늘에 되살려, 안으로 自主獨立의 자세를 確立하고, 밖으로 人類 公營에 이바지할 때다.
> 이에 우리의 나아갈 바를 밝혀 教育의 地表로 삼는다.

일괄하여 한글로 바꿀 때 [한글로 바꾸기]-[바꾸기]를 진행하고, 두음 법칙에 따라 수정하기 위한 한글을 선택할 수 있다.

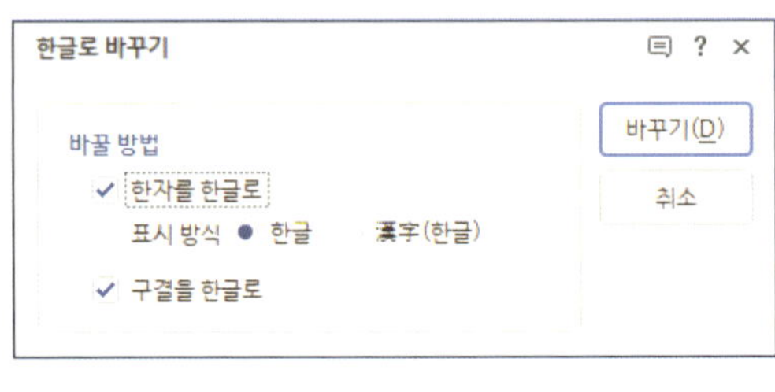

> 우리는 민족 중흥의 역사적 사명을 띠고 이 땅에 태어났다.
> 조상의 빛난 얼을 오늘에 되살려, 안으로 자주독립의 자세를 확립하고, 밖으로 인류 공영에 이바지할 때다.
> 이에, 우리의 나아갈 바를 밝혀 교육의 지표로 삼는다.

### 2.2.3 한자 단어 등록

커서를 단어 뒤에 위치하고 F9를 누르면 해당하는 단어가 화면에 나타나지만 가끔은 글자가 나타나지 않는 예도 있다.

이 경우에는 한자 사전에 없는 단어이다. 사용자가 자주 사용하는 단어를 [입력]-[한자 입력]-[한자 단어등록]로 한자 사전에 등록할 수 있다.

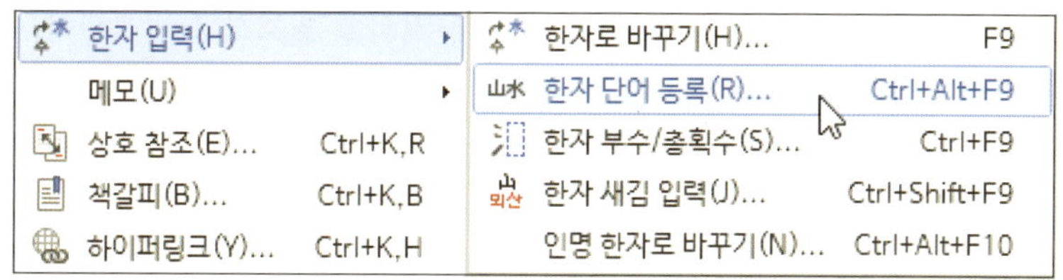


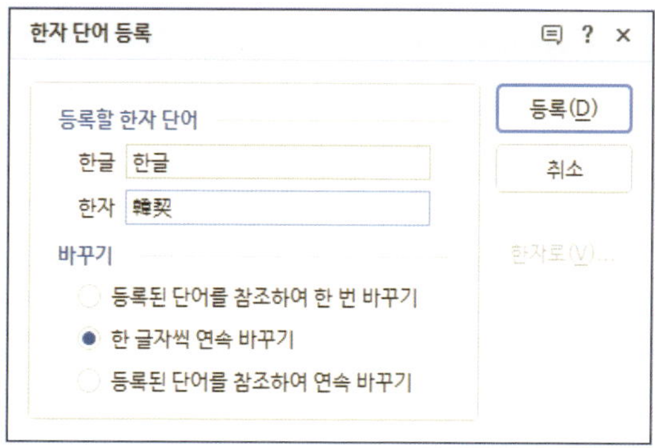

**실습 2-7**

'行政安全部(행정안전부)' 단어를 등록해 보자.

**따라하기**

① 단어를 입력할 위치로 커서를 이동한다.

② "행정안전부"라고 입력한다.

③ Ctrl+Alt+F9를 누른다.

④ [한자 단어 등록] 대화 상자에서 [한자] 목록의 단어 뒤에 커서를 위치하고, [바꾸기] 옵션을 지정한 다음 [한자로] 버튼을 누른다.

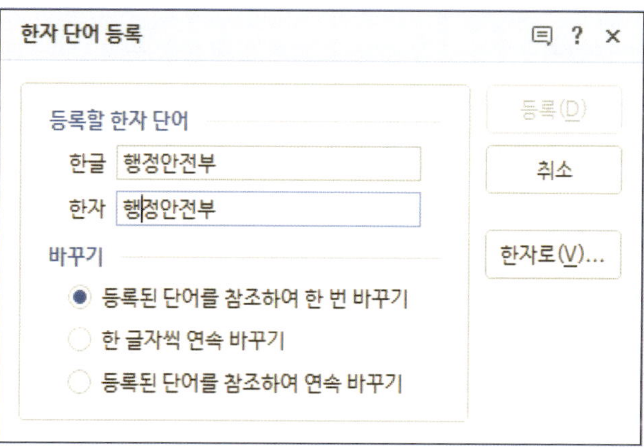

⑤ '행정' 단어를 바꾸고, 다시 [한자] 목록의 단어 뒤에 커서를 위치하고 반복한다.
⑥ 변환작업에 관한 결과로 다음 화면이 나타난다.

⑦ 변환작업이 끝났으면 등록(D) 을 클릭한다.

다음에 '行政安全部'를 입력하고자 하는 경우는 일반 한자 변환 방법 사용 가능하다.

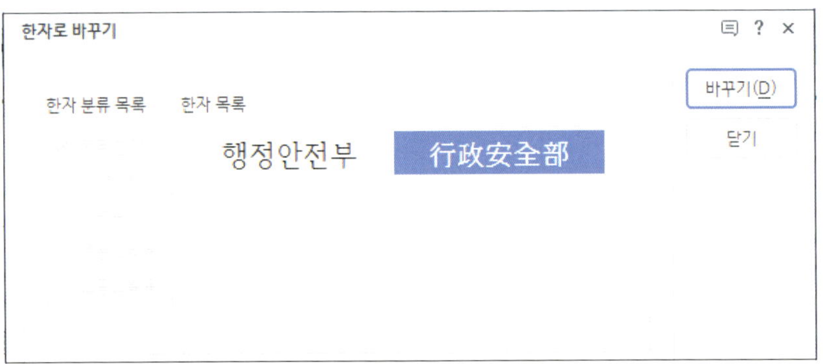


## 2.3 특수문자 입력

키보드에 없는 그림문자인 ☏ ㈜ ① ㉠ ▣ 등을 입력할 수 있다.

## 실습 2-8

커서의 위치에 특수문자 '▣'를 입력해보자.

### 입력내용

|근거있는 민간요법

### 따라하기

① '근' 앞에 커서를 위치하고 [입력]-[문자표]를 차례대로 지정하면 [문자표 입력] 대화 상자가 나타난다.

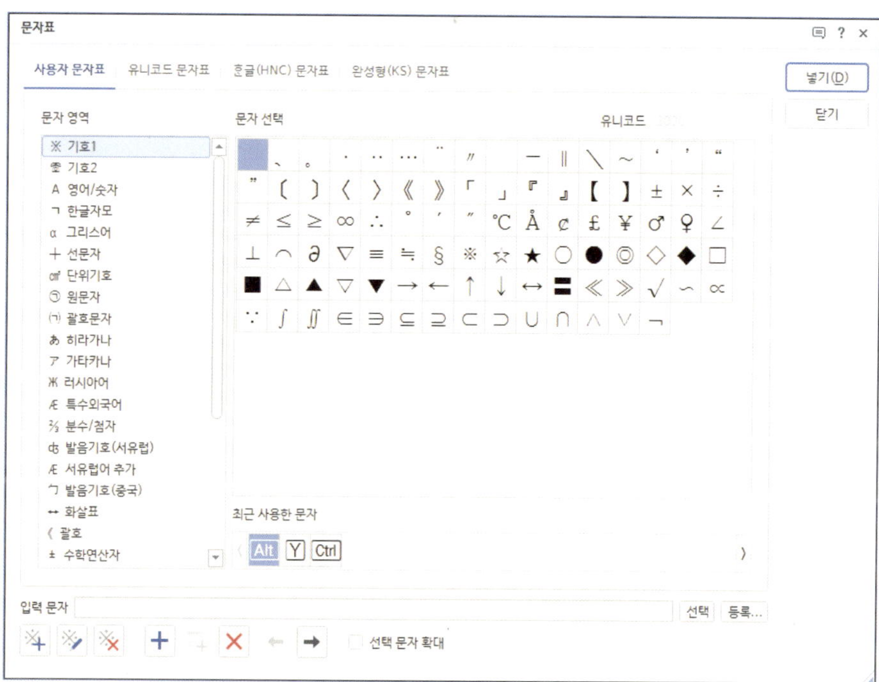

② 만약 화면과 다른 상태라면 [ 호글(HNC) 문자표 ]-[전각기호(일반)]을 클릭한다.

③ 화면에 보이는 특수문자들 중 '▣'을 클릭한다.

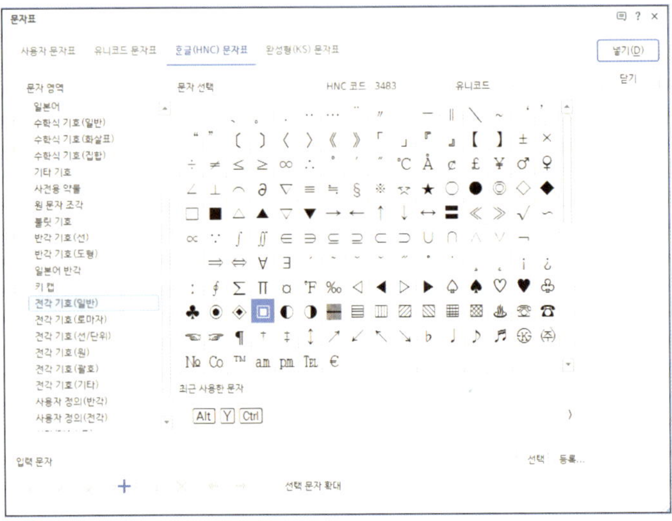

④ 오른쪽의 [넣기] 단추를 클릭한다.

⑤ 커서가 위치한 본문에 특수문자 ▣이 입력된다.

### 결과내용

| ▣ 근거 있는 민간요법 |
|---|

좀 더 상세한 특수 기호를 나타내려면 [문자표]-[유니코드 문자표]-[여러 가지 기술 기호]를 지정하면 다음과 같은 화면이 나타나고, 선택하면 한글 문서에 지정되어 나타난다.

| ⍠ | ⌺ | ⌻ | ⌼ | ⌽ |
|---|---|---|---|---|

→ ⍠⌺⌻⌼⌽

## 2.4 개체 입력

### 2.4.1 도형 입력

직선, 직사각형, 타원, 호, 다각형, 곡선, 자유선, 개체 연결선, 글상자 등을 한/글 문서에 삽입하고, 편집할 수 있다.

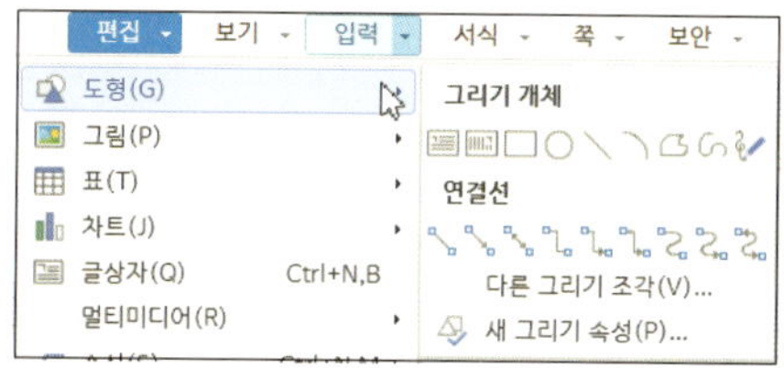

#### (1) 직선( ＼)

편집 화면에 직선을 그린다. 그린 선을 지정하고 마우스 오른쪽 단추를 누르면 [개체 속성] 목록이 나타나고 지정하면 대화 상자가 나타나면 [선] 탭을 누르면 선의 옵션을 지정할 수 있는 화면이 나타난다.

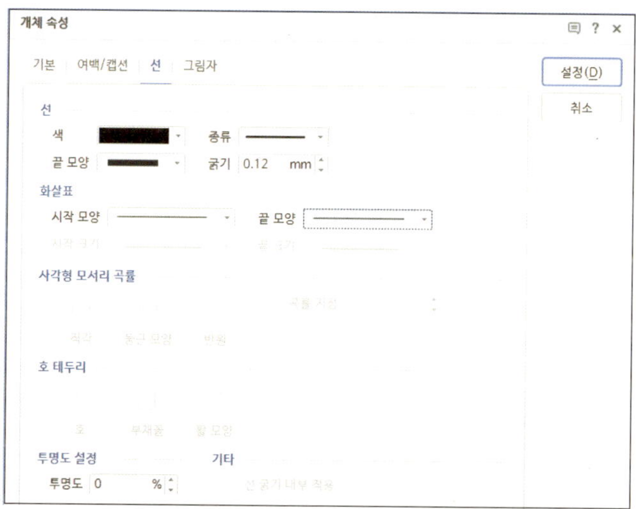

**따라하기**

① [입력]-[도형]-[직선] 아이콘( ＼)을 누르면 마우스 포인터가 그림을 그릴 수 있는 모양(+)으로 바뀐다.

② 선의 시작점 위치에 마우스 포인터(+)를 놓고 마우스의 왼쪽 단추를 누른 채 원하는 위치까지 마우스 끌기를 한다.

③ 원하는 길이가 되었을 때 마우스의 왼쪽 단추를 놓으면 직선이 그려진다.

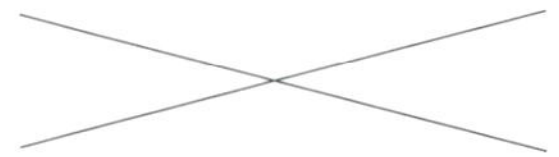

선의 종류와 굵기를 선택하면 해당 목록이 나타나고 선의 종류와 굵기를 선택할 수 있다.

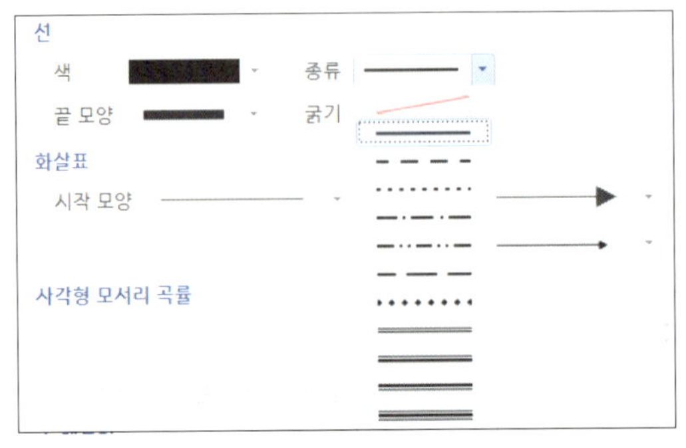


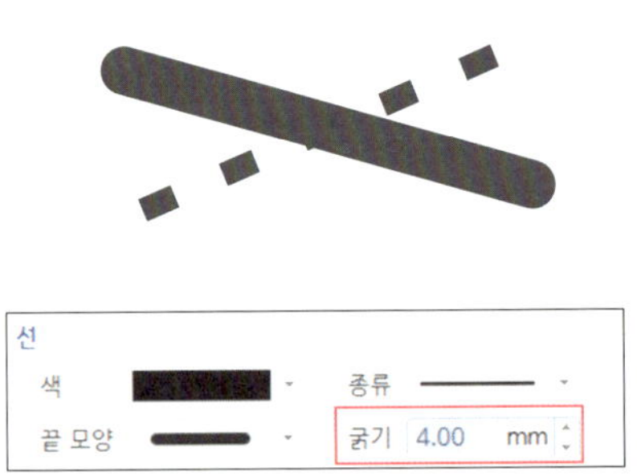


다양한 화살표 모양을 지정하여 나타낼 수 있다.

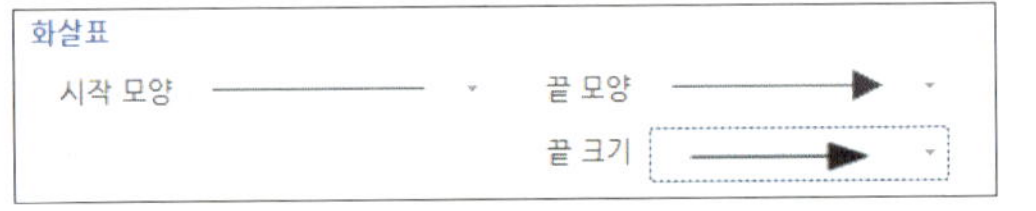


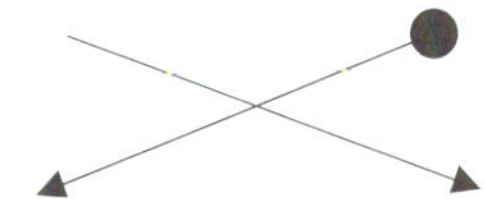

## (2) 사각형(□)

편집 화면에 사각형을 드래그하여 그린다. 그린 선을 지정하고 마우스 오른쪽 단추를 누르면 [개체 속성] 목록이 나타나고 지정하면 대화 상자가 나타나면 [선] 탭을 누르면 선의 옵션을 지정할 수 있는 화면이 나타난다.

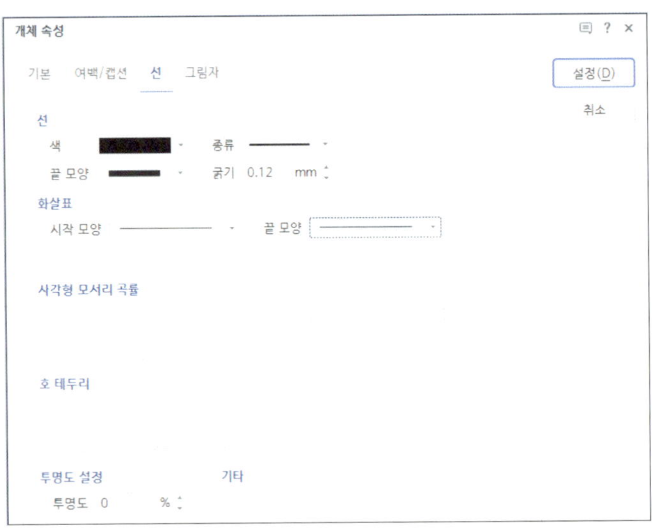

**따라하기**

① [입력]-[도형]-[직사각형] 아이콘(□)을 누르면 마우스 포인터가 그림을 그릴 수 있는 모양(+)으로 바뀐다.

② 사각형을 그리고자 하는 위치에 마우스 포인터(+)를 놓고 마우스의 왼쪽 단추를 누른 채 원하는 위치까지 대각선 방향으로 마우스를 끈다.

③ 원하는 크기가 되었을 때 마우스의 왼쪽 단추를 놓으면 사각형이 그려진다.

사각형을 선택하면 도형과 관련한 도형선택 대화 상자가 나타나서 다양하게 나타낼 수 있다.

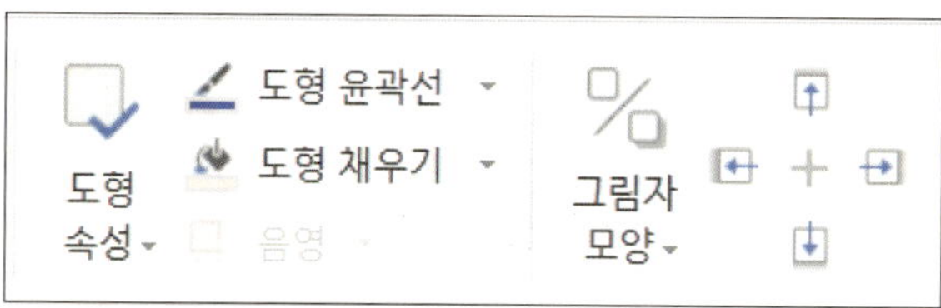


다양한 사각형을 지정한 모양은 다음과 같다.

### (3) 타원(○)

편집 화면에 타원을 드래그하여 그린다. 타원을 지정하고 마우스 오른쪽 단추를 누르면 [개체 속성] 목록이 나타나고 지정하면 대화 상자가 나타나면 [선] 탭을 누르면 선의 옵션을 지정할 수 있는 화면이 나타난다.

**따라하기**

① [입력]-[개체]-[도형] 이미지 꾸러미의 [타원] 아이콘(○)을 누르면 마우스 포인터가 그림을 그릴 수 있는 모양(+)으로 바뀐다.

② 타원을 그리고자 하는 위치에 마우스 포인터(+)를 놓고 마우스 왼쪽 단추를 누른 채 원하는 위치까지 대각선 방향으로 마우스를 끈다.

③ 원하는 크기가 되었을 때 마우스 왼쪽 단추를 놓으면 타원이 그려진다.

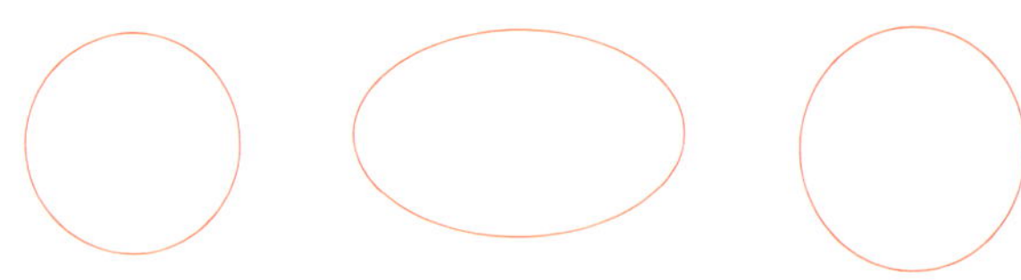

Shift 키를 누른 상태에서 원을 그리면 정원이 그려지며, 그려진 원을 선택하면 원과 관련한 도형 선택 대화 상자가 나타나서 다양하게 나타낼 수 있다.

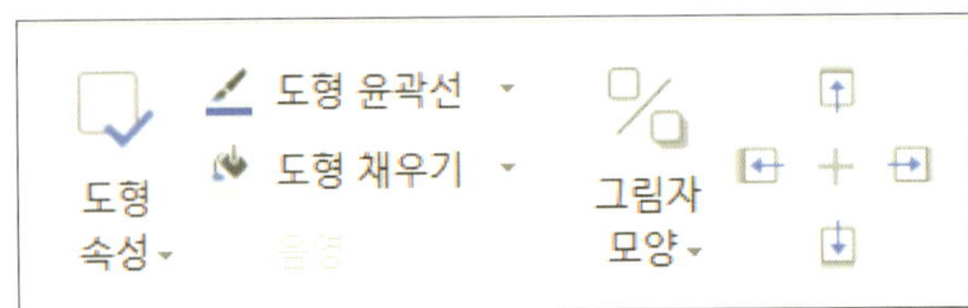


다양한 원을 지정한 모양은 다음과 같다.

### (4) 호(◝)

편집 화면에 호를 드래그하여 그린다. 호를 지정하고 마우스 오른쪽 단추를 누르면 [개체 속성] 목록이 나타나고 지정하면 대화 상자가 나타나면 [선] 과 면 탭을 누르면 선과 면의 옵션을 지정할 수 있는 화면이 나타난다.

**따라하기**

① [입력]-[도형]-[호] 아이콘(◝)을 누르면 마우스 포인터가 그림을 그릴 수 있는 모양(+)으로 바뀐다.
② 호를 그리고자 하는 위치에 마우스 포인터(+)를 놓고 마우스 왼쪽 단추를 누른 채 원하는 위치까지 대각선 방향으로 마우스를 끈다.
③ 원하는 크기가 되었을 때 마우스 왼쪽 단추를 놓으면 호가 그려진다.

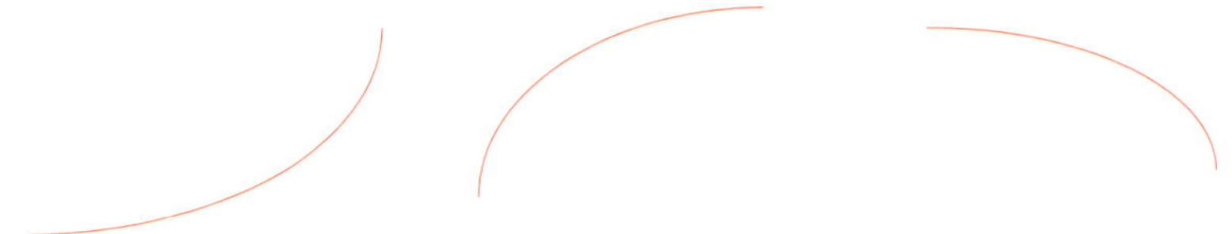

그려진 호를 선택하면 원과 관련한 도형선택 대화 상자가 나타나서 다양하게 나타낼 수 있다.

다양한 호를 지정한 모양은 다음과 같다.

### (5) 기타 도형

편집 화면에 기타 도형(다각형, 곡선, 자유선)을 그리고 객체를 누르면 선과 면의 옵션을 지정할 수 있는 화면이 나타난다.

#### 다각형 따라하기

① [입력]-[도형]-[다각형] 아이콘( )을 누르면 마우스 포인터가 그림을 그릴 수 있는 모양(+)으로 바뀐다.
② 다각형을 그리고자 하는 위치에 마우스 포인터(+)를 놓고 마우스의 왼쪽 단추를 누른다.
③ 마우스의 왼쪽 단추를 놓은 상태에서 다른 꼭짓점으로 마우스 포인터를 이동한다.
④ 다른 꼭짓점으로 이동한 후 마우스의 왼쪽 단추를 누르면 두 꼭짓점이 직선으로 연결된다.
⑤ 마찬가지 방법으로 꼭짓점을 만들어 직선을 이어나가면서 다각형을 그린다.
⑥ 원하는 모양의 다각형이 그려진 후 마우스의 왼쪽 단추를 두 번 누른다.

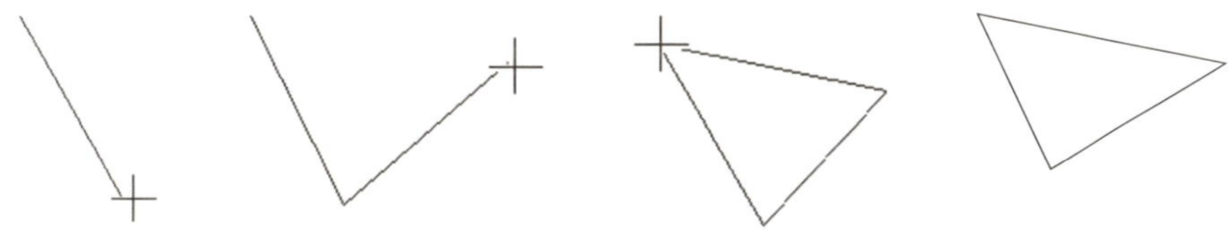

그려진 다각형을 선택하면 다각형과 관련한 도형선택 대화 상자가 나타나서 다양하게 나타낼 수 있다.

다양한 다각형을 지정한 모양은 다음과 같다.

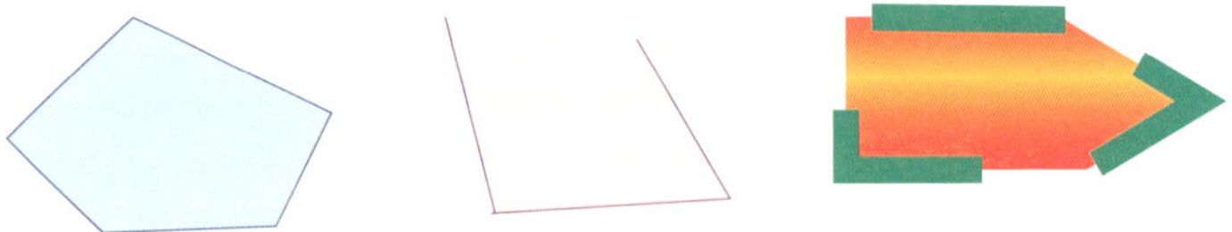

## 곡선 따라하기

① [입력]-[도형]-[곡선] 아이콘( )을 누르면 마우스 포인터가 그림을 그릴 수 있는 모양(+)으로 바뀐다.

② 곡선을 그리고자 하는 위치에 마우스 포인터(+)를 놓고 마우스의 왼쪽 단추를 누른다.

③ 마우스의 왼쪽 단추를 놓은 상태에서 다른 꼭짓점을 만들 위치로 마우스를 이동한다.

④ 다른 꼭짓점 위치에서 마우스의 왼쪽 단추를 누르면 두 꼭짓점이 곡선으로 연결된다.

⑤ 마찬가지 방법으로 꼭짓점을 만들어 곡선을 그린다.

⑥ 원하는 모양의 곡선이 그려졌으면, 마우스의 왼쪽 단추를 두 번 누른다.

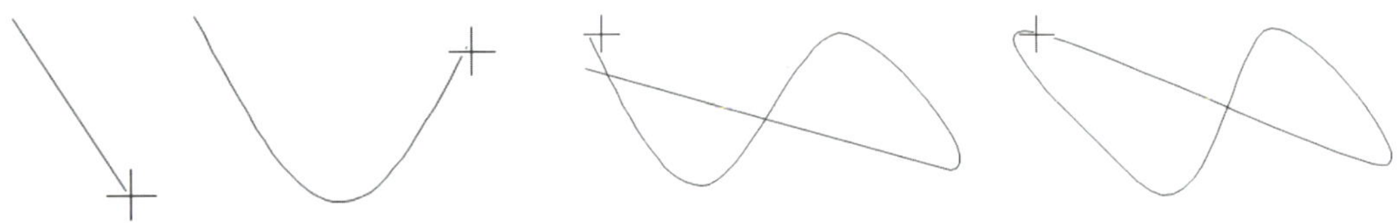

그려진 곡선 선택하면 곡선과 관련한 도형선택 대화 상자가 나타나서 다양하게 나타낼 수 있다.

다양한 곡선을 지정한 모양은 다음과 같다.

격자 그러데이션 점선

## 자유선 따라하기

① [입력]-[도형]-[자유선] 아이콘( )을 누르면 마우스 포인터가 그림을 그릴 수 있는 모양(+)으로 바뀐다.

② 글씨를 쓰고자 하는 위치에 마우스 포인터(+)를 놓고 마우스의 왼쪽 단추를 누른 채 원하는 대로 마우스를 끌어 글씨를 만든다.

③ 원하는 모양의 글씨가 그려졌으면 눌린 [자유선] 아이콘을 다시 한 번 눌러 자유선 그리기를 끝낸다.

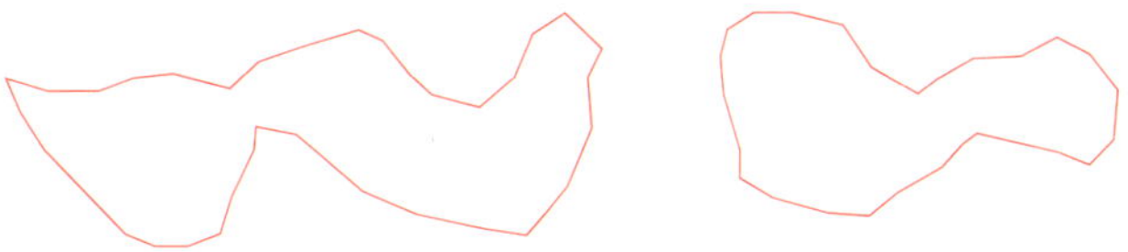

그려진 곡선 선택하면 곡선과 관련한 도형선택 대화 상자가 나타나서 다양하게 나타낼 수 있다.

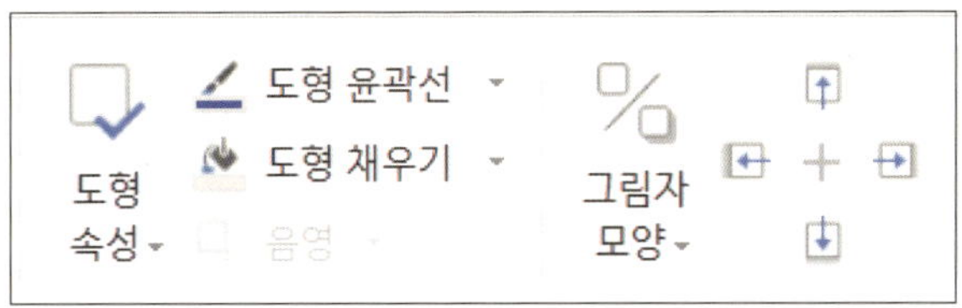


다양한 곡선을 지정한 모양은 다음과 같다.

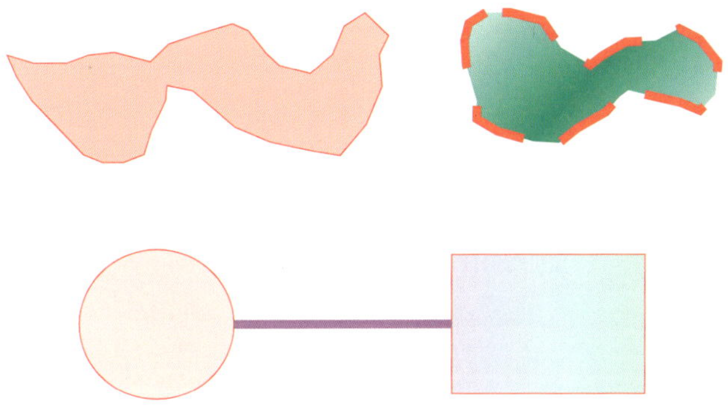

## (6) 개체 연결선

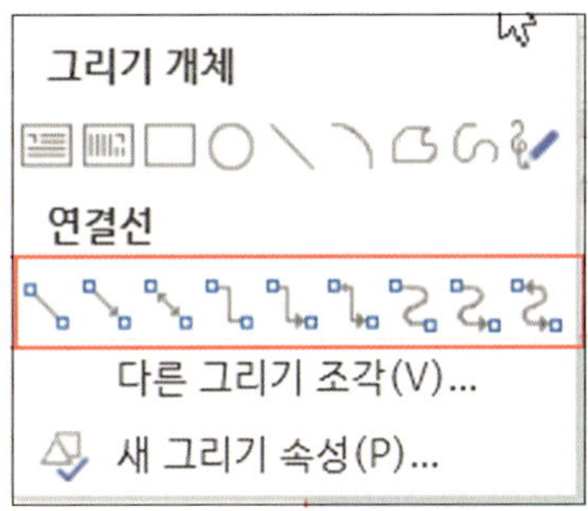


| 아이콘 | 이름 | 아이콘 | 이름 | 아이콘 | 이름 |
|---|---|---|---|---|---|
| | 직선 연결선 | | 직선 화살표 연결선 | | 직선 양쪽 화살표 연결선 |
| | 꺾인 연결선 | | 꺾인 화살표 연결선 | | 꺾인 양쪽 화살표 연결선 |
| | 구부러진 연결선 | | 구부러진 화살표 연결선 | | 구부러진 양쪽 화살표 연결선 |

[개체 연결선] 기능을 이용하면 조직도나 순서도에서 직선 또는 자유선을 그어 두 그리기 개체를 이을 수 있다. 그리기 개체를 연결한 다음 개체 중 하나를 다른 위치로 옮기면 연결선도 같이 이동한다.

### 개체 연결 따라하기

① [입력]-[도형]-[가로 글상자] 아이콘(▤)을 눌러 편집 화면에 글상자를 삽입한다.

② 옆쪽에 동일한 형태의 글상자를 하나 더 삽입한다.

③ [입력]-[도형]-[직선 연결선] 아이콘(↘)을 선택한다.

④ 글상자 위에서 마우스 포인터가 십자 모양(+)으로 바뀌면 주황색 점에서 마우스를 끌어 옆에 있는 글자의 주황색 점에서 마우스를 놓으며, 연결선 양쪽 끝에 원형 표시가 나타난다.

⑤ 글상자 하나를 마우스로 선택한 다음 다른 위치로 옮기면 연결선도 따라서 움직인다.

## (7) 새 그리기 속성

글상자의 여백과 정렬 기준 등을 미리 지정해 놓고, 정해진 속성대로 도형 개체를 그릴 수 있다. 또한 자주 사용하는 선 종류와 채우기 모양을 새 그리기 속성으로 등록해 놓고 사용하면 편리하다.

### 새 그리기 속성 설정하기

① [입력]-[도형]-[새 그리기 속성]을 선택한다.

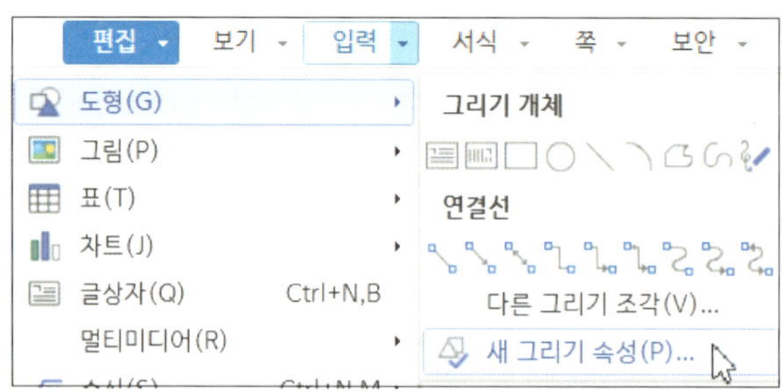


② [새 그리기 속성] 대화 상자가 나타나면 [채우기]-[색]을 선택한다.

③ [면 색] 색상 팔레트를 펼쳐 "빨강색"을 선택하고 [설정] 단추를 누른다.

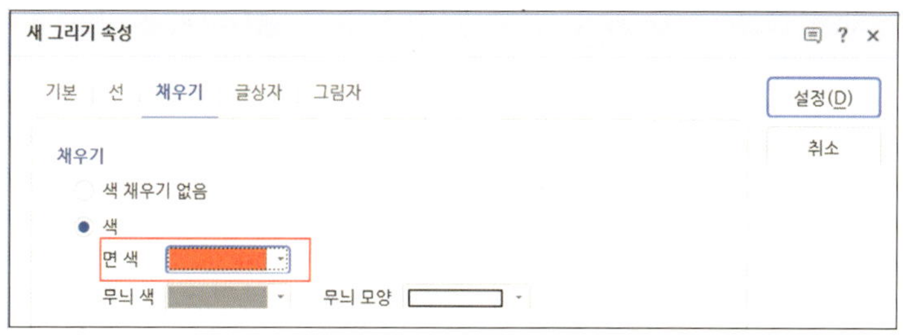


④ 이제부터 개체를 그리면 무조건 빨간색으로 면이 채워진다.

### 2.4.2 그림 입력

문서에 연결된 그림의 원본 파일이 외부 프로그램에서 수정되었을 때 이 기능을 사용하여 문서에 포함된 그림을 신속하게 새로 고칠 수 있다.

그림을 넣을 때는 그림 파일 전체를 넣을 수도 있고, 일부분만 잘라 넣을 수도 있다. 또한, 그림을 확대하거나 축소하여 넣을 수도 있으며, 그림의 테두리와 그림 효과 설정하거나 해제할 수 있다.

**따라하기**

① [입력]-[그림]-[그림]을 실행한다.

② [그림 넣기] 대화 상자가 나타나면 그림 파일의 경로와 그림 파일 이름을 지정한 다음 [열기] 단추를 누른다.

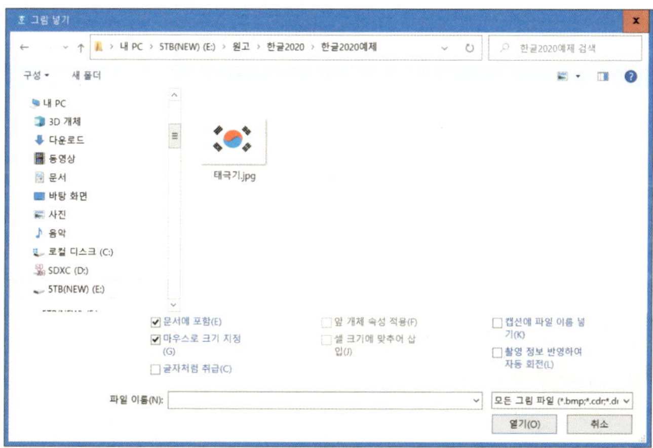

③ 마우스로 드래그해서 영역을 설정하며, 편집 창에 추가한 그림 파일이 나타난다.

④ 지정된 그림의 속성을 고치려면 그림을 선택하고 [서식]-[개체 속성]을 실행한다.

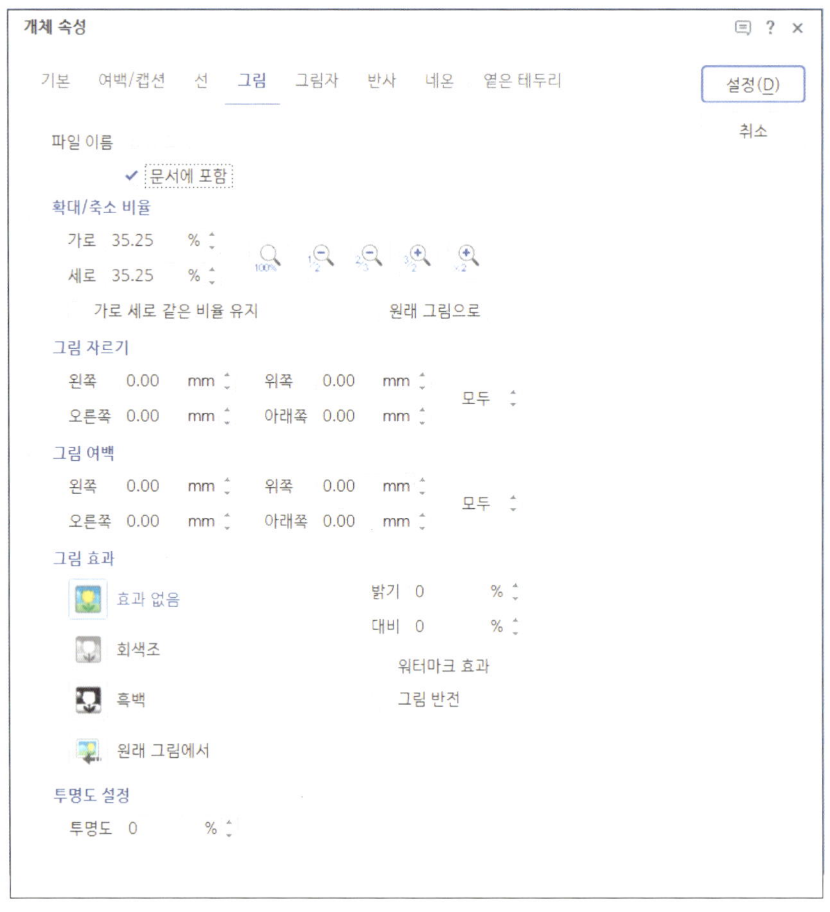


⑤ 그림의 크기와 위치는 그림을 마우스로 끌어서 조절할 수도 있다.
⑥ 다양한 그림 효과를 나타낸 모양은 다음과 같다.

본래 모양

회색조 지정

흑백 지정

투명도 설정

### 2.4.3 그리기 마당

[그리기 마당]은 많이 쓰이는 개체를 미리 만들어 등록해 놓고, 필요할 때마다 등록된 개체를 가져다 원하는 그림을 쉽고 빠르게 그리는 방식을 의미한다.

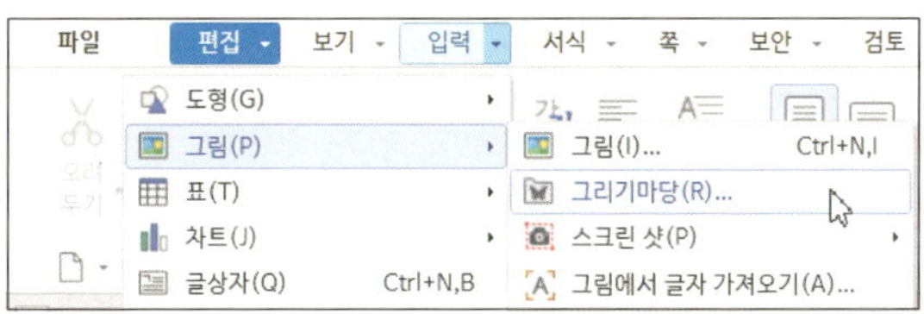


그리기 마당에 들어있는 하나하나의 그리기 파일(*.drt)들을 [그리기 조각]이라고 한다.

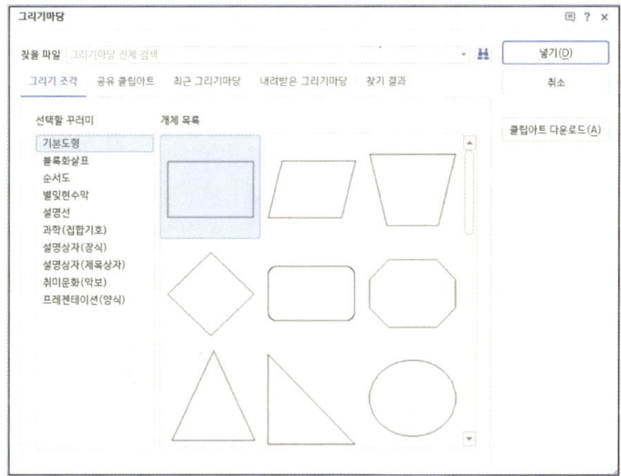

한글 2020은 다양한 그리기 마당의 그리기 조각과 클립아트 그림을 제공한다. 따라서 그림을 그리는 데 들어가는 많은 시간과 노력을 절약하여 멋진 그림을 쉽고 빠르게 그릴 수 있다.

## 따라하기

① [입력]-[그림]-[그리기 마당]을 실행한다.

② [그리기 마당] 대화 상자가 나타나면 [공유 클립아트] 탭을 선택한다.

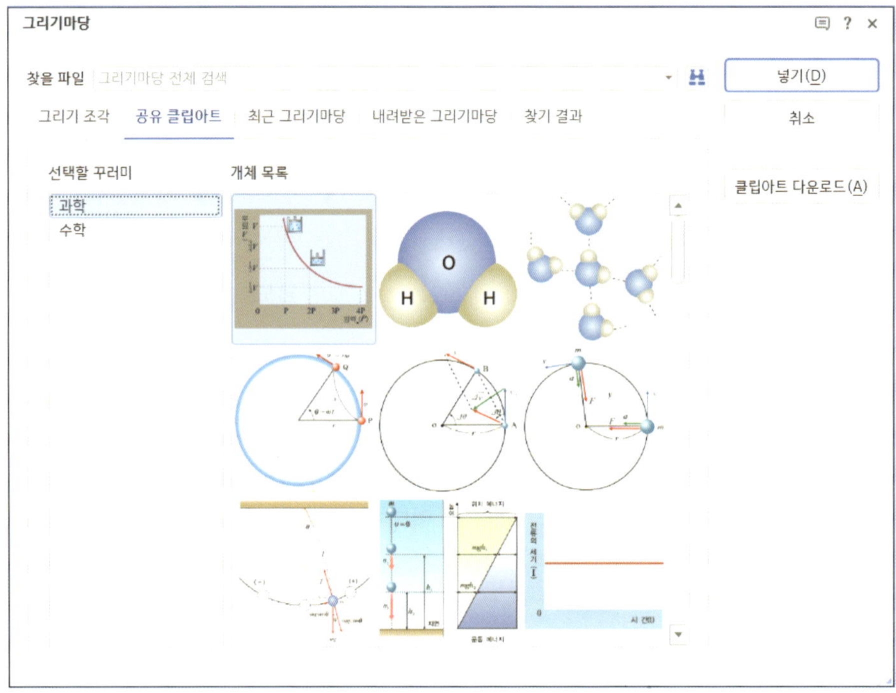


③ [선택할 꾸러미] 목록에서 '과학'의 첫 번째 클립아트를 지정하고 [넣기]를 클릭한다.

④ 십자 모양의 마우스 포인터(+)를 그림이 들어갈 곳으로 옮긴 후 대각선 방향으로 마우스를 끌어 그리기 조각을 넣을 알맞은 크기를 결정한다.

⑤ 끌던 마우스를 놓으면 선택한 그림이 원하는 위치에 원하는 크기로 나타난다.

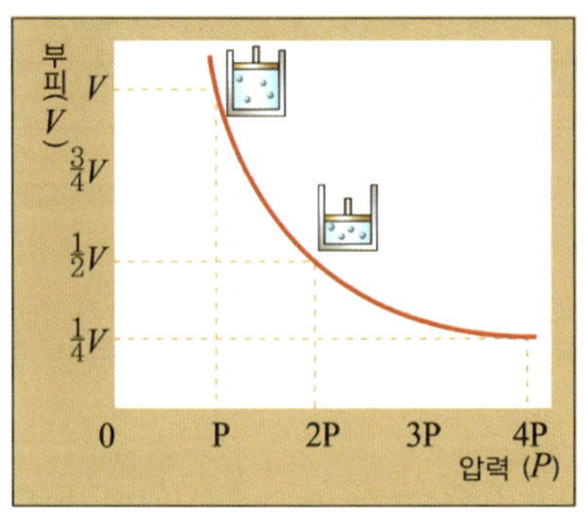

제3장

# 문서 다루기

3.1 문서 저장
3.2 수정 문서 저장하기
3.3 새 문서 작성하기
3.4 문서 복사하기(다른 이름으로 저장하기)
3.5 문서 닫기
3.6 문서 불러오기
3.7 PDF를 오피스 문서로 변환하기

## 3.1 문서 저장

현재까지 입력한 내용을 저장하여야 나중에 불러와서 수정작업을 하거나 필요할 때 인쇄작업을 할 수 있다.

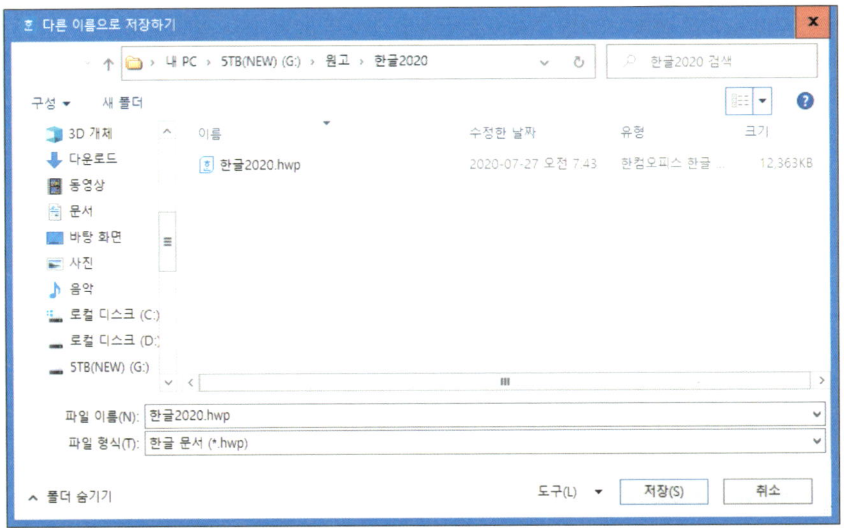

### 실습 3-1

"실습 3-1.hwp"의 파일 이름으로 저장해 보자.

대한민국

아시아 대륙의 동쪽 끝 한반도에 있는 나라로서, 최초의 국가인 고조선은 BC 108년까지 존재했다. 고구려, 백제, 신라의 삼국시대 및 남북국시대를 거쳐 중세에는 고려가 세워졌으며, 이후 조선이 건립되어 근대까지 이어졌다. 현대 들어 35년의 일제강점기를 거쳐 제2차 세계대전 뒤 미국과 소련 군대의 한반도 분할 주둔으로 남북으로 나뉘었고 1948년 대한민국이 수립되었다. 이후 6·25전쟁이 일어나 휴전중이며, 현재까지 분단국가로 남아 있다.

**따라하기**

① [파일]-[저장하기]를 차례대로 클릭한다.

② [한/영] 키를 눌러 한글 상태로 바꾼다.

③ ❷부분의 경로를 확인하고 ❶부분에 "실습3-1"을 입력 또는 지정한다.

④ ❸부분의 [저장] 단추를 클릭하면 위의 내용이 저장된 것이다.

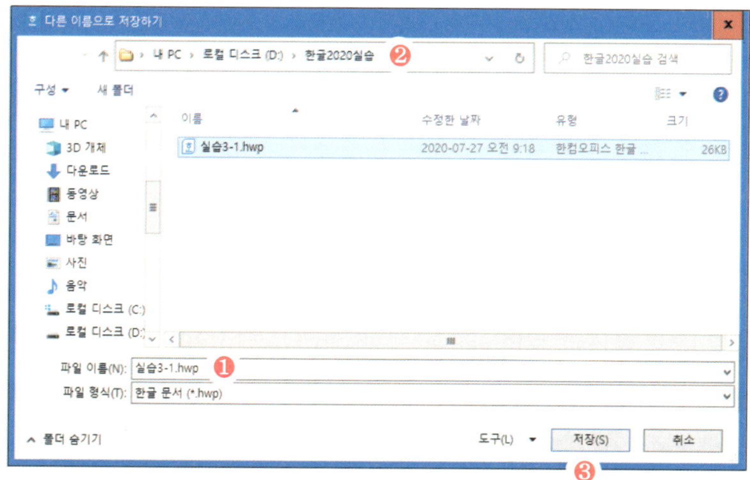


⑤ "실습 3-1" 파일을 계속 편집할 수 있는 화면이 나타난다.

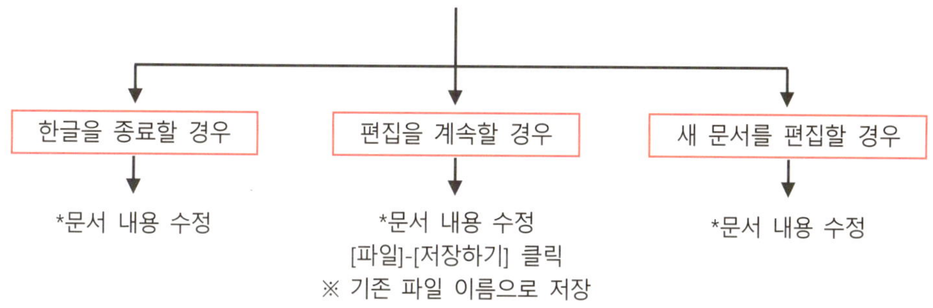


## 3.2 수정 문서 저장하기

파일 이름이 있는 문서를 수정한 후 [파일]-[저장하기] 작업을 수행하여야 수정한 내용이 저장된다.

명령을 수행하면 파일 이름을 지정하는 과정 없이 저장작업이 수행된다.

## 3.3 새 문서 작성하기

한글 2020을 실행하면 곧바로 새 문서를 작성할 수 있고, 문서 작성 중 새 글은 [파일]-[새 문서]-[새 탭]을 클릭하면 곧바로 새로운 문서를 작성할 수 있다.

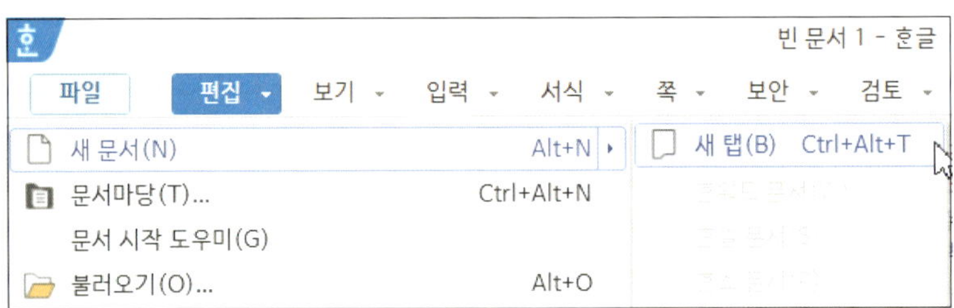


## 3.4 문서 복사하기(다른 이름으로 저장하기)

작성중인 문서를 다른 파일 이름으로 저장하려면 [파일]-[다른 이름으로 저장하기]를 클릭하면 파일 이름 지정 대화 상자가 나타난다.

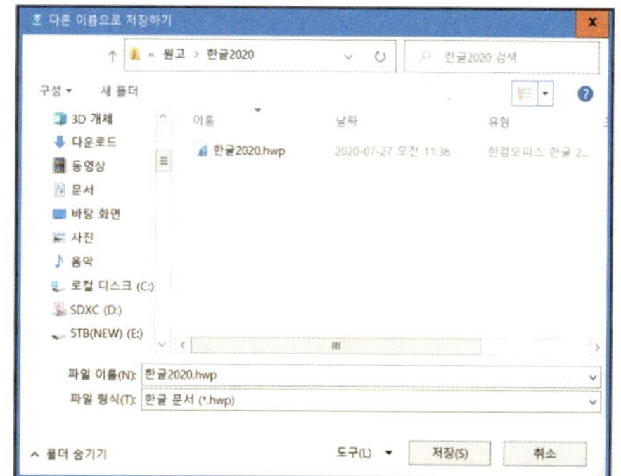


이때 파일 이름이 처음 지정할 때와 같은 이름이면서 저장 위치를 다르게 지정하면 같은 이름과 내용의 문서를 복사하게 된다.

## 3.5 문서 닫기

현재 작성중인 문서만 닫는 기능이다.

문서 닫기는 저장하기 작업을 한 후 실행한다.

제목 표시줄의 '문서 닫기' 아이콘을 누른다.

나머지 편집 중인 문서가 남아 있으면 그 문서가 편집 상태로 나타나고, 편집 중인 문서가 없다면 빈 문서가 나타나게 된다.

## 3.6 문서 불러오기

기존에 작성한 문서를 수정하려면 [파일]-[불러오기]를 클릭하여 선택할 수 있다.

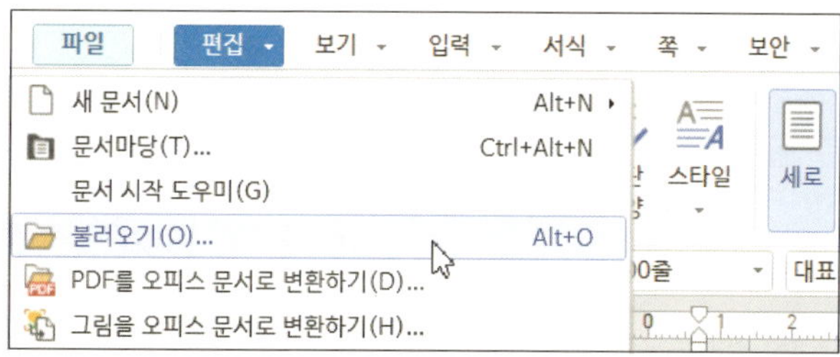

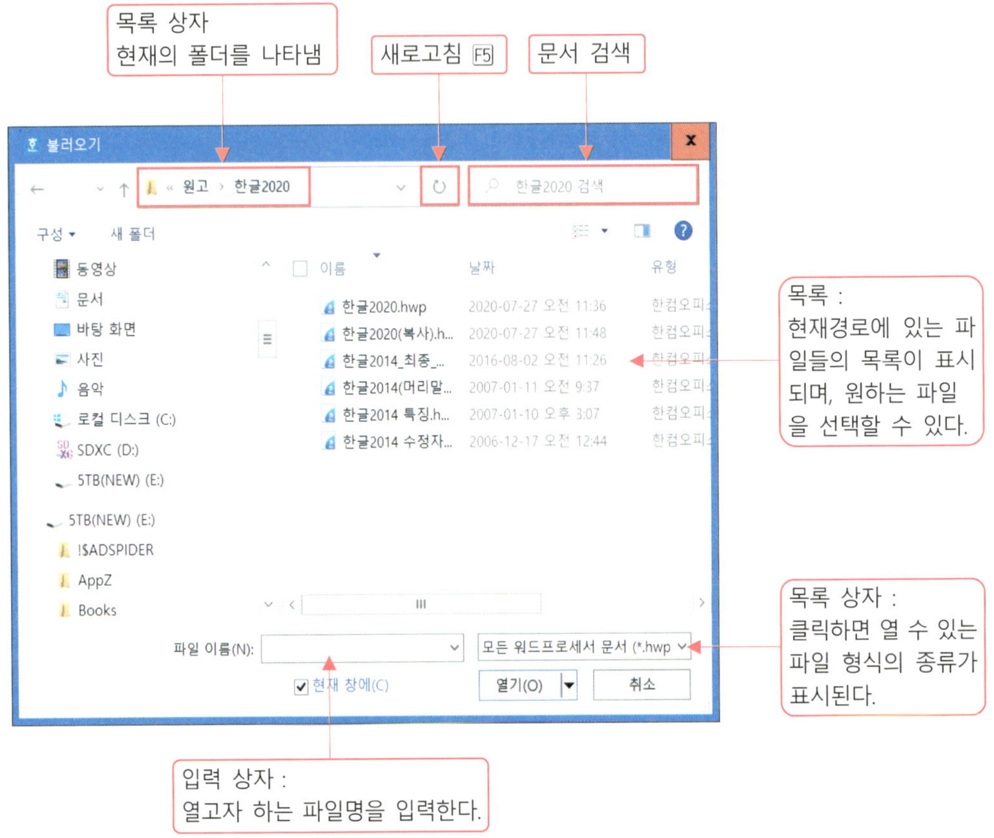


### 3.6.1 작업순서

중앙화면의 파일 이름 중에서 원하는 파일을 선택한 후 [열기]를 클릭하거나 지정된 파일을 더블 클릭한다.

### 3.6.2 항목별 설명

위 대화 상자에서 각 항목은 매우 중요한 기능들을 갖고 있다.

화면 상단의 목록 상자를 이용하여 불러올 파일이 있는 경로를 변경할 수 있다.

현재 지정된 폴더에서 나타나는 파일 이름들이 보이고 있으며, 하단부분의 불러올 파일 이름을 보여주는 입력 상자(직접 입력 가능)와 불러올 파일의 형식을 선택할 수 있다.

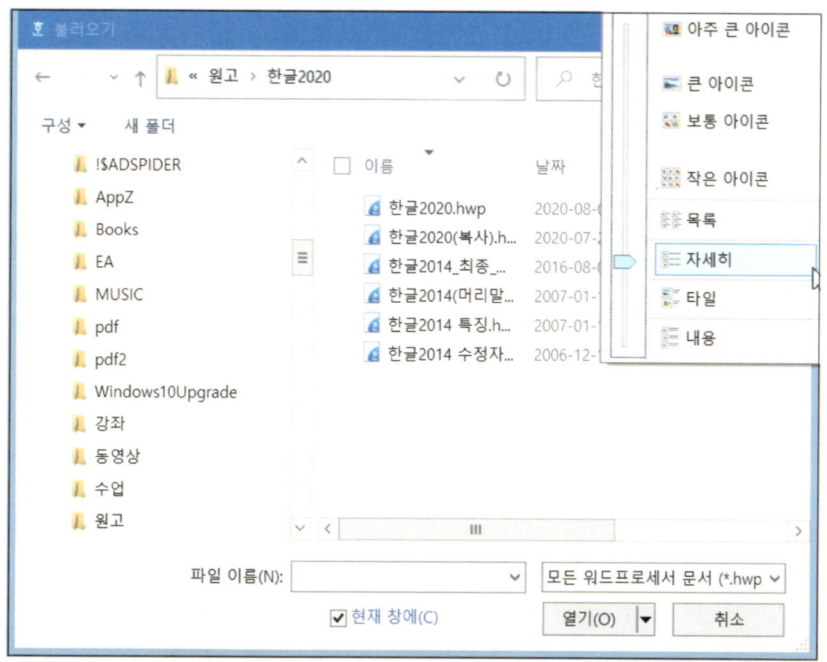


화면 상단의 아래부분은 파일목록을 어떤 형태로 디스플레이 할 것인지를 지정하는 항목으로서 순서대로 설명하자면, [구성], [새 폴더], , , 를 선택하여 지정할 수 있다.

사용법은 단추를 클릭하고 선택하면 화면 중앙의 목록 모양이 달라진다. 하단의 파일 형식( 모든 워드프로세서 문서 (*.hwp )은 불러올 문서의 종류를 지정하는 항목으로서 모든 워드프로세서문서(*.hwp)는 한글 워드프로세서로 작성한 문서들이다.

단추를 누르면 다음과 같이 일반 text, 훈민정음, MS-워드 등으로 작성한 문서를 불러와서 2020 버전으로 편집이 가능하다.

만약 MS워드로 작성한 문서를 불러오려면 이 항목을 클릭한 상태에서 워드문서(*.docx)로 이동한다. 그러면 중앙화면에 MS워드로 작성한 파일목록만 보여진다.

중요한 것은 기존의 한글 2010 이하 버전에서 작업한 문서 내용을 2020 버전에서는 편집이 가능하나, 2020 버전에서 작성한 문서는 한글 2010 이하 버전에서는 완전편집이 불가능하기 때문에 이 점을 주의해서 문서를 작성해야 한다.

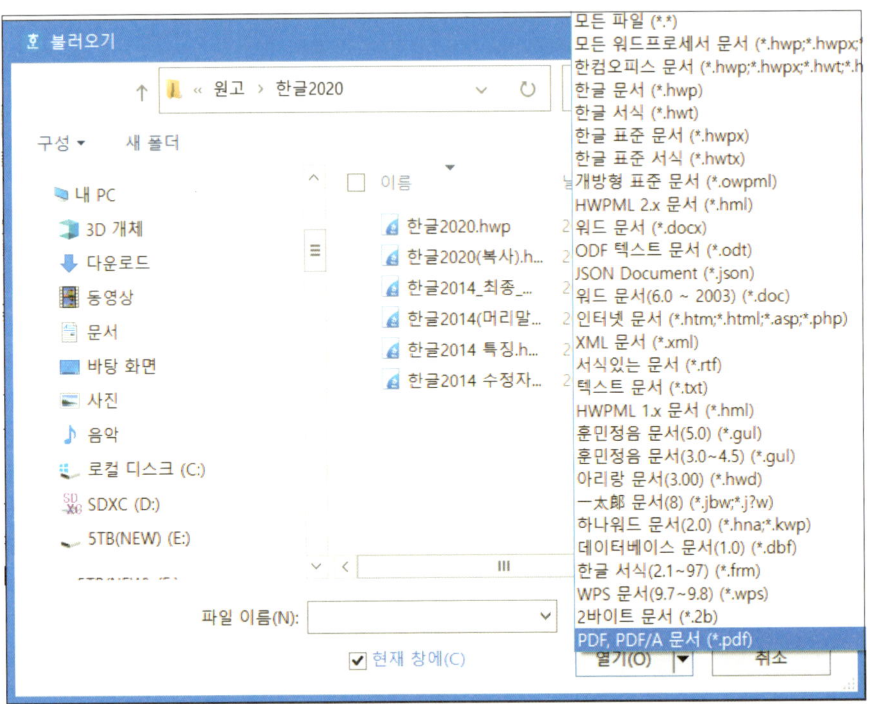


불러올 파일을 선택한 후 편집하려면 [열기] 단추를 클릭하고, 선택한 파일을 취소하고 편집 화면으로 이동하려면 [취소] 단추를 클릭한다.

[현재 창에]를 선택한 경우는 현재 파일은 종료되고 새로 불러온 파일만 편집상태가 되는 상태이고, 취소한 경우는 현재 파일은 계속 열린 상태에서 다른 파일을 더 열어서 편집 가능한 상태가 되는 것이다(여러 문서를 편집할 수 있다.).

### 실습 3-2

D:₩한글 2020₩의 경로를 설정해 보자.

#### 따라하기

① 먼저 [파일]-[불러오기]를 실행하여 다음과 같은 상태로 나타낸다.

② 다음 [새 폴더]를 눌러서 다음 그림이 나타나면 드라이브 D:\ 의 하위에 새로운 폴더명 '**한글 2020**'을 입력한 후 Enter↵를 누른다.

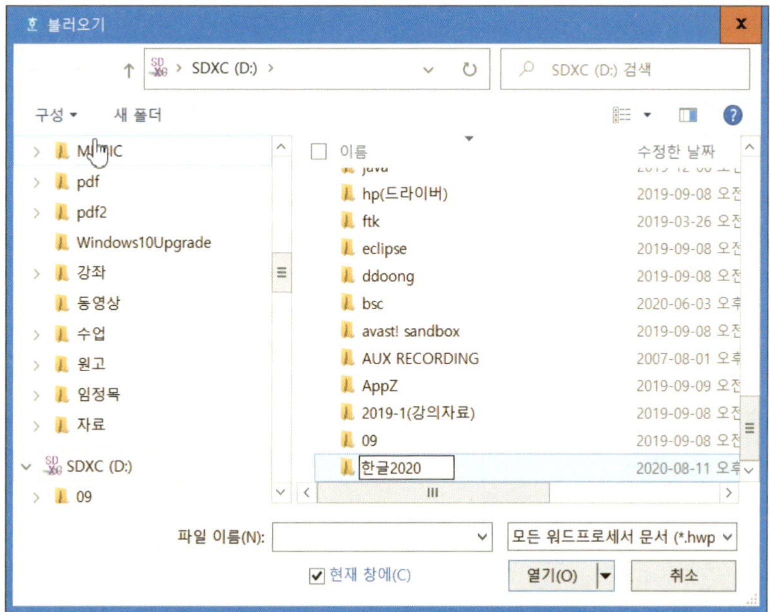

③ D:**한글 2020** 폴더가 만들어져서 나타난다.

④ 위의 그림에서 해당 폴더를 누르면 D:\ 드라이브 하위에 '한글 2020'의 폴더가 만들어진 환경이 나타난다.

**실습 3-3**

다음 한 줄에 특수문자 『★◇F1D→↖』을 나타내어 보고, '특수문자.hwp'로 저장하여 보자.

### 따라하기

① Ctrl+F10을 눌러 문자표 대화 상자를 부른다.
② 문자 영역을 한글 문자표의 '전각기호(일반)'로 이동한다.
③ '★'를 지정하고 선택 단추를 누른다.
④ '◇'를 지정하고 선택 단추를 누른다.
⑤ 문자 영역을 '키캡'으로 이동한다.

⑥ 'F1'을 지정하고 선택 단추를 누른다.
⑦ 'D'을 지정하고 선택 단추를 누른다.
⑧ 문자 영역을 '수학식 기호(화살표)'로 이동한다.
⑨ '➜'를 지정하고 선택 단추를 누른다.
⑩ '⇱'를 지정하고 선택 단추를 누른다.
⑪ 모두 지정되었으면 넣기 단추를 누른다.

### 실습 3-4

다음 문장을 특수 문자를 이용하여 작성하여 보자.

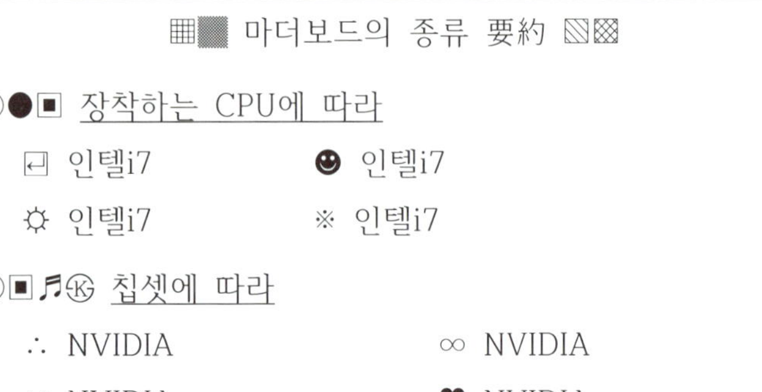

▦▩ 마더보드의 종류 要約 ▧▨

○●▣ 장착하는 CPU에 따라

↵ 인텔i7　　☻ 인텔i7

☼ 인텔i7　　※ 인텔i7

◐▣♬㉿ 칩셋에 따라

∴ NVIDIA　　∞ NVIDIA

⇔ NVIDIA　　♥ NVIDIA

∈⊆㈜∧ 물리적인 구조에 따라

♧ 일반ATX　　☞ 일반ATX

#### 작성하기

① [파일]-[새 글]을 차례대로 실행하여 새 문서 작성 준비를 한다.

#### 특수문자 입력

② [입력]-[문자표]를 실행하여 전각기호(일반)을 선택한다.
③ 문자표 테이블에 나타나 있는 '▦▩'를 클릭한 후 넣기를 누른다.
④ "마더보드의 종류"를 입력한다.
⑤ 다시 한번 '▧▨' 특수문자를 입력한 후 Enter↵키를 누른다.
⑥ [입력]-[문자표]를 실행한 후 전각기호(기타)를 선택한다.
⑦ 문자표 테이블에 나타나 있는 '↵☻☼'를 클릭한 후 넣기를 누른다.
⑧ 나머지 문자표도 입력한다.

**한자 변환**

⑨ "요약"을 입력한 후 F9 키를 누른다.

⑩ "要約"를 클릭하고 입력형식을 ⦿漢字(R) 를 선택한다.

⑪ 변환(D) 을 누른다.

**영문 입력**

⑫ Shift 누르고 연속해서 c p u 를 입력한다.

⑬ 계속해서 본문 내용을 입력한다.

**틀린 내용 수정**

⑭ 본문 내용을 검토하여 틀린 글자 앞에 마우스로 클릭하여 커서를 이동시킨다.

⑮ Delete 키를 누른 후 새 글자를 입력한다.

⑯ 계속해서 본문 내용을 검토하여 수정 작업을 한다.

**문서 저장**

⑰ [파일]-[저장하기]를 차례대로 실행시킨다.

⑱ 파일 이름을 "실습 3-4"라고 입력한 후 [저장] 단추를 누른다.

**문서 복사**

⑲ [파일]-[새 이름으로]를 실행한다.

⑳ 파일 이름을 "실습 3-4(복사)"로 입력한 후 [저장] 단추를 누른다.

# 3.7 PDF를 오피스 문서로 변환하기

## 3.7.1 PDF 파일 열기

오피스 문서로 변환하려면 먼저 PDF 문서를 읽어서 한글문서로 읽어야 한다.

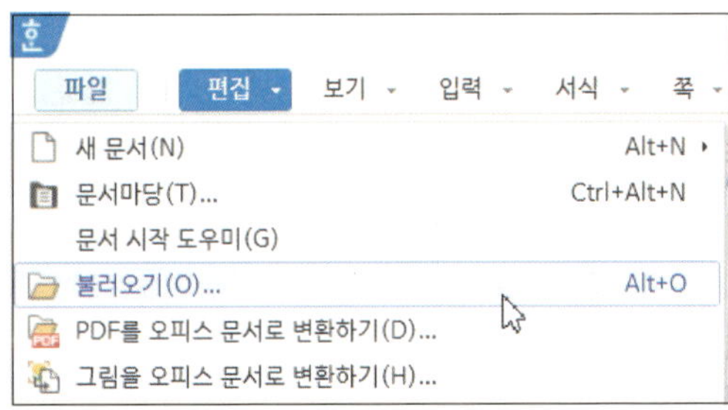

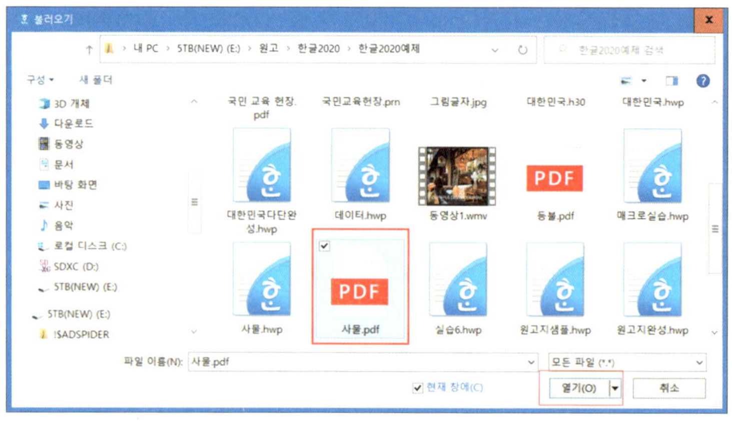

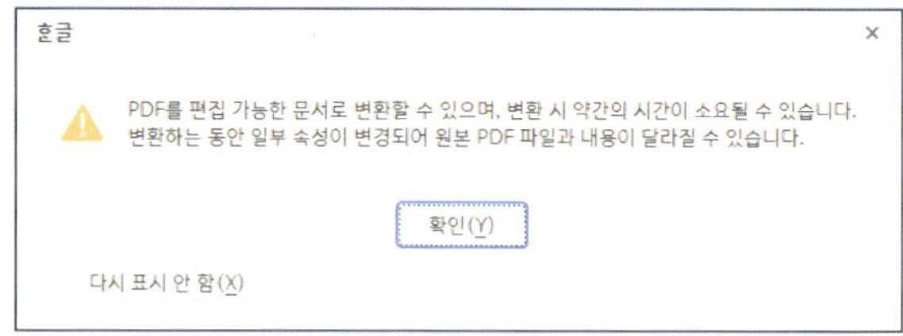


PDF 문서를 열기한 결과는 다음과 같다.

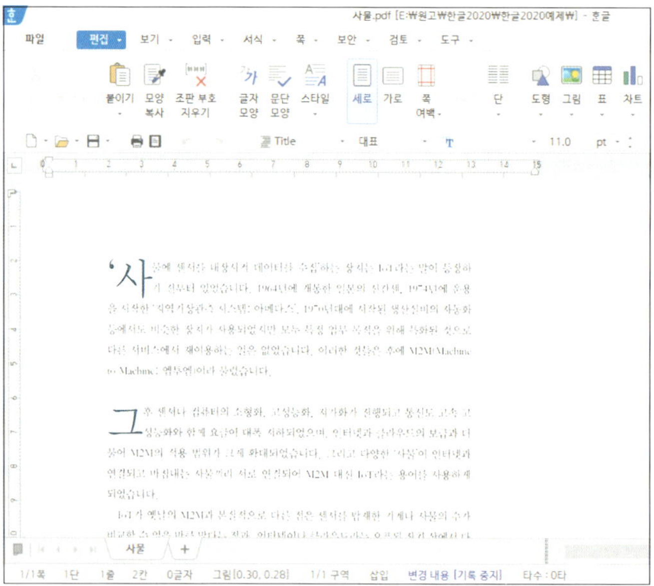

이 문서를 [다른 이름으로 저장] 기능으로 한글 문서로 변환할 수 있다.

만일 OCR 기능이 불가능한 PDF 문서를 열기하면 편집이 불가능하므로 텍스트 형태로 변환해야 한다.

"사물.pdf" 파일을 열기로 한 결과는 다음과 같다.

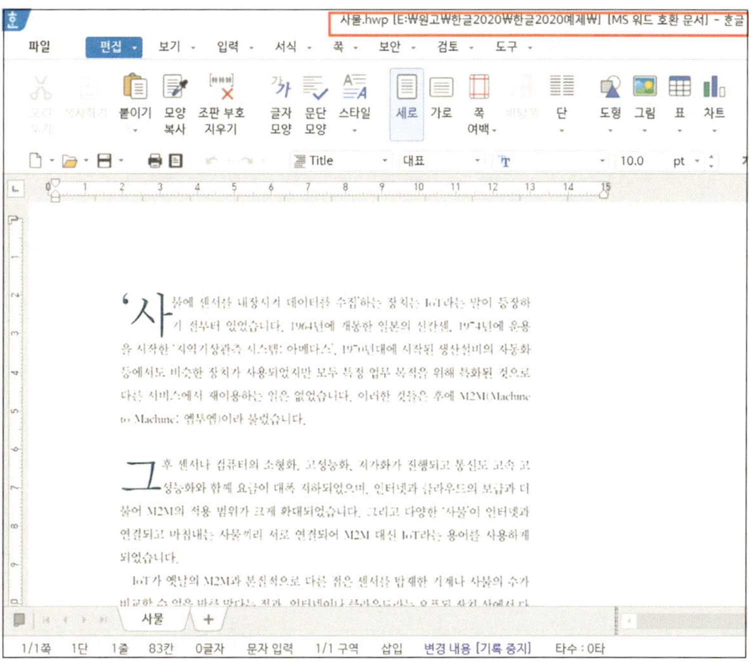

다음으로 마우스 오른쪽 단추를 눌러서 단축 메뉴가 나타나고 [그림에서 글자 가져오기]를 지정한다.

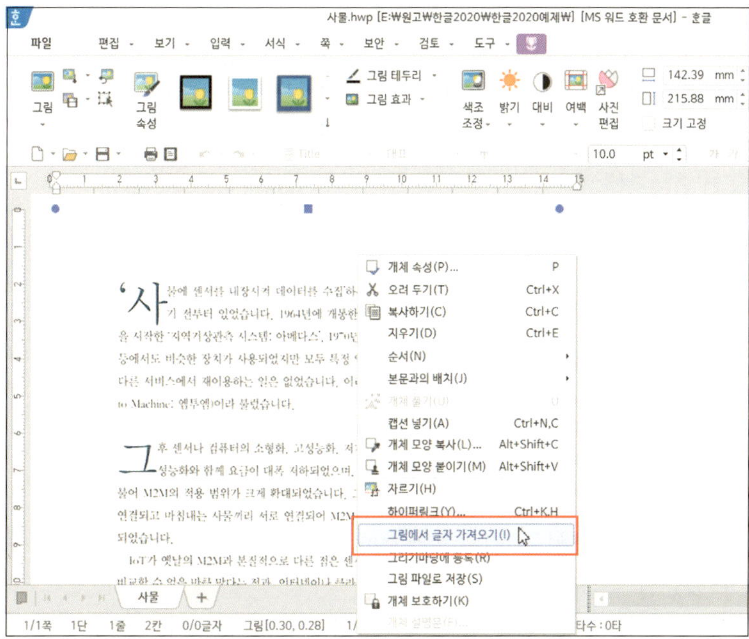

글자 가져오기

글자를 가져오는 동안 잠시만 기다려 주세요.

32%

취소

글자 가져오기

글자 가져오기를 완료했습니다.

100%

✓ 가져온 글자를 문서에 붙여 넣으세요.

확인(D)

적당한 위치에서 붙여 넣기(Ctrl+V) 해서 추출된 결과를 나타낸다.

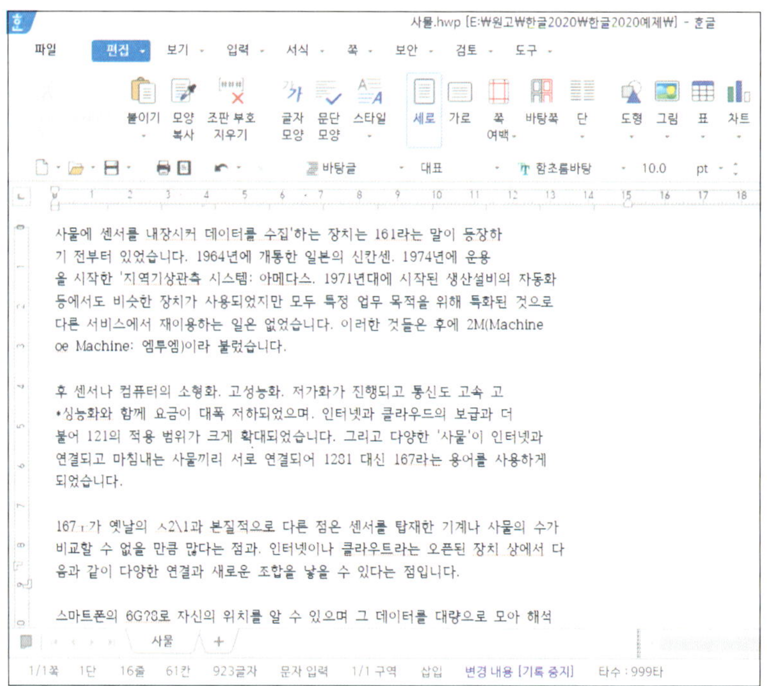


PDF 문서를 추출해서 일반 문서로 변환하면 완벽하게 변환되지 않으며 원본 문서와 비교해서 일부 수정 작업이 필요할 수 있다.

## 실습 3-5

다음 "등불.pdf" 파일을 한글 문서로 변환하여 본다.

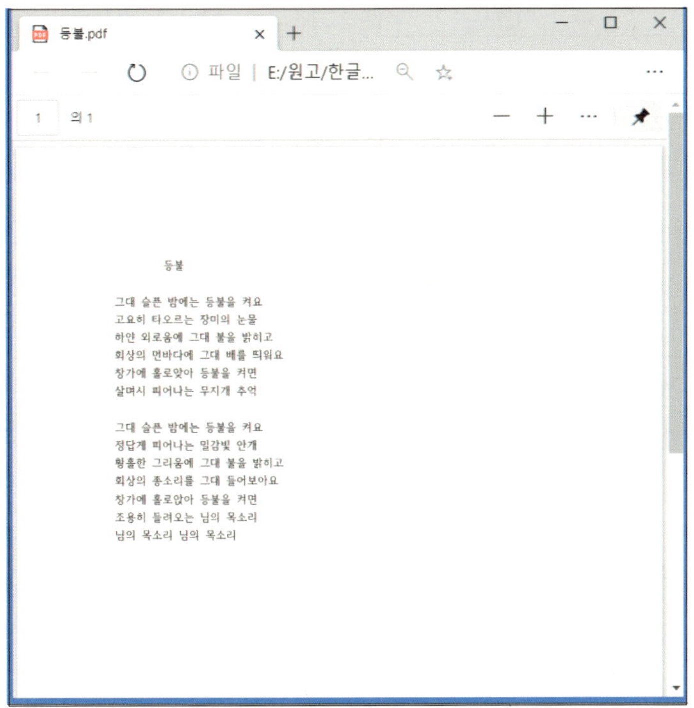


등불

그대 슬픈 밤에는 등불을 켜요
고요히 타오르는 장미의 눈물
하얀 외로움에 그대 불을 밝히고
회상의 먼바다에 그대 배를 띄워요
창가에 홀로앉아 등불을 켜면
살며시 피어나는 무지개 추억

그대 슬픈 밤에는 등불을 켜요
정답게 피어나는 밀감빛 안개
황홀한 그리움에 그대 불을 밝히고
회상의 종소리를 그대 들어보아요
창가에 홀로앉아 등불을 켜면
조용히 들려오는 님의 목소리
님의 목소리 님의 목소리

제4장

# 문서 편집

## 4.1 블록 편집

[블록]은 편집 기능이 적용될 범위를 미리 지정하는 것이다.

즉 본문 중의 특정한 내용 일부를 복사하거나 지우기 또는 글자 모양이나 문단 모양을 바꾸고자 할 때, 먼저 원하는 내용을 블록으로 설정한 다음에 각종 편집 기능을 실행해야 한다.

### 4.1.1 F3과 방향키로 블록 지정

블록 지정은 범위지정 하고자 하는 첫 글자 왼쪽을 클릭하여 커서를 이동시키고 F3을 누른다. 오른쪽 방향 화살표 키를 여러 번 눌러 블록으로 지정할 내용의 끝 부분으로 커서를 옮긴다. 커서를 옮긴 위치까지 역상으로 바뀌는데, 이 상태를 블록이 지정된 상태라고 한다.

블록지정은 범위지정 하고자하는 첫 글자 왼쪽을 클릭하여 커서를 이동시키고 F3을 누른다. 오른쪽방향 화살표 키를 여러 번 눌러 블록으로 지정할 내용의 끝 부분으로 커서를 옮긴다.

커서를 옮긴 위치까지 역상으로 바뀌는데, 이 상태를 블록이 지정된 상태라고 한다.

### 4.1.2 마우스로 블록 지정

블록이 시작되는 첫 글자 왼쪽을 클릭하여 커서(I)를 이동시킨 후, 클릭한 상태(계속 마우스 왼쪽 단추를 누르고)에서 드래그하여(역상으로 표시된다) 블록 범위 마지막 글자에서 왼쪽 단추에서 손을 뗀다.

### 4.1.3 F4과 방향키로 블록 지정

F4 블록 지정은 먼저 F4키를 누르고 오른쪽 화살표와 아래 화살표로 이동하면 특정 영역의 블록이 지정된다. 이때 대상 영역은 일정한 항목별로 구분되어 있을 때 사용하면 편리하다.

F4 블록지정은 먼저 F4키를 누르고 오른쪽 화살표와 아래 화살표로 이동하면 특정 영역의 블록이 지정된다. 이때 대상 영역은 일정한 항목별로 구분되어 있을 때 사용하면 편리하다.

### 4.1.4 블록 빨리 지정하기

| 블록 단위 | 마우스 위치 | 모양 | 마우스 왼쪽 단추 |
|---|---|---|---|
| 단어 | 단어 위 | I | 두 번 누르기 |
| 줄 | 용지왼쪽 여백 | ↗ | 한 번 누르기 |
| 문단 | 문단 위 | I | 세 번 누르기 |
| | 용지왼쪽 여백 | ↗ | 두 번 누르기 |
| 문장전체 | 용지왼쪽 여백 | ↗ | 세 번 누르기 |

### 4.1.5 블록 편집 활용

블록을 지정하여 다음 중 하나를 실행할 수 있다.

| 구분 | 블록 지정한 본문 | 기억 | 단축키 | 활용 |
|---|---|---|---|---|
| 복사하기 | 본문은 그대로 유지 | ○ | Ctrl + C | [편집]-[붙이기]로 복사, 이동 가능 |
| 오려두기 | 본문에서 없어짐 | ○ | Ctrl + X | |
| 지우기 | 본문에서 없어짐 | × | Ctrl + E | [편집]-[되살리기]로 재생 가능 |

### 4.1.6 블록설정을 해제

잘못 설정한 블록은 Esc를 누르거나, 마우스로 블록 설정된 이외의 위치에서 마우스의 왼쪽 단추를 클릭하면 블록이 해제된다.

### 4.1.7 끌기를 이용한 편집

- 마우스를 사용하여 원하는 부분을 블록 지정
- 블록 안을 클릭하면 'I'에서 '↖'로 변한다.
- 클릭한 상태에서 드래그를 하면 ↖ 모양으로 바뀐다.
- 이동하고자 하는 위치로 옮긴 후('I'이 이동 됨) 마우스에서 손을 떼면 블록내용이 이동된다.
- 복사를 하려면 Ctrl 키를 누른 채 클릭하여 드래그하면 된다.

## 실습 4-1

블록을 이용하여 복사, 이동해 보자.

▣을 복사해 보자

▣ 월드컵

2002년 월드컵↲

한국은 1954년 제5회 스위스대회와 ①1986년 제13회 멕시코대회, ②1990년 제14회 이탈리아대회, ③1994년 제15회 미국대회, ④1998년 제16회 프랑스대회의 본선경기에 진출함으로써 아시아 국가로는 처음으로 4회 연속 본선 진출국이 되었다. 2002년 제17회 월드컵축구대회는 한국과 일본에서 공동 개최되었다.

한국은 아시아에서는 최초로 4강에 진출하는 신화를 이루었다.↲

### 따라하기

#### ▣ 복사하기

① '▣ 월드컵'의 왼쪽을 클릭하여 커서를 이동시킨다.
② 클릭하여 드래그(▣)한 후 [편집]-[복사하기]를 클릭한다.
③ '2002년 월드컵↲ '의 왼쪽에 커서를 이동시킨다.
④ [편집]-[붙이기]를 클릭한다.
⑤ 계속 붙이기를 하고자 하면 위의 3번째 단계부터 반복한다.

#### 내용 이동하기

① '한국은'의 왼쪽을 클릭하여 커서를 이동시킨다.
② 클릭하여 '~이루었다'까지 드래그하여 블록의 범위를 설정한다.
③ [편집]-[오려두기]를 차례대로 클릭한다.
④ 옮길 위치인 3번째 줄 '한국은'의 왼쪽을 클릭하여 커서를 이동시킨다.
⑤ [편집]-[붙이기]를 차례대로 클릭한다.

# 4.2 글자 모양

## 4.2.1 글자 모양의 구성 요소

[모양]-[글자 모양]를 클릭 또는 도구모음에서 글자 모양아이콘 가를 클릭하거나 단축키 Alt+L을 누른다. 가를 사용하기를 권장한다.

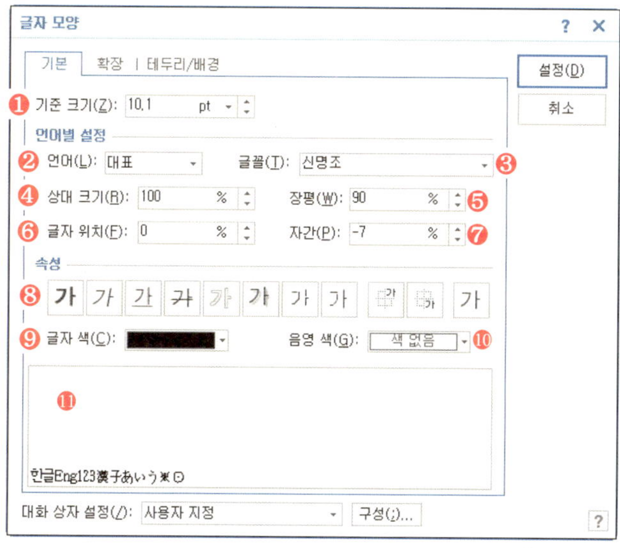


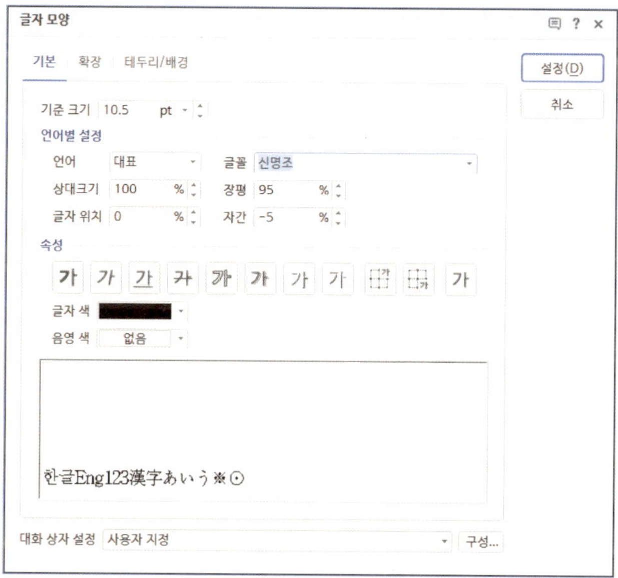

#### (1) 항목별 설명

❶ 기준 크기 : 글꼴의 기준크기이며 포인트 단위로서 1point는 가로세로 0.35mm이다.

❷ 언어 : 한글, 영문, 한자, 일어, 외국어, 기호, 사용자 중에서 하나를 선택할 수 있다.

❸ 글꼴 : 여러 가지 형태의 글꼴들이 해당 영역에 나타난다.

❹ 상대 크기 : 기준 크기에 대한 각 언어별 글자 크기를 정하여, 언어별로 서로 다른 글자 크기를 지정할 수 있다. 서로 예를 들어, 한글과 영어, 한자를 섞어 쓴 경우 글꼴 크기는 서로 조화를 이루지 못할 때가 많다. 이런 경우 각 언어별로 적당한 상대 크기를 정해 놓고 쓰는 게 좋다.

❺ 장평 : 글자의 높이를 유지하면서 가로 : 세로의 비율을 조절하는 것이다. 100 이상이면 가로의 폭이 늘어나며 100 이하이면 가로의 폭이 좁아지는 것이다. 장평 값의 범위는 50%~20%이다.

❻ 글자 위치 : 글자의 베이스라인을 기준으로 글자를 위나 아래로 움직여 위치시키는 것이다.

❼ 자간 : 글자와 글자 사이의 간격이며, 기본값이 '0'이고 '0' 이상의 값이면 글자 사이의 간격이 넓어지며 '0' 이하의 마이너스 값이면 간격이 좁아진다.

❽ 속성 : 원하는 항목을 클릭하면 단추의 표시가 들어가서 지정한 것처럼 나타나며, 취소하기 위해 다시 한 번 클릭하면 들어간 부분이 튀어나온 것처럼 표시된다. 종류로는 진하게, 기울임, 밑줄, 외곽선, 그림자, 양각, 음각, 위첨자 등이 있다.

❾ 글자색 : 글자색을 지정하는 항목이며, 사용은 ▾을 클릭하여 나타나는 색상 파레트 중에서 고르면 된다.

❿ 음영색 : 글자 배경으로 사용할 색상을 고를 수 있다. 사용법은 글자색과 같다.

⓫ 미리 보기 창 : 여러 가지 메뉴에 대한 설정을 미리 보기 창을 통해 변화된 모양을 미리 볼 수 있게 하였다.

#### (2) 설정 또는 취소하기

원하는 모양으로 선택이 끝났으면 [설정] 단추를 누르고 취소하려면 [취소] 버튼을 누른다.

### 4.2.2 글자 모양 변경

변경할 부분을 블록 설정한 후 [모양]-[글자 모양]을 클릭하여 변경할 조건을 지정한 후 Enter↵를 누른다.

### 실습 4-2

'▣ 요약(Summary)'으로 변경해보자.

■ 要約(Summary)
스포츠 경기에서 세계선수권대회를 이르는 말

**따라하기**

① [문서]-[불러오기]를 클릭하여 '대한민국' 파일을 불러온다.
② '■ 要約(Summary)'을 블록 지정한다.
③ 도구상자의 가를 클릭한다.
④ 글꼴은 견고딕, 크기는 15, 글자 속성은 '진하게'를 클릭한 후 [설정] 단추를 누른다.
⑤ '▣ 요약(Summary)↵ '와 같이 변경된다.

## 4.2.3 글자 모양 복사

글자 모양을 똑같이 표현하고자 할 때 사용한다.

사용법은 복사할 문단(원본)에 커서를 위치하고 [모양]-[모양복사]를 클릭하거나 단축키인 Alt+C를 누르고(도구모음의 를 누른다) 복사될 글자들을 블록 설정한 후 다시 Alt+C를 누른다.

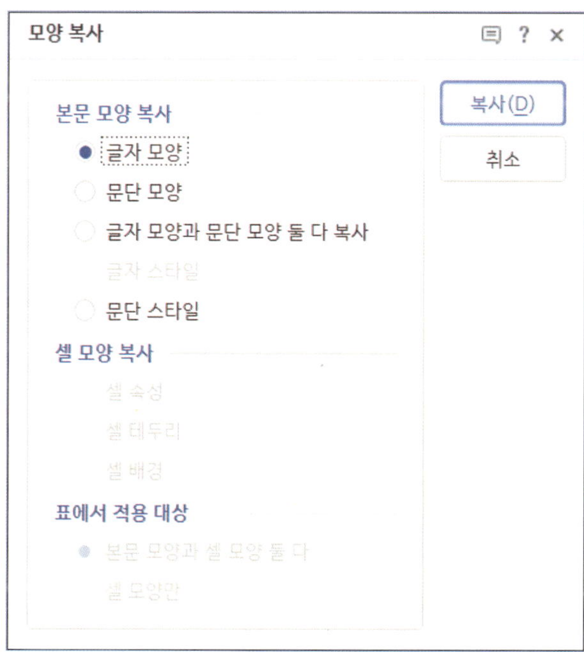

모양 복사에서 [글자 모양] 또는 [문단 모양]만을 복사할 수도 있고 [글자 모양과 문단 모양 둘 다 복사]를 복사할 수 있다.

그리고 [글자 스타일]이나 [문단 스타일]도 복사 가능하다. 5개의 항목 중 하나를 선택한 후 [복사] 단추를 누른다.

**실습 4-3**

소제목의 글자 모양을 복사해보자.

| ■ \| **요약(Summary)**↵ |
|---|

① 에 커서를 위치시킨다.

② Alt + C를 누른다.

③ [글자 모양만 복사] 항목을 클릭한 후 [복사] 단추를 누른다.

④ □ 본문(本文)처럼 복사할 부분을 블록 지정한다.

⑤ Alt + C를 누른다.

⑥ □ 2002년 월드컵을 블록 지정한다.

□ 2002년 월드컵

한국은 1954년 제5회 스위스대회와 ①1986년 제13회 멕시코대회, ②1990년 제14회 이탈리아대회, ③1994년 제15회 미국대회, ④1998년 제16회 프랑스대회의 본선경기에 진출함으로써 아시아 국가로는 처음으로 4회 연속 본선진출국이 되었다. 2002년 제17회 월드컵축구대회는 한국과 일본에서 공동 개최되었으며, 한국은 아시아에서는 최초로 4강에 진출하는 신화를 이루었다.

⑦ Alt + C를 누른다.

**■ 2002년 월드컵**

한국은 1954년 제5회 스위스대회와 ①1986년 제13회 멕시코대회, ②1990년 제14회 이탈리아대회, ③1994년 제15회 미국대회, ④1998년 제16회 프랑스대회의 본선경기에 진출함으로써 아시아 국가로는 처음으로 4회 연속 본선진출국이 되었다. 2002년 제17회 월드컵축구대회는 한국과 일본에서 공동 개최되었으며, 한국은 아시아에서는 최초로 4강에 진출하는 신화를 이루었다.

### 4.2.4 글꼴의 종류

다음 예제의 글자 크기는 12pt으로 지정한 것이다.

| 명조 | 고딕 | 샘물 |
|---|---|---|
| 필기 | 신명조 | 견명조 |
| 신명조 약자 | 중고딕 | 견고딕 |
| 그래픽 | 궁서 | 가는공한 |
| 중간공한 | 굵은공한 | 가는한 |
| 중간한 | 굵은한 | 펜흘림 |
| 복숭아 | 옥수수 | 오이 |
| 가지 | 강낭콩 | 딸기 |
| 태나무 | 헤드라인 | 가는헤드라인 |
| 양재 다운명조 | 양재 본목각 | 양재 소슬 |
| 양재 튼튼B | 휴먼명조 | 휴먼고딕 |
| 가는안상수체 | 중간안상수체 | 굵은안상수체 |
| 휴먼가는샘체 | 휴먼중간샘체 | 휴먼굵은샘체 |
| 휴먼옛체 | 신명 세명조 | 신명 신명조 |
| 신명 신신명조 | 신명 중명조 | 신명 태명조 |
| 신명 견명조 | 신명 신문명조 | 신명 순명조 |
| 신명 세고딕 | 신명 중고딕 | 신명 태고딕 |
| 신명 견고딕 | 신명 세나루 | 신명 디나루 |
| 신명 궁서 | #세명조 | #신명조 |
| #중명조 | #신중명조 | #화명조A |
| #화명조B | #태명조 | #신태명조 |
| #견명조 | #신문명조 | #신문태명 |
| #신문견명 | #세고딕 | #신세고딕 |
| #중고딕 | #태고딕 | #견고딕 |
| #신문고딕 | #신문태고 | #신문견고 |
| #세나루 | #신세나루 | #디나루 |
| #신디나루 | #그래픽 | #신그래픽 |
| #태그래픽 | #궁서 | #공작 |
| #수 암A | #수 암B | #빅 |
| 시스템 | HY둥근고딕 | 굴림 |
| 굴림체 | 돋움 | 돋움체 |
| 바탕 | 바탕체 | 궁서체 |
| 헤드라인 | | |

추가 글꼴을 다운 받기 위해 [글꼴] 버튼을 누르면 다음과 같은 메뉴가 나타나고 [추가 글꼴] 다운로드 항목을 클릭하고 선택한 글꼴을 누른다.

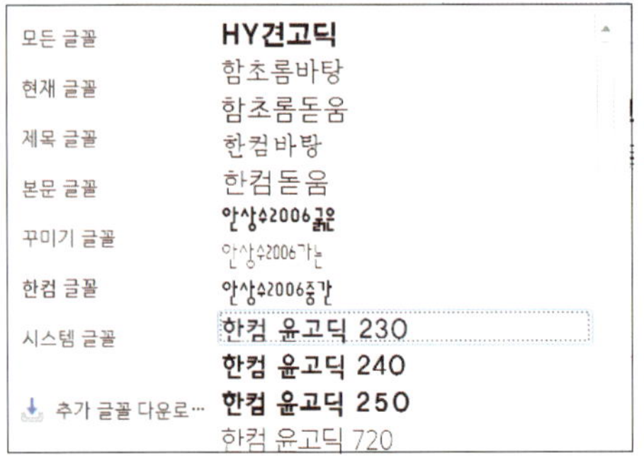


## 4.3 문단 모양

문단 모양에서 지정할 수 있는 것은 기본적으로 정렬 방식, 여백조정, 간격조정, 줄 나눔 기준 등이 있다. 문단 모양 대화 상자를 나타내게 하는 방법은 [모양]-[문단 모양]을 차례대로 클릭 또는 Alt+T를 누르거나 도구상자의 아이콘을 누른다.

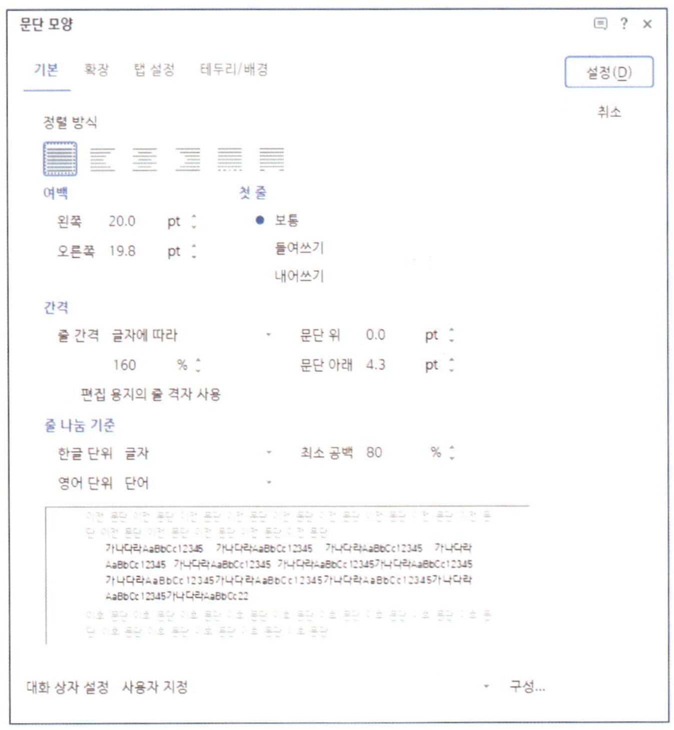

### 4.3.1 문단 모양의 구성 요소

#### (1) 정렬 방식

문단 내의 한 낱말이 오른쪽 여백에 걸릴 때, 어떤 방식으로 정렬할 것인가를 선택한다. 정렬 방식으로는 양쪽 정렬(가장 많이 쓰임), 왼쪽 정렬, 오른쪽 정렬, 가운데 정렬, 양쪽 맞춤(글자 수에 상관없이 양쪽을 맞추되 글자 사이를 일정하게 맞춤)이 있다.

#### (2) 여백

현재 문단의 왼쪽과 오른쪽의 여백을 얼마만큼 띄울 것인지 지정한다. 단위는 포인트(point)이다.

여기 여백에서의 첫 줄이란 문단을 작성할 때 들여쓰기(문단의 첫 글자를 오른쪽으로 들어가게 하는 기능) 할 것인지 내어쓰기(문단의 첫 글자가 왼쪽으로 나오게 하는 기능) 할 것인지를 지정해주는 곳으로 보통이 기본이다.

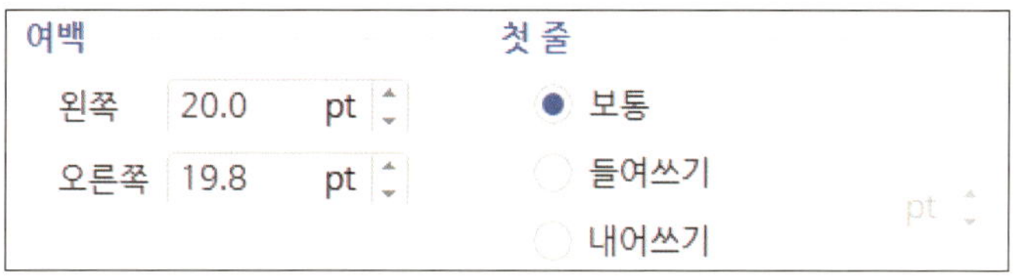


#### (3) 간격

간격이란 현재 줄의 시작 부분과 바로 아래 줄의 첫 부분까지의 간격을 말한다. 줄 간격과 문단 간격의 2가지 종류가 있으며, 줄 간격은 말 그대로 줄과 줄 사이의 간격을 지정한다.

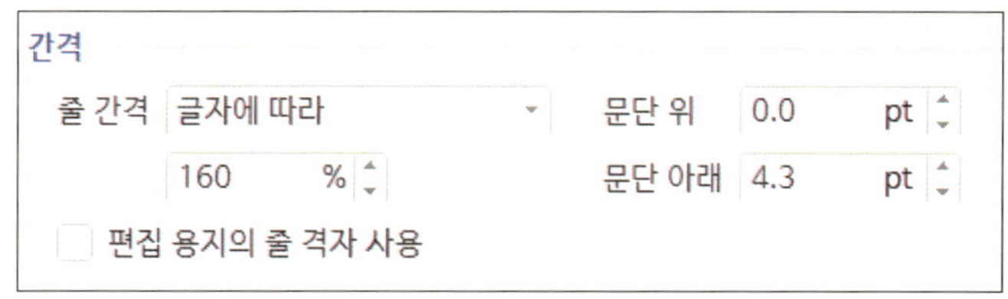


줄 간격의 [글자에 따라]는 글자 크기 높이를 100으로 보고 %로 표시한다. 범위는 0%에서 500%까지 있다.

160%는 글자 높이의 60%만큼 줄 간격을 띄우는 것이며 현재 줄의 글자 크기 높이만큼 간격을 주려면 200%로 해야 한다.

또한, 100 이하이면 줄과 줄 사이가 겹쳐지게 된다.

[고정값]이나 [여백만 지정]은 포인트(pt), 밀리미터(mm), 센티미터(cm), 파이카(pi), 픽셀(px), 글자(ch), 급(geup), 인치(inch) 단위로 입력하는 고정줄 간격이다.

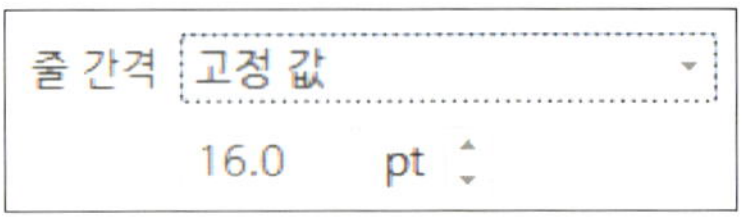

즉 현재 줄의 글씨 꼭대기에서 다음 줄의 글씨 꼭대기까지를 입력한 길이만큼 일정하게 띄운다.

문단 위/아래 간격은 현재 문단과 이전/이후 문단 사이의 간격을 지정한다.

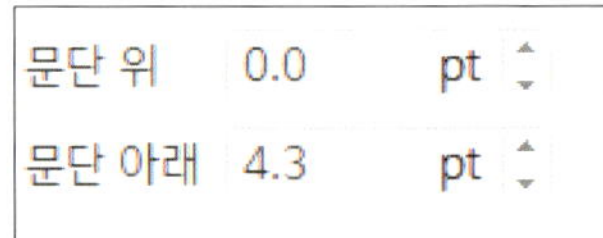


### (4) 편집 용지의 줄 격자 사용

[쪽]-[편집 용지]의 [줄 격자]-[줄 격자 설정]-[줄 수 지정]을 선택하면 한 쪽(페이지)에 들어갈 수 있는 줄 수를 제한할 수 있다.

이와 같은 [줄 격자]는 [편집 용지의 줄 격자 사용]이 선택된 문단에서만 사용할 수 있다.

### (5) 줄 나눔 기준

- [한글 단위] : 각 줄의 마지막에 한글이 올 때 글자 단위로 나눌 것인지 어절 단위로 나눌 것인지 선택할 수 있다.
- [영어 단위] : 각 줄의 마지막에 영문자가 올 때 글자 단위로 나눌 것인지 단어 단위로 나눌 것인지 선택할 수 있다.
- [최소 공백] : 현재 문단에서 낱말과 낱말 사이에 있는 빈칸의 간격(폭)을 띄우거나 줄일 수 있다.

### (6) 각 항목의 예시

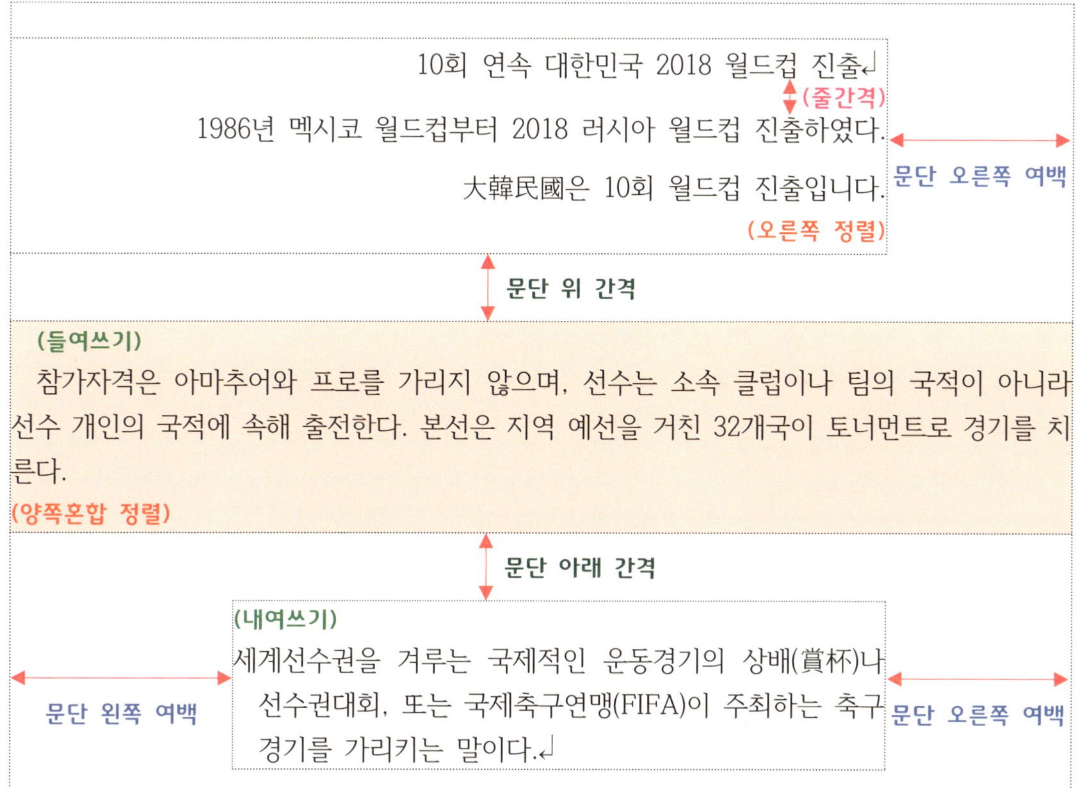

한 문단을 두 개의 문단으로 나누려면 나누고자 하는 곳에 커서를 위치하고 Enter↵키를 누르면 커서 뒤에 있는 내용이 다음 문단으로 된다.

반대로 두 개의 문단을 하나의 문단으로 합치려면 첫 번째 문단의 끝 ↵에 커서를 위치시키고 Delete키를 누르면 뒤에 있는 문단이 현재의 문단 뒤로 합쳐지게 된다.

## 4.3.2 문단 모양 지정방법

### (1) 대화 상자를 이용

[모양]-[문단 모양] 또는 도구상자의 (아이콘)를 선택하여 대화 상자에서 항목별로 조건을 지정하여 [설정]을 누른다.

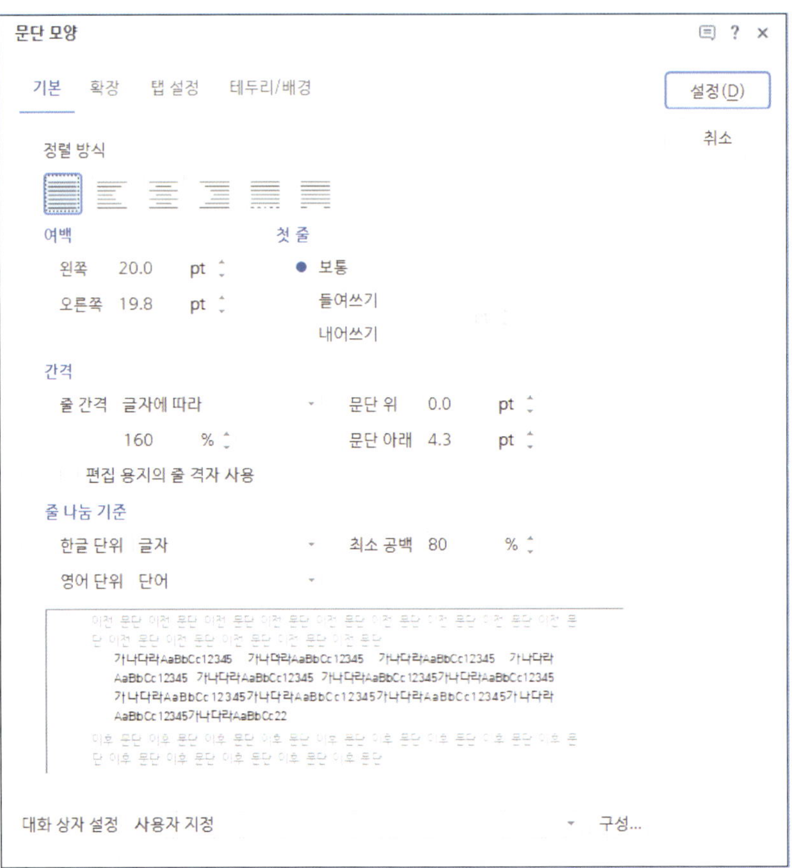

**실습 4-4**

제목을 가운데로 정렬해보자.

■ |월드컵 [World Cup] ■↵

① 에 커서를 위치시킨다.
② [모양]-[문단 모양]을 차례대로 클릭한다.
③ 정렬 방식의 [가운데 정렬]을 클릭한다.
④ [설정] 단추를 누른다.

실습 4-5

본문 내용을 내어쓰기, 양쪽혼합으로 정렬해보자.

'국'을 '세' 위치에 맞추어 보자.

따라하기

|세계선수권을 겨루는 국제적인 운동경기의 상배(賞杯)나 선수권대회, 또는 국제축구연맹(FIFA)이 주최하는 축구경기를 가리키는 말이다.↲ ↲

① 에 커서를 이동시킨다.

② Shift + ⇆을 눌러 빠른 내어쓰기를 한다. 곧바로 '국' 자가 '세' 위치에 맞추어졌다(위의 내용이 한 문단이어야 한다.).

Tip

보통은 세로줄을 맞추려고 Space Bar를 반복 입력하지만 매우 좋지 않은 습관이다. 본문 내용을 수정, 추가해보면 금방 알 수 있다.

### (2) 마우스로 여백표시기 조정

문단의 여백, 들여쓰기에 활용하면 매우 편리하다.

#### 왼쪽 여백

를 마우스 왼쪽 버튼을 누른 채로 오른쪽으로 끌면 현재 문단의 왼쪽 여백 값이 늘어나고 왼쪽으로 끌면 왼쪽 여백 값이 줄어든다.

#### 오른쪽 여백

를 마우스로 끌면 오른쪽 여백이 조정된다.

#### 들여/내어쓰기

를 마우스로 끌면 들여쓰기, 내어쓰기를 조정할 수 있다. 들여쓰기는 왼쪽 여백 표시보다 오른쪽( )에 놓이도록 하고 내어쓰기는 왼쪽 여백 표시보다 왼쪽( )에 놓이도록 한다.

실습 4-6

다음과 같은 문단에서 여백과 들여쓰기를 해보자.

따라하기

> ■ **본문(本文)**↲
>
> 세계선수권을 겨루는 국제적인 운동경기의 상배(賞杯)나 선수권대회, 또는

① 커서는 '세'의 문단 임의 자리에 위치시킨다.

② 마우스 포인터로 눈금자 부분을 클릭하면 긴 세로 점선이 생긴다.

③ 이것을 계속 클릭한 상태에서 점선을 '본' 왼쪽에 오도록 드래그하여 문단 왼쪽 여백을 조정한다.

> ■ **본문(本文)**↲
>
> 세계선수권을 겨루는 국제적인 운동경기의 상배(賞杯)나 선수권대회, 또는 국제축구연맹(FIFA)이 주최하는 축구경기를 가리키는 말이다.

④ 마우스 포인터로 눈금자 부분을 클릭한다.

⑤ 이것을 계속 클릭한 상태에서 점선을 '계' 왼쪽에 오도록 드래그하여 문단의 들여쓰기 크기를 조정한다( 처럼 눈금자 모양이 변한다.).

> ■ **본문(本文)**↲
>
> 세계선수권을 겨루는 국제적인 운동경기의 상배(賞杯)나 선수권대회, 또는 국제축구연맹(FIFA)이 주최하는 축구경기를 가리키는 말이다.↲

### 4.3.3 문단 모양 복사

문단 모양을 변경하는 것이 많으면 문단 모양 복사하기를 사용하면 편리하다. 문단 모양을 하려면 [모양]-[모양복사]를 선택하거나 단축키인 Alt+C를 누른다. 순서는 다음과 같다.

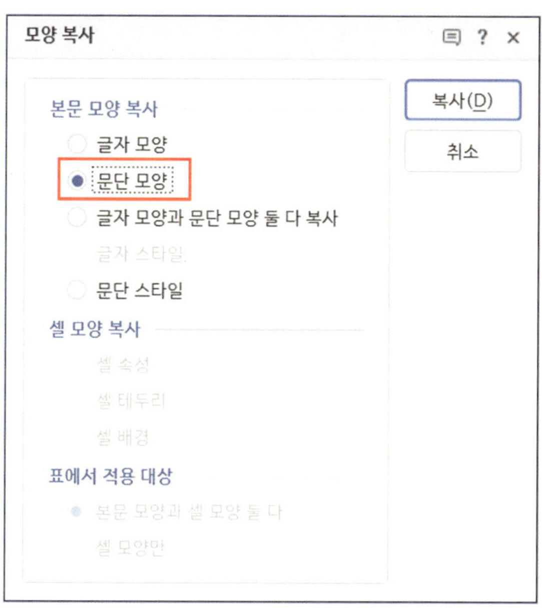


문단 모양을 복사하고 싶은 문단에 커서를 두고 Alt+C를 누르면 위의 대화 상자가 나온다.

[문단 모양만 복사]를 선택하고 [복사] 단추를 누른다. 복사할 대상 문단들을 블록 지정한 후 Alt+C를 누르면 된다. Esc를 눌러서 블록을 해제한다. 또한, 다른 문단에도 적용하고자 한다면 그 부분을 블록으로 지정하여 반복하면 된다.

## 4.4 탭 만들기

탭(Tab)은 한꺼번에 일정한 거리로 본문을 띄울 때 사용한다. 여러 개의 항목을 세로로 가지런히 나열해 입력할 때 사용하면 편리하다.

탭 설정은 문단 단위로 기억된다. 즉 사용자가 탭 설정을 바꾸면 현재 문단의 탭 지정만 바뀌게 되며, 여러 문단의 탭 설정을 함께 바꾸려면, 원하는 문단을 미리 블록으로 지정한 다음 탭 설정을 해야 한다. 눈금자 위에 마우스 왼쪽 버튼을 클릭하면 삼각형 모양이 생기는데 바로 탭 설정이 된 것이다.

탭 설정은 문단 단위로 이루어진다. 따라서 탭 설정을 바꾸면 현재 커서가 놓여 있는 문단만 바뀐다. 탭 종류에는 왼쪽 탭, 오른쪽 탭, 가운데 탭, 소수점 탭 등이 있다.

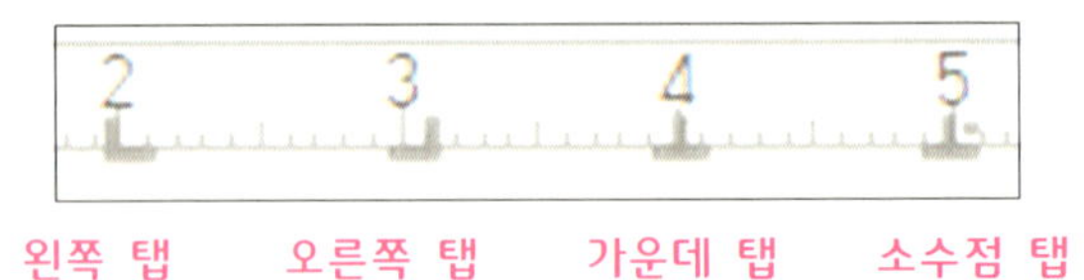


왼쪽 탭　　오른쪽 탭　　가운데 탭　　소수점 탭

### 4.4.1 탭 사용하기

탭 지정 후 [Tab]키를 누르면 설정된 위치로 옮겨간다.

### 4.4.2 탭 설정

기본적인 탭을 수정하여 사용할 수도 있고 기본적인 탭을 제거한 후 새로 설정할 수 있다.

**순서 방법은**

- 마우스 포인터를 가로 눈금자 위에 위치하고 마우스 오른쪽 버튼을 누른다.
- [모든 탭 지우기]를 선택하여 기본 탭을 제거한다.
- 마우스 포인터를 원하는 눈금자 위에 놓고 마우스 오른쪽 버튼을 눌러 원하는 탭의 종류를 선택한다.
- 설정이 끝난 후 [Tab]키를 눌러서 사용한다.

[모양]-[문단 모양]-[탭 설정]을 지정하면 탭 관련 대화 상자가 나타나고 탭의 종류와 탭의 위치를 지정하고 나타낼 수 있다.

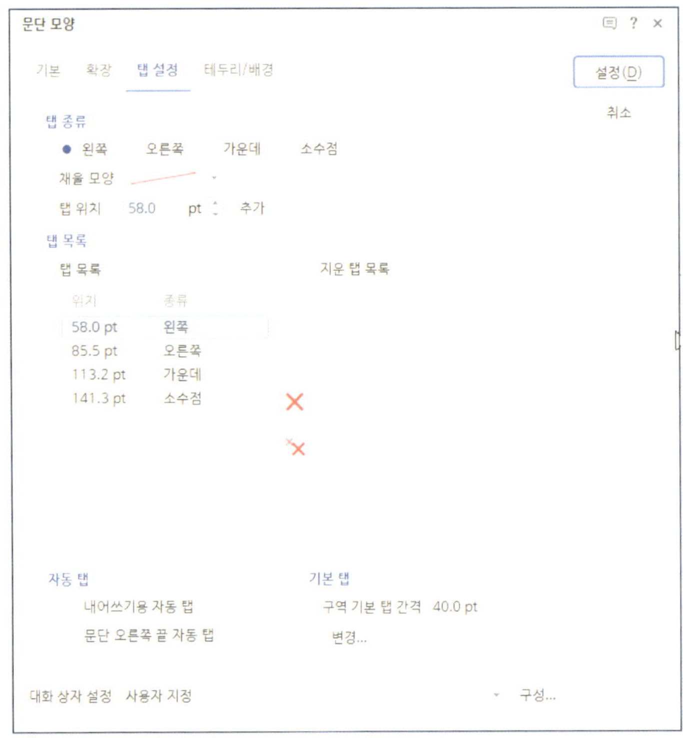

탭을 설정하기 위해서는 해당 눈금자 안에서 탭을 지정할 위치에 마우스를 이동하고, 왼쪽 마우스 단추를 누르면 탭이 지정된다.

**예시문**

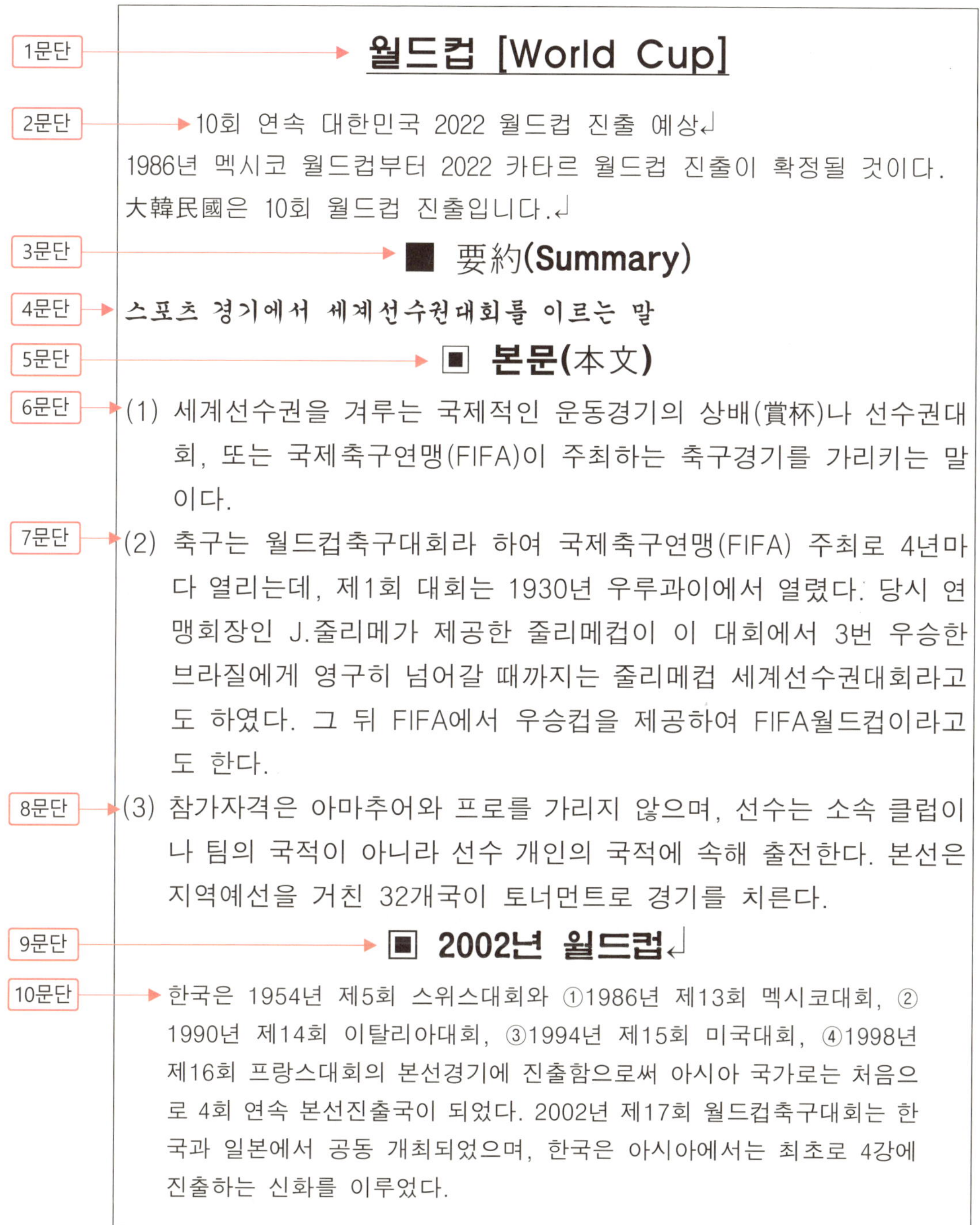


월드컵 [World Cup]

10회 연속 대한민국 2022 월드컵 진출 예상↲
1986년 멕시코 월드컵부터 2022 카타르 월드컵 진출이 확정될 것이다. 大韓民國은 10회 월드컵 진출입니다.↲

■ 要約(Summary)

스포츠 경기에서 세계선수권대회를 이르는 말

▣ 본문(本文)

(1) 세계선수권을 겨루는 국제적인 운동경기의 상배(賞杯)나 선수권대회, 또는 국제축구연맹(FIFA)이 주최하는 축구경기를 가리키는 말이다.

(2) 축구는 월드컵축구대회라 하여 국제축구연맹(FIFA) 주최로 4년마다 열리는데, 제1회 대회는 1930년 우루과이에서 열렸다. 당시 연맹회장인 J.줄리메가 제공한 줄리메컵이 이 대회에서 3번 우승한 브라질에게 영구히 넘어갈 때까지는 줄리메컵 세계선수권대회라고도 하였다. 그 뒤 FIFA에서 우승컵을 제공하여 FIFA월드컵이라고도 한다.

(3) 참가자격은 아마추어와 프로를 가리지 않으며, 선수는 소속 클럽이나 팀의 국적이 아니라 선수 개인의 국적에 속해 출전한다. 본선은 지역예선을 거친 32개국이 토너먼트로 경기를 치른다.

▣ 2002년 월드컵↲

한국은 1954년 제5회 스위스대회와 ①1986년 제13회 멕시코대회, ②1990년 제14회 이탈리아대회, ③1994년 제15회 미국대회, ④1998년 제16회 프랑스대회의 본선경기에 진출함으로써 아시아 국가로는 처음으로 4회 연속 본선진출국이 되었다. 2002년 제17회 월드컵축구대회는 한국과 일본에서 공동 개최되었으며, 한국은 아시아에서는 최초로 4강에 진출하는 신화를 이루었다.

## 따라하기

### 문서 복사하기

① [파일]-[불러오기]를 실행하여 '대한민국.hwp'를 클릭하고 [불러오기] 단추를 누른다.

② [파일]-[다른 이름으로 저장]을 실행하여 문서 복사 준비를 한다.

③ 파일 이름 항목에 "대한민국_수정.hwp"를 입력한 후 [저장하기] 단추를 누른다(현재 열려 있는 문서는 '대한민국_수정.hwp'임을 알 수 있다.).

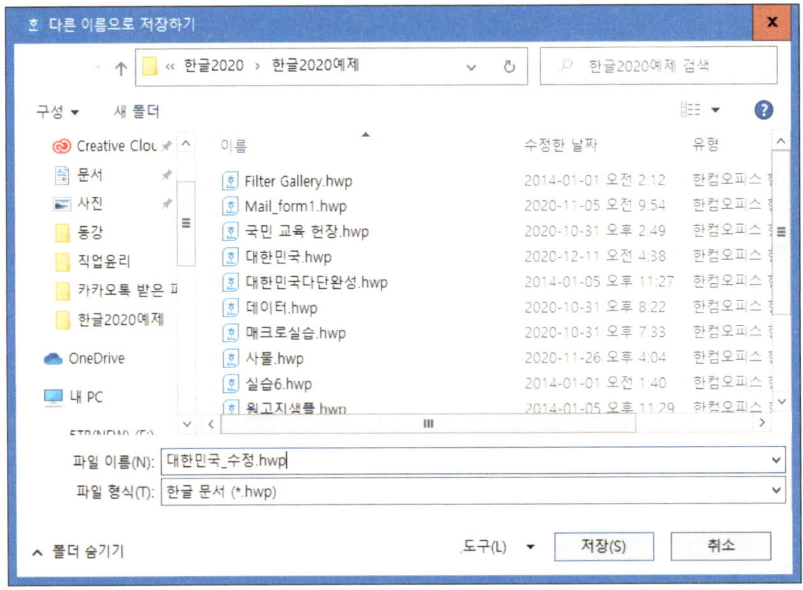


### 내용 수정하기

① 내용 중 삭제할 부분은 [Delete]키를 눌러 지운다.

② 추가되는 내용은 추가하여 입력한다.

### 위치 이동

① '■ 要約(Summary)'에 해당하는 내용을 블록 지정하기 위해서 커서를 앞으로 이동한다.

② [F3]키를 누른 후 방향키를 눌러 '스포츠~말'까지 블록설정을 한다.

③ [편집]-[복사하기]를 실행한 후 [Esc]키를 누른다.

④ 커서를 8문단 끝인 '치른다.'에 위치한 후 [Enter↵]키를 누른다.

⑤ [편집]-[붙이기]를 실행한다.

⑥ '■ 要約'에 해당하는 내용을 블록 지정하기 위해서 커서를 앞으로 이동한다.

⑦ [F3]키를 누른 후 방향키를 눌러 '이르는 말'까지 블록설정을 한다.

⑧ [편집]-[지우기]를 실행한다.

### 글자 모양과 문단 모양 지정하기

| 구분 | 글자 모양 | | | 문 단 모 양 | | | | | 비고 |
|---|---|---|---|---|---|---|---|---|---|
| | 글꼴 | 크기 | 속성 | 왼쪽여백 | 오른여백 | 들여/내어 | 정렬 | 줄간격 | |
| 모양1 | 울릉도 | 12 | 밑줄 | - | - | - | 가운데 | 200 | 1문단 |
| 모양2 | 굴림체 | 11 | - | - | - | 30 | 양쪽혼합 | 160 | 2문단 |
| 모양3 | 휴먼옛체 | 11 | - | - | - | - | 가운데 | 〃 | 3, 6, 8, 9 |
| 모양4 | 궁서 | 13 | - | 7 | - | 약 -5 | 양쪽혼합 | 〃 | 4, 5 |
| 모양5 | 〃 | 〃 | 〃 | 6 | 13 | 6 | 〃 | 〃 | 7 |
| 모양6 | 〃 | 〃 | 〃 | 10 | 10 | - | 〃 | 130 | 10 |

① 1문단 첫 글자에 커서를 이동한다.

② F3을 누르고 1문단 끝까지 범위를 확장한다.

③ [모양]-[글자 모양]을 실행한 후 '모양1'의 글자 모양을 지정한 후 [설정] 단추를 누른다.

④ [모양]-[문단 모양]을 실행한 후 '모양1'의 문단 모양을 지정한 후 [설정] 단추를 누른다.

2문단부터 10문단까지 위의 방법을 반복 처리한다.

### 문서 저장하기

① [파일]-[저장하기]를 실행하여 수정한 문서를 저장한다.

② [파일]-[끝]을 실행하여 한글 2020을 종료시킨다.

문서를 저장할 때 일반적인 한글 2020 버전으로 저장할 경우 또는 한글 97 버전에서 열기를 할 경우 한글 문서는 열리지 않는다.

만약 한글 2020 이하 버전에서도 열기로 할 경우 상관없으나 다음 메시지가 나타난다.

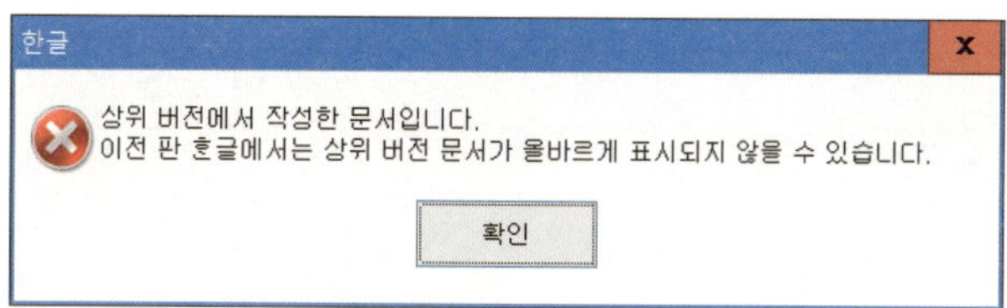

## ▣ 월드컵 [World Cup] ▣

10회 연속 대한민국 2022 월드컵 진출 예상
1986년 멕시코 월드컵부터 2022 카타르 월드컵에 진출이 확정될 것 이다. 大韓民國은 10회 월드컵 진출입니다.

## ■ 要約(Summary)

스포츠 경기에서 세계선수권대회를 이르는 말

## ▣ 본문(本文)

세계선수권을 겨루는 국제적인 운동경기의 상배(賞杯)나 선수권대회, 또는 국제축구연맹(FIFA)이 주최하는 축구경기를 가리키는 말이다.
축구는 월드컵축구대회라 하여 국제축구연맹(FIFA) 주최로 4년마다 열리는데, 제1회 대회는 1930년 우루과이에서 열렸다. 당시 연맹회장인 J.줄리메가 제공한 줄리메컵이 이 대회에서 3번 우승한 브라질에게 영구히 넘어갈 때까지는 줄리메컵 세계선수권대회라고도 하였다. 그 뒤 FIFA에서 우승컵을 제공하여 FIFA월드컵이라고도 한다.
참가자격은 아마추어와 프로를 가리지 않으며, 선수는 소속 클럽이나 팀의 국적이 아니라 선수 개인의 국적에 속해 출전한다. 본선은 지역예선을 거친 32개국이 토너먼트로 경기를 치른다.

## ▣ 2002년 월드컵

한국은 1954년 제5회 스위스대회와 ①1986년 제13회 멕시코대회, ②1990년 제14회 이탈리아대회, ③1994년 제15회 미국대회, ④1998년 제16회 프랑스대회의 본선경기에 진출함으로써 아시아 국가로는 처음으로 4회 연속 본선진출국이 되었다. 2002년 제17회 월드컵축구대회는 한국과 일본에서 공동 개최되었으며, 한국은 아시아에서는 최초로 4강에 진출하는 신화를 이루었다.

제5장

# 개체 편집

# 5.1 글상자

다단 편집에서 단의 경계를 넘어서는 커다란 제목을 넣거나 본문 중간에 박스형 요약 글을 넣을 때 주로 [글상자]를 이용한다.

글상자는 위치와 크기 조절, 글상자 안의 채우기 효과, 테두리의 모양과 색깔 바꾸기 등을 자유롭게 설정할 수 있어 쓰임새가 다양하다.

## 5.1.1 글상자 만들기

[입력]-[글상자]를 선택하거나 단추를 선택하여 편집 화면으로 마우스를 옮기면 마우스 포인터가 십자형태로 바뀐다.

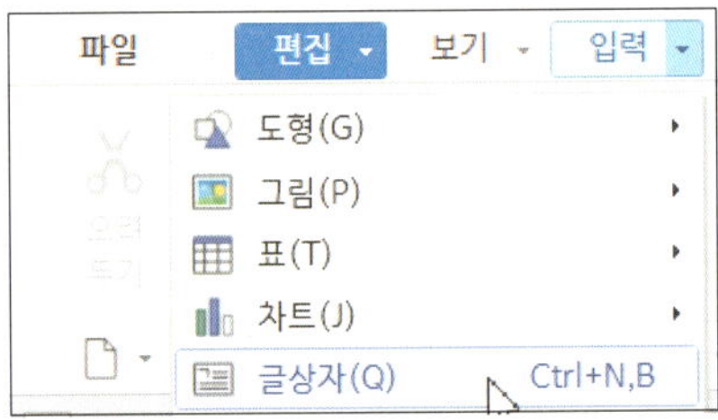


이때 마우스로 드래그하여 적당한 크기의 사각형을 그린다.

만들어진 사각형이 바로 글상자이다.

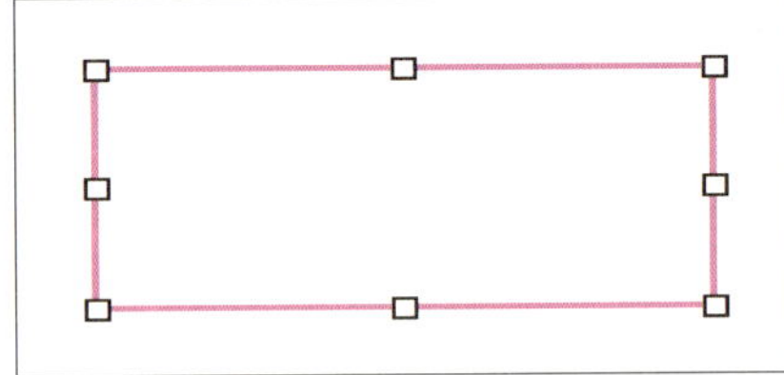

## 5.1.2 글상자 내용 입력

글상자를 만들면 커서가 글상자 내부에 위치한다. 여기에 원하는 내용을 입력을 하고, 글상자 밖으로 빠져나오려면 글상자 밖의 본문을 클릭하거나 Shift+Esc를 누른다.

반대로 커서를 글상자 밖에서 내부로 원위치 시키려면 글상자 내부를 클릭한다.

### 5.1.3 글상자 크기 조절

글상자 외곽선에 커서를 위치하면 마우스 포인터가 모양이 된다. 이때 클릭하면 8개의 조절점이 생긴다.

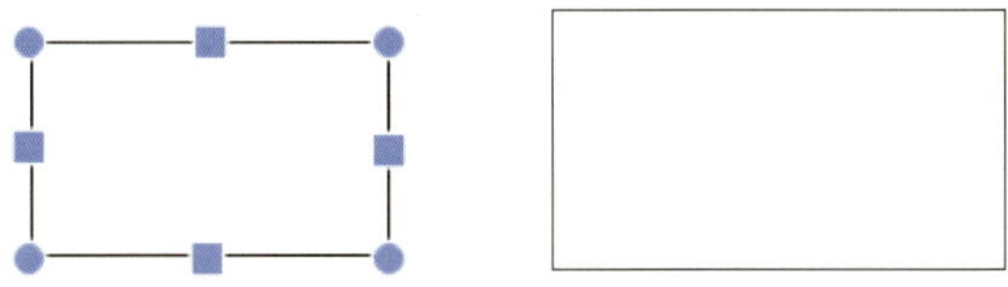

가로 폭을 조절하려면 세로 조절점 가까이에 포인터를 위치하면 포인터 모양이 의 형태로 바뀐다. 이 표시를 클릭한 상태에서 왼쪽 또는 오른쪽으로 끌어준다. 또한 세로 폭을 조절하려면 가로 조절점 가까이에 포인터를 위치하여 형태로 만든다. 이 표시를 클릭한 상태에서 마우스로 끌어준다.

2개 이상의 글상자를 연속해서 그리고 싶을 때에는 [그리기 도구상자]의 [글상자] 아이콘을 두 번 누르기 하면, 모양으로 나타난다. 그러면 글상자를 그린 후에도 마우스 포인터의 모양이 그림을 그릴 수 있는 모양(+)을 유지하고 있기 때문에, 연속해서 글상자를 그릴 수 있다.

연속 그리기를 끝낼 때에는 Esc 키를 누르거나 [글상자] 아이콘을 다시 한 번 누른다.

Shift 를 누른 상태에서 조절점 끌기를 하면 가로 세로 비율을 유지하면서 조절되며 Ctrl 를 누른 상태에서 조절점 끌기를 하면 글상자의 중심을 기준으로 조절된다.

만들어진 글상자는 [입력]-[개체 속성]을 실행하거나 글상자의 테두리 부분을 마우스로 두 번 누르기 하여 [개체 속성] 대화 상자가 다음과 같이 나타난다.

### 5.1.4 개체 속성

#### (1) 기본

- 글상자의 크기 조절 : [너비] 목록 단추를 눌러 [고정값]을 선택하고, 크기 값 입력 상자에 적당한 값을 입력한다.

다시 [높이] 목록 단추를 눌러 [고정값]을 선택하고, 적당한 값을 입력한다. [설정] 단추를 누르면 선택한 개체(글상자)의 너비와 높이가 바뀐다.

개체의 가로 너비 기준은 [고정값, 종이, 쪽, 단, 문단] 중에서 선택할 수 있고, 세로 높이의 기준은 [고정값, 종이, 쪽] 중에서 선택할 수 있다.

[고정값]은 입력한 값이 그대로 개체의 크기가 되는 절대값이고, [종이, 쪽, 종이, 단, 문단]은 각 기준에 대한 퍼센트(%)로 개체의 크기를 입력하는 상대값이다.

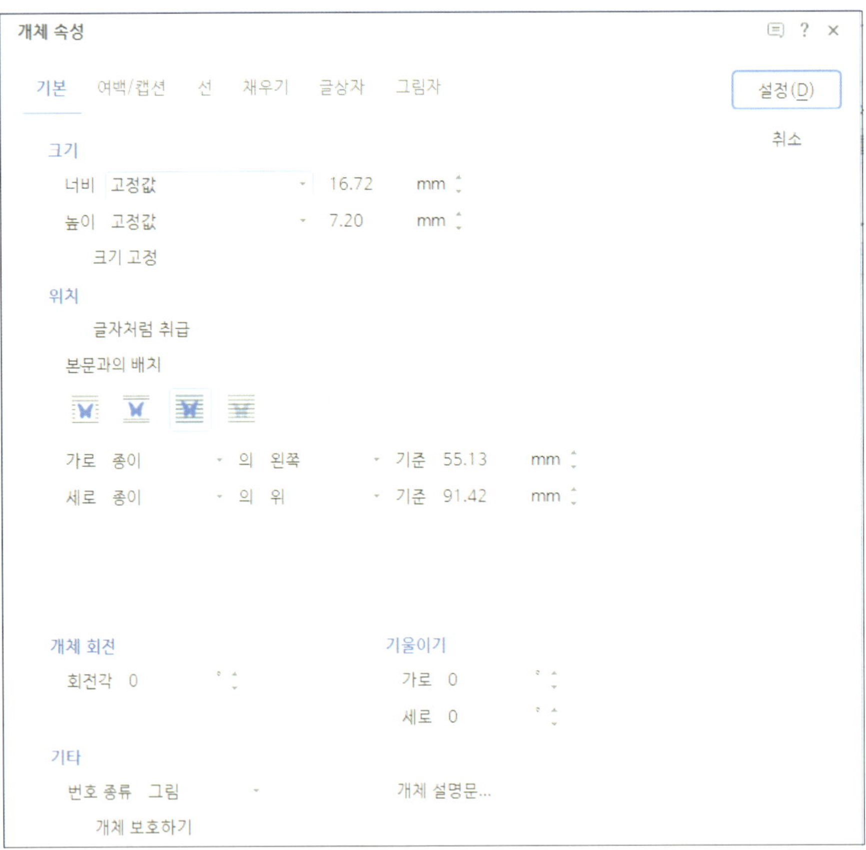

### (2) 여백

개체 가장자리의 바깥쪽으로부터 본문까지의 간격을 정한다.

왼쪽/오른쪽/위쪽/아래쪽의 바깥 여백 값을 각각 입력하고 [설정] 단추를 누른다.

본문과 개체(글상자) 사이의 간격이 설정한 값만큼 내려간다.

바깥 여백은 [글자처럼 취급]한 개체나 본문과의 배치를 [어울림] 또는 [자리 차지]로 지정한 개체에 대해서만 의미가 있다.

[글 앞으로/글 뒤로] 배치한 개체의 바깥 여백은 의미가 없다.

### (3) 선

선택한 개체의 선 색, 선 굵기, 선 종류, 화살표 모양 등을 지정하여 선 모양을 바꾼다.

[선 굵기 내부 적용]을 선택하지 않으면 기본선을 중심으로 선 두께가 양쪽으로 생성되므로, 선 두께가 두꺼울수록 원래의 개체 크기보다 더 커진다.

이에 반해, [선 굵기 내부 적용]을 선택하면 기본선에서 개체의 안쪽으로 선이 만들어지므로, 실제의 개체 크기에는 변함이 없다.

정확한 회전각을 지정하여 개체를 회전하려면, [회전각 바꾸기] 단추를 눌러 [회전각 바꾸기] 대화 상자가 나타나면 1°~360° 사이의 회전각을 직접 입력하면 된다.

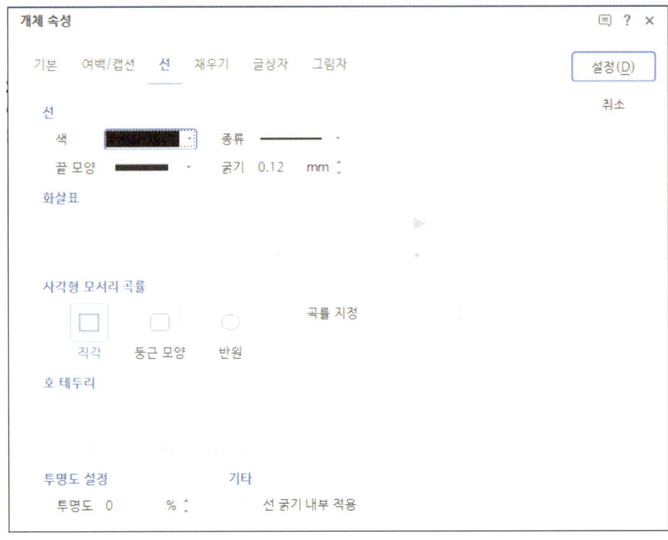


### (4) 채우기

글상자의 면을 색깔과 무늬로 채우거나 그러데이션으로 채우기, 또는 그림으로 채우기 등을 지정하여 다양한 채우기 효과를 낼 수 있다. 글상자의 면은 색깔과 그러데이션을 동시에 지정해 채울 수는 없다. 하지만 [색깔과 그림으로 함께 채우기] 또는 [그러데이션과 그림으로 함께 채우기]와 같은 2가지 효과를 동시에 지정할 수는 있다.

2가지 효과를 동시에 지정한 경우에는 색깔이나 그러데이션으로 면을 채운 다음 그 위에 그림으로 채우면 된다.

### (5) 글상자 연결하기

글상자 연결 기능은 글상자에 입력 내용이 가득 차서 입력 범위를 넘어가는 경우, [글상자 연결] 도구 상자를 이용하여, 연결된 빈 글상자에 자동으로 내용이 이어지도록 여러 개의 글상자를 연결하는 기능이다.

글상자 연결 기능을 이용하면 신문 편집이나 다단 문서 편집과 같이 특수한 형태의 편집이나 여러 단으로 이루어진 문서 편집을 할 때 매우 편리하게 사용할 수 있다.

글상자 연결의 작성 순서는 다음과 같다.

① [그리기] 도구 상자에서 [글상자] 아이콘( )을 누른다.
② 편집 문서에서 마우스 포인터의 모양이 십자 모양(+)으로 바뀌면 글상자를 삽입할 위치에서 마우스를 끌어서 글상자 모양을 나타낸다.
③ 입력 내용을 연결할 위치에 새로운 글상자를 추가한다.
④ 첫 번째 글상자를 선택한다.

⑤ [글상자 연결] 도구 상자에서 [글상자 연결] 아이콘( )을 누른다.

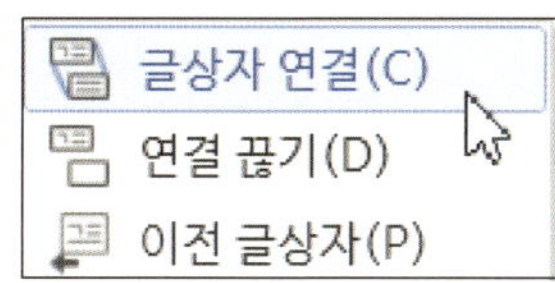


⑥ 마우스 포인터의 모양이 연결 모양( )으로 바뀌면 내용을 연결할 두 번째 글상자를 마우스로 선택한다.
⑦ 만약 다른 글상자에 더 연결하려면 둘째 글상자를 선택한 상태에서 ⑤와 ⑥을 반복하여 글상자를 연결한다.

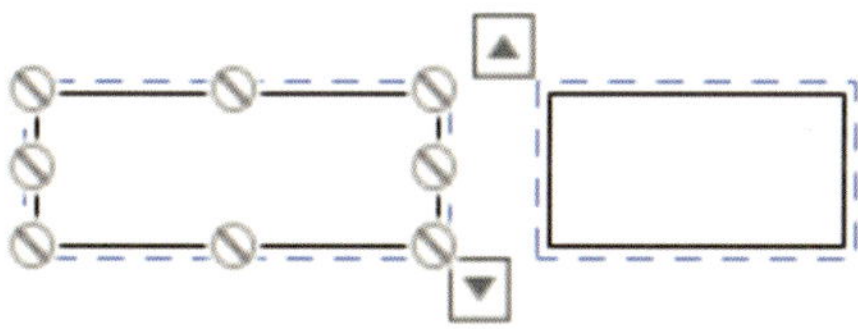

⑧ 첫 번째 글상자에 내용을 입력하거나 복사한 내용을 붙여 넣기를 한다.
⑨ 첫 번째 글상자의 입력 범위가 가득 차면 다음으로 연결된 글상자로 내용이 이어져서 나타난다.

글상자 연결 기능은 글상자에 입력 내용이 가득 차서 입력 범위를 넘어가는 경우, [글상자 연결] 도구 상자를 이용하여, 연결된 빈 글상자에 자동으로 내용이 이어지도록 여러 개의 글상자를 연결하는 기능이다.

글상자 연결 기능을 이용하

면 신문 편집이나 다단 문서 편집과 같이 특수한 형태의 편집이나 여러 단으로 이루어진 문서 편집을 할 때 매우 편리하게 사용할 수 있다.

**실습 5-1**

다음 글상자를 만들어 보자.

글상자연습

**따라하기**

① [입력]-[글상자]를 차례대로 클릭한다.

② 글상자 외곽 근처에 마우스 포인터를 위치하여(포인터가 모양) 클릭한다(조절점이 나타난다.).

③ 조절점을 클릭한 상태에서 크기 조절을 한다.

④ 커서를 글상자 내부에 위치시킨다.

⑤ 글자 모양을 지정한 후 "글상자연습"이라고 입력한다.

⑥ 오른쪽 마우스를 눌러 나타나는 빠른 메뉴 중 [개체 속성]-[채우기] 탭을 선택한다.

⑦ [면 색] 항목에서 "연한노랑"을 선택하고 [설정] 버튼을 누른다.

⑧ 빠른 메뉴 중 [개체 속성]-[선] 메뉴를 선택한다.

⑨ 선의 [색]은 주황색, 선의 종류는 점선(굵기는 1.00mm), 사각형 모서리 곡률은 "둥근모양"을 선택한 후 [설정] 버튼을 누른다.

⑩ 글상자 내부 내용에 대해서는 가로 정렬이 되지 않으므로 여백으로 조절한다.

⑪ 글자 크기를 글상자에 맞추어 약 15pt로 맞춘다.

### 5.1.5 글상자 지우기

이미 그려진 글상자를 지우는 기능이다.

사용방법은 글상자에 조절점을 나타나게 하여 [편집]-[지우기]를 실행하거나, Delete 키를 누르거나 또는, 오른쪽 마우스를 눌러 나타나는 빠른 메뉴 중 지우기를 선택하면 된다.

### 5.1.6 글상자 복사하기

똑같은 글상자를 복사하는 기능이다.

메뉴로 복사할 때는 글상자에 조절점이 나타나게 하여 [편집]-[복사하기]를 실행한 후 복사할 위치로 커서를 이동시킨다.

다시 [편집]-[붙이기]를 실행하여 복사하면 된다.

마우스로 복사할 때는 글상자에 조절점이 나타나게 한 후 Ctrl 키를 누른 상태에서 글상자를 마우스로 드래그를 한다.

글상자를 그린 후 마우스 포인터를 글상자 가까이 위치시키면 로 모양이 바뀐다. 이때 마우스로 클릭하면 조절점이 생긴다.
조절점이 생기면 조절점을 클릭하여 크기를 조절한다.
글상자의 위치 이동은 마우스 포인터가 로 바뀌었을 때 드래그 & 드롭하여 이동
글상자의 복사는 Ctrl를 누른 상태(마우스 포인터가 로 바뀜)에서 드래그 & 드롭하여 복사

### 5.1.7 글상자에 세로쓰기 작성하기

지방이나 축문을 쓸 경우 세로쓰기를 작성해야 할 경우가 생기는데, 한글 2020에서는 표와 글상자에서 세로쓰기를 지원하여 지방이나 축문 등 세로 쓰기를 하여야 할 문서도 쉽게 만들 수 있다. 단, 한글 2020에서의 세로쓰기는 표와 글상자 안에서만 지정할 수 있다.

세로 쓰기를 지정할 경우 글상자 속성에서 [글자 방향 설정]을 체크하면 된다.

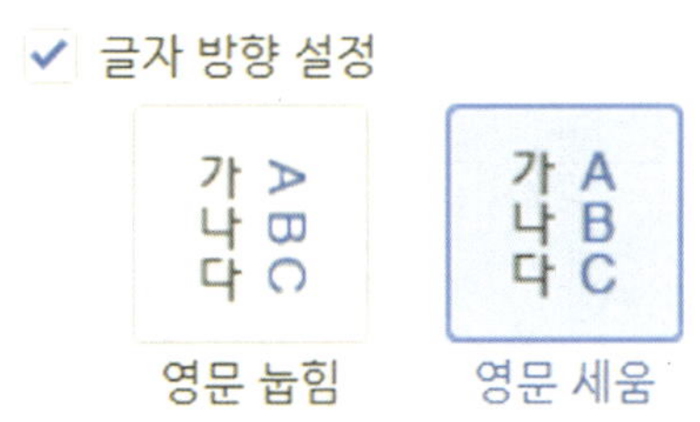

## 실습 5-2

다음 문장을 세로쓰기 형태로 입력해보자.

> 재즈[ jazz ]
> 재즈의 리듬 · 프레이징 · 사운드 · 블루스 하모니는 아프리카음악의 감각과 미국 흑인 특유의 음악감각에서 나오고 사용되는 악기 · 멜로디 · 하모니는 유럽의 전통적인 수법을 따르고 있다.

### 따라하기

① [입력]-[글상자]를 실행하여 글상자를 작성한다.

② 글상자 안에 위의 문장 내용을 입력한다.

> 재즈[ jazz ]
> 재즈의 리듬 · 프레이징 · 사운드 · 블루스 하모니는 아프리카음악의 감각과 미국 흑인 특유의 음악 감각에서 나오고 사용되는 악기 · 멜로디 · 하모니는 유럽의 전통적인 수법을 따르고 있다.

③ 커서를 글상자 안에 위치하고, [서식]-[개체 속성]을 실행하여 개체 속성의 글상자 탭 대화 상자를 나타낸다.

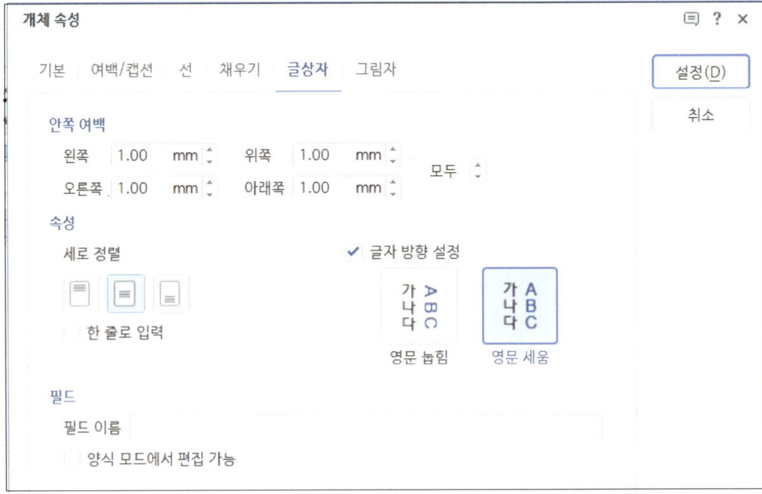

④ 세로쓰기 부분을 지정하고 [글자 방향 설정] 단추를 누르면 글상자 안의 문장 내용이 세로쓰기 상태로 나타나며, 글상자의 크기를 조절한다.

재즈[jazz]
재즈의 리듬·프레이징·사운드·블루스 하모니는 아프리카
음악의 감각과 미국 흑인 특유의 음악감각에서 나오고 사용
되는 악기·멜로디·하모니는 유럽의 전통적인 수법을 따르
고 있었다.

## 5.2 표

문서를 만들면서 복잡한 내용이나 수치 자료를 일목요연하게 정리하고자 할 때에는 표를 이용한다.

한글 2020의 [표 만들기]는 표 안에 다른 표를 만들어 넣을 수 있으며, 한 쪽을 넘어가는 표를 자동으로 나누어주기 때문에 매우 편리하다.

또한 표는 여러 개의 셀로 구성되어 있으며 각 셀은 본문이나 다른 셀의 영향을 받지 않는다.

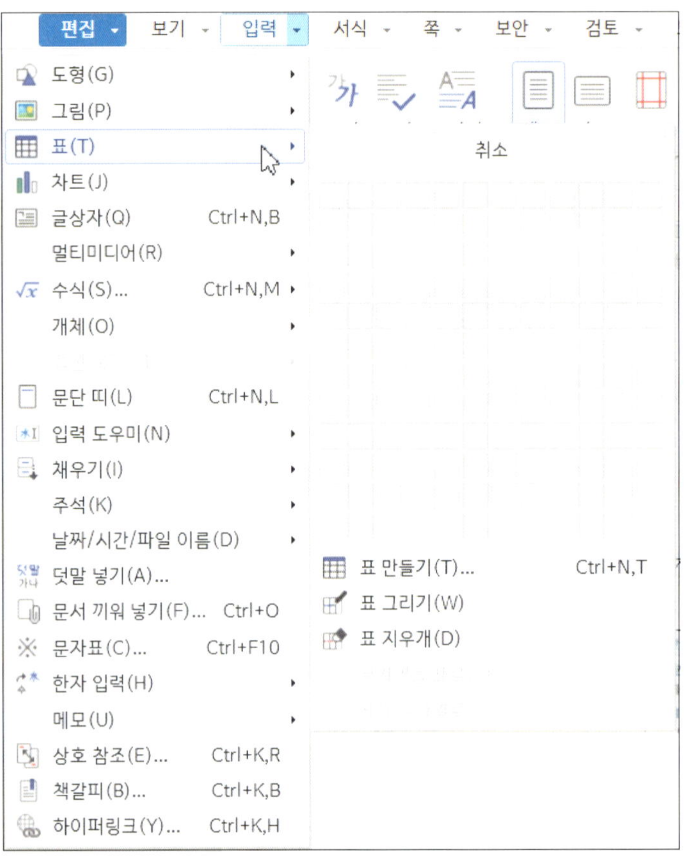


### 5.2.1 표 만들기

[입력]-[표]-[표 만들기]를 선택하면 표 만들기 대화 상자가 나타난다.

원하는 줄 수와 칸 수를 입력하고 [만들기] 단추를 누르면 지정된 줄 수와 칸 수에 따라 현재 문단 폭에 맞추어 꽉 차는 표가 작성된다.

| | | | | |
|---|---|---|---|---|
| | | | | |
| | | | | |
| | | | | |
| | | | | |

커서는 표의 첫 번째 줄 첫 번째 칸에 놓여 있으며, 이 상태에서 마치 본문을 편집하듯이 표 안에 내용을 입력하면 된다.

글자판의 [Shift]+[Esc]를 누르거나 마우스로 표 바깥 부분을 한 번 누르면 표에서 빠져 나온다.

### 5.2.2 셀의 크기 변경

| 기능 / 사용키 | | 기능 | 비고 |
|---|---|---|---|
| [Ctrl] | → | 블록 지정된 셀의 모든 칸의 폭을 늘린다. | [전체폭 크기변경]<br>이웃한 셀에 영향을 주지 않는다. |
| | ← | 블록 지정된 셀의 모든 칸의 폭을 줄인다. | |
| | ↓ | 블록 지정된 셀의 모든 줄의 높이를 늘린다. | |
| | ↑ | 블록 지정된 셀의 모든 줄의 높이를 줄인다. | |
| [Alt] | → | 블록 지정된 셀의 모든 칸의 폭을 늘린다. | [전체폭 크기고정]<br>이웃셀의 크기에 영향을 준다. |
| | ← | 블록 지정된 셀의 모든 칸의 폭을 줄인다. | |
| | ↓ | 블록 지정된 셀의 모든 줄의 높이를 늘린다. | |
| | ↑ | 블록 지정된 셀의 모든 줄의 높이를 줄인다. | |
| [Shift] | → | 블록 지정된 셀만 폭을 늘린다. | [전체폭 크기고정]<br>이웃셀의 크기에 영향을 준다. |
| | ← | 블록 지정된 셀만 폭을 줄인다. | |
| | ↓ | 블록 지정된 셀만 높이를 늘린다. | |
| | ↑ | 블록 지정된 셀만 높이를 줄인다. | |

### 5.2.3 셀 블록

셀 블록을 지정한 후 글자 모양, 문단 모양, 선 모양 등을 지정하면 각 셀에 같은 모양을 입력하기가 편하다.

사용법은 [F5]를 2번 누른 후 방향키를 누르면 셀 블록이 설정된다.

| | | | | |
|---|---|---|---|---|
| | | | | |
| | | | | |
| | | | | |
| | | | | |

## 5.2.4 셀 간의 이동

셀 간의 이동은 4개의 방향키 ←↑↓→ 를 이용하지만 좀 더 편하게 이동시키려면 Alt를 누른 상태에서 방향키를 누른다.

또는 원하는 셀을 마우스 왼쪽 단추로 클릭한다.

### 실습 5-3

다음 표를 작성 셀크기 조정을 연습해보자.

| 1 | 2 | 3 | 4 |
|---|---|---|---|
| 5 | 6 | 7 | 8 |
| 9 | 10 | 11 | 12 |

**따라하기**

① [표]-[표 만들기]를 차례대로 클릭한다.
② 줄 수는 '3', 칸 수는 '4'로 입력하고 [작성] 단추를 누른다.
③ 커서를 1번 셀에 있는 것을 확인한 후 F5를 누른다.
④ Ctrl+→를 다섯 번 눌러보고 반대로 Ctrl+←를 눌러보자.
⑤ Ctrl+↓를 두 번 눌러보고 반대로 Ctrl+↑를 두 번 눌러보자.
⑥ Alt+→를 다섯 번 눌러보고 반대로 Alt+←를 눌러보자.
⑦ Shift+→를 다섯 번 눌러보고 반대로 Shift+←를 눌러보자.
⑧ 표를 원래 모양대로 만들어 보자.

**따라하기**

① 1번 셀이 포함된 칸들의 폭을 늘리기 위해 커서를 1번 셀에 이동시킨다.
② F5를 누른 후 Ctrl+→를 4번 누른다.

③ 2~4번 셀이 포함된 칸들의 폭을 줄이기 위해 커서를 2번 셀로 이동시킨다.
④ F5를 두 번 누른 후 Esc키를 눌러 4번 셀까지 블록 설정한다.
⑤ Ctrl+←를 다섯 번 누른다.
⑥ 전체 셀의 높이를 늘리기 위해 1번 셀로 이동시킨다.
⑦ F5를 두 번 누른 후 PageDown키를 눌러 9번 셀까지 블록 설정한다.
⑧ Ctrl+↓를 두 번 누른다.
⑨ 블록 지정된 부분을 해제하기 위해 Esc를 누른다.

문단부호(↲)가 보여야 표 편집이 편해집니다.
[보기]-[문단부호]를 클릭하십시오.
그러면 [문단부호] 옆에 √표시가 되면서 각 셀에 문단부호가 보입니다.

## 5.2.5 표의 블록 설정

### 마우스로 셀 블록 설정

셀 블록을 설정할 셀 안에 마우스 포인터를 놓고, 글자판의 Ctrl키를 누른 채로 마우스 왼쪽 단추를 누르면 하나의 셀만 셀 블록으로 설정된다.

| | | | | |
|---|---|---|---|---|
| | | | | |
| | | | | |

셀 블록을 시작할 셀에 마우스 포인터를 놓고 마우스 왼쪽 단추를 누른 채 마우스를 끌면 마우스가 지나간 셀이 모두 셀 블록으로 설정된다.

| | | | | |
|---|---|---|---|---|
| | | | | |
| | | | | |

셀 블록을 시작할 셀에 커서를 놓고 글자판의 Shift키를 누른 채 셀 블록으로 설정할 셀 위에서 마우스 왼쪽 단추를 누르면 그 셀까지 직사각형 모양의 셀 블록이 설정된다.

| | | | | |
|---|---|---|---|---|
| | | | | |
| | | | | |

### 글자판으로 셀 블록 설정

셀 안에 커서를 놓고 F5 키를 누르면 셀 블록이 설정된다.

이 상태에서 다시 한 번 F5 키를 누르거나 F3 키를 누른 다음 화살표 방향키를 누르면 커서가 지나간 셀이 모두 셀 블록으로 설정된다.

또는 셀 안에 커서를 놓고 Shift + F5 키를 누른 후 화살표 방향키를 누르면 커서가 지나간 셀이 모두 셀 블록으로 설정된다.

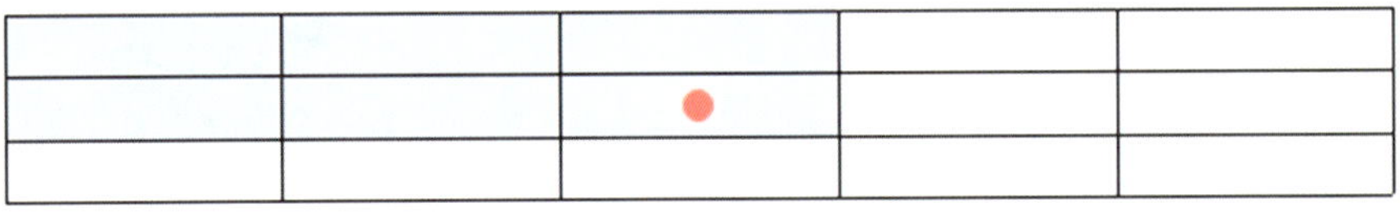

### 줄 블록 설정

셀 안에 커서를 놓고 F5 키를 누르면 셀 블록이 설정되는데 이 상태에서 F8 키를 누르면 가로줄 전체가 한 번에 셀 블록으로 설정된다.

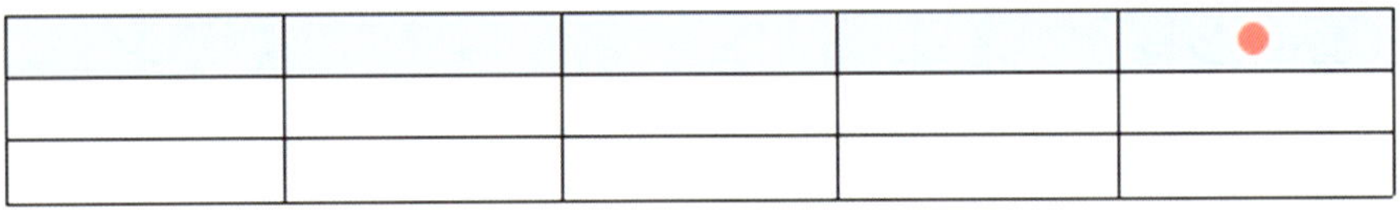

### 칸 블록 설정

셀 안에 커서를 놓고 F5 키를 누르면 셀 블록이 설정되는데 이 상태에서 F7 키를 누르면 세로 칸 전체가 한 번에 셀 블록으로 설정된다.

### 불연속적인 셀 블록 설정

셀 블록을 설정할 셀 안에 마우스 포인터를 놓고, 글자판의 Ctrl 키를 누른 채로 마우스 왼쪽 단추를 누르면 셀 블록이 설정된다.

이 상태에서 다른 셀로 마우스 포인터를 옮겨 글자판의 Ctrl 키를 누른 채로 마우스 왼쪽 단추를 누르면 선택한 셀도 셀 블록으로 설정된다.

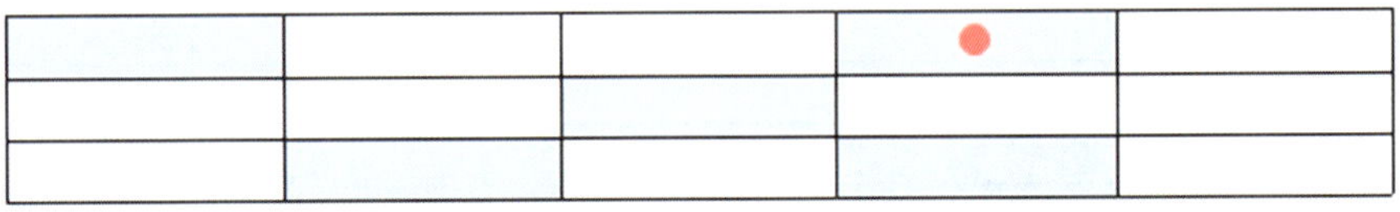

즉 글자판의 Ctrl 키를 누른 채로 셀을 선택하면 여러 개의 셀 블록을 설정할 수 있다.
셀 블록이 설정된 셀에서 Ctrl 키를 누른 채로 다시 한 번 마우스 왼쪽 단추를 누르면 셀 블록이 해제된다.

### 5.2.6 표/셀 속성

표에서의 셀 모양을 바꾸려면 바꾸고자 하는 셀 만큼 셀 블록을 지정한 후 [표]-[표/셀 속성]을 선택한다.

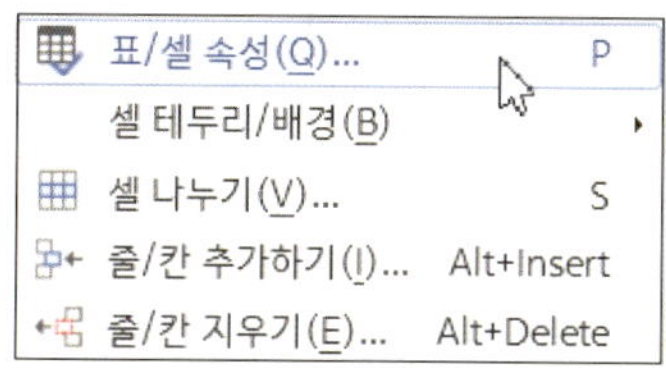


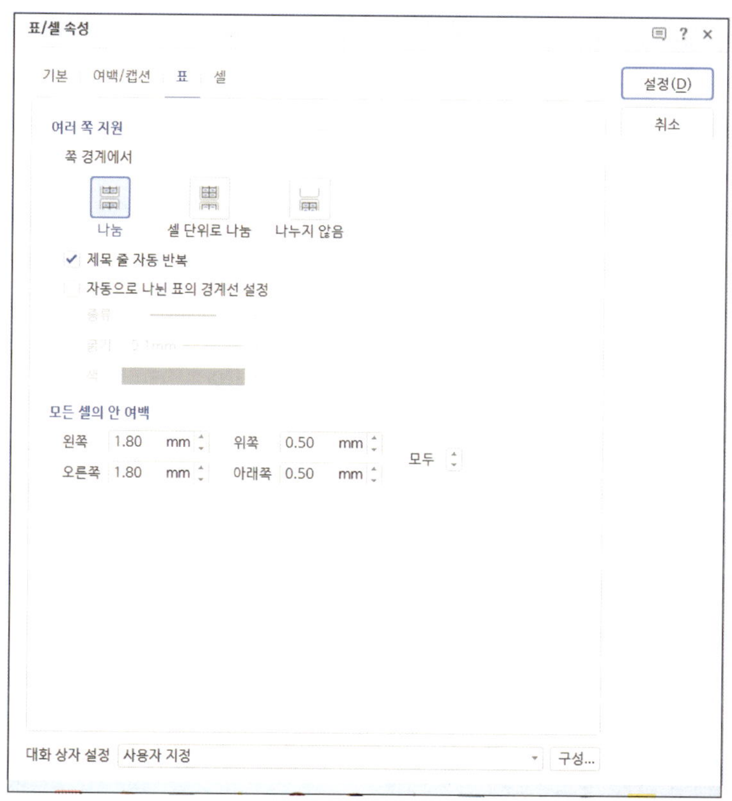


현재 셀이나 셀 블록으로 설정한 셀에 대하여 셀의 너비와 높이, 안 여백 지정, 세로 정렬 위치, 셀 보호, 제목 셀 설정 등의 셀 속성을 지정할 수 있다.

[표/셀 속성] 대화 상자가 나타나면 [셀] 탭을 선택한다.

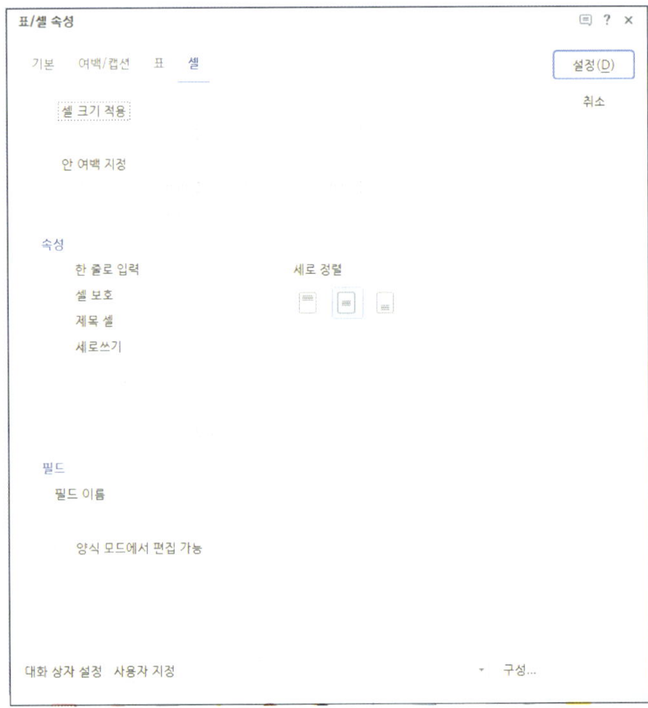


[안 여백 지정]을 선택하고, 왼쪽/오른쪽, 위쪽/아래쪽의 여백 값을 각각 입력한 후 [설정] 단추를 누르면 셀 테두리와 셀 안의 내용 사이의 간격이 설정한 값만큼 내려가게 된다.

## 5.2.7 셀 테두리/배경

표의 각 셀을 에워싸는 테두리의 모양을 바꾸거나 대각선 긋기, 또는 셀마다 배경색, 배경 그림 등을 넣어 표를 보기 좋게 꾸밀 수 있다.

[표]-[셀 테두리/배경]에서 셀 테두리는 11가지의 선 종류 중에서 선택할 수 있으며, 각각의 테두리 종류에 대하여 굵기와 색깔을 지정할 수 있다. 선 굵기는 두께 목록 중에서 선택만 할 수 있고, 굵기 값을 직접 입력할 수는 없다.

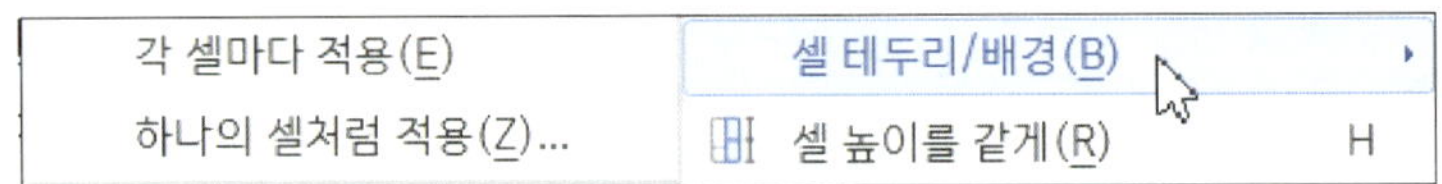


### 테두리 모양

표 테두리는 11가지의 선 종류 중에서 선택할 수 있으며, 각각의 테두리 종류에 대하여 굵기와 색깔을 지정할 수 있다. 선 굵기는 두께 목록 중에서 선택만 할 수 있고, 굵기 값을 직접 입력해서 두께를 정할 수는 없다.

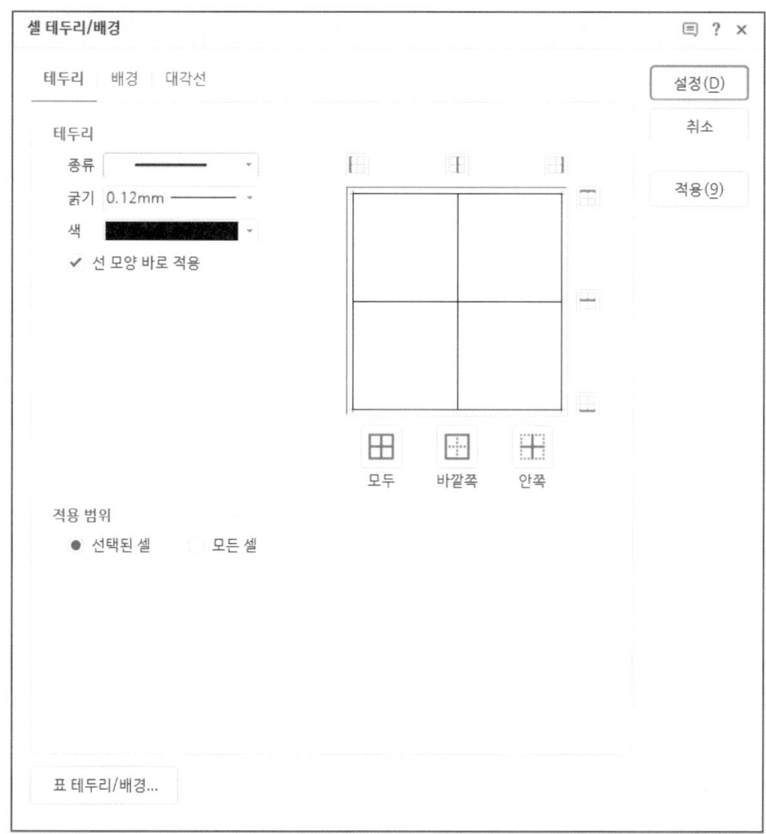


### 테두리 모양 바꾸기

원하는 방향의 테두리 모양을 바꾸려면, 먼저 적용할 선 종류와 선 색, 선 굵기 등을 선택한다. 다음으로 미리 보기 영역에서 원하는 방향의 테두리 단추를 누르면, 해당 방향의 테두리만 "현재 모양↔이전 모양"이 돌아가며 적용된다.

### 각 방향의 테두리 모양 조절하기

테두리의 미리 보기 영역에서 각 방향의 테두리 모양을 조절할 수 있다. 왼쪽/오른쪽, 위/아래, 바깥쪽 방향 테두리 단추를 누르면, 해당 방향의 테두리 모양이 "현재 모양 ↔ 이전 모양"이 돌아가며 적용된다.

### 선 모양 바로 적용

[선 모양 바로 적용]을 선택해 놓으면, 테두리 모양을 선택하는 순간 미리 보기 영역의 테두리 단추가 눌러져 있는 방향의 테두리 모양이 바로 바뀐다.

[선 모양 바로 적용]을 해제해 놓으면, 테두리 모양을 선택한 후 적용할 방향의 테두리 단추를 눌러 주어야만 해당 테두리 모양이 바뀐다.

선 모양, 셀 모양 조정하는 법을 연습해보자.

| 1 | 2 | 3 | 4 |
|---|---|---|---|
| 5 | 6 | 7 | 8 |
| 9 | 10 | 11 | 12 |

**따라하기**

① [표]-[표 만들기]를 차례대로 클릭한다.
② 줄 수는 '3', 칸 수는 '4'로 입력하고 [작성] 단추를 누른다.
③ 커서를 1번 셀에 위치시킨다.
④ 표 전체를 셀 블록으로 지정한다.

1줄 1칸에 커서를 이동시킨 후 F5를 두 번 누른다.
End키를 눌러 줄 블록을 지정한다.
Page Down키를 눌러 칸 블록을 지정한다.

⑤ [표]-[셀 테두리/배경]에서 테두리를 두 줄 선으로 선택한 후 바깥쪽을 선택하고 [설정] 단추를 누른다.
⑥ 첫 번째 줄(1, 2, 3, 4셀)을 블록 지정한다.
⑦ [표]-[셀 테두리/배경]에서 테두리를 두 줄 선으로 선택한 후 아래쪽을 선택하고 [설정] 단추를 누른다.
⑧ [표]-[셀 테두리/배경]의 [배경] 탭에서 면 색을 "회색(25%)"을 선택한 후 [설정] 단추를 누른다.

### 5.2.8 셀 나누기/합치기

한 개의 셀을 여러 셀로 나누거나, 여러 개의 셀을 한 개 셀로 합치는 기능이다.

나누려는 셀에 커서를 위치하여 [표]-[셀 나누기]를 차례대로 클릭한다.

[줄]이나 [칸]수를 입력한 후 [나누기] 버튼을 누른다.

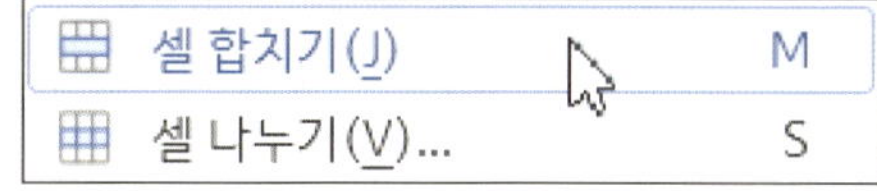


합치려는 셀을 블록 지정(인접한 셀들만)하여 [표]-[셀 합치기]를 클릭한다.

**실습 5-5**

셀 합치기/나누기를 연습해보자.

<table>
<tr><td>1</td><td>2</td><td colspan="2">3</td><td>4</td></tr>
<tr><td>5</td><td>6</td><td colspan="2">7</td><td rowspan="2">8<br>12</td></tr>
<tr><td>9</td><td>10</td><td>11</td><td></td></tr>
</table>

**따라하기**

① 실습 예제 5-4에서 만든 문서로 커서를 이동한다.
② 8번 셀과 12번 셀을 블록 지정한다(합칠 셀들을 블록 지정).
③ [표]-[셀 합치기]를 클릭한다.
④ 11번 셀로 커서를 이동한다(나눌 셀에 커서를 이동, 여러 셀을 동시에 나누기하려면 블록 지정해서 나누면 된다.).
⑤ [표]-[셀 나누기]를 클릭한다.
⑥ [칸] 항목을 클릭하고 나눌 수치를 입력한다.
⑦ [나누기] 단추를 누른다.

### 5.2.9 줄 칸 지우기/삽입

줄 칸 지우기는 표 편집 중 줄 단위 또는 칸 단위로 지우는 기능이며, 삽입은 셀을 줄 단위 또는 칸 단위로 삽입하는 기능이다.

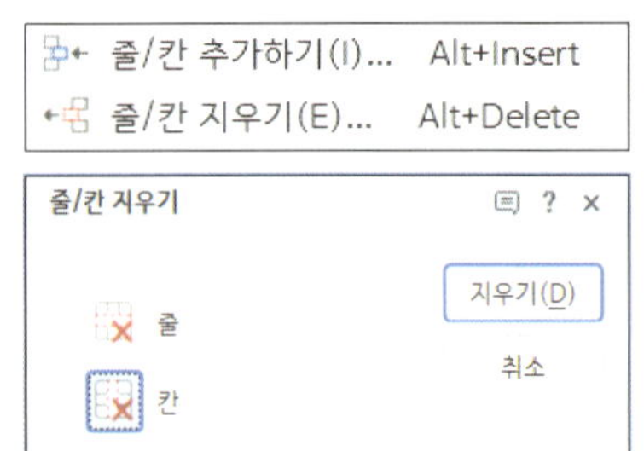

## 실습 5-6

[실습 5-4]를 이용하여 다음 표를 작성해보자.

| 1 | 2 | 3 | |
|---|---|---|---|
| 9 | 10 | 11 | |

**따라하기**

① 커서를 4번 셀로 이동한다.
② [표]-[줄/칸 지우기]를 선택한다.
③ [칸 지우기] 항목을 클릭한 후 [지우기] 항목을 누른다.
④ 커서를 6번 셀로 이동한다.
⑤ [표]-[줄/칸 지우기]를 선택한다.
⑥ [줄 지우기] 항목을 클릭한 후 [지우기] 항목을 누른다.

## 실습 5-7

[실습 5-5]를 이용하여 다음 표를 작성해보자.

| 1 | 2 | 3 | |
|---|---|---|---|
| | | | |
| 9 | 10 | 11 | |

**따라하기**

① 커서를 9번 셀로 이동한다.
② [표]-[줄/칸 추가하기]를 선택한 후 나타난 메뉴에서 [위쪽에 줄 추가하기] 항목을 선택하고 [넣기] 단추를 누른다.

### 5.2.10 표 안에 내용 입력

내용을 입력하고자 하는 셀로 커서를 이동시킨 후 입력한다.

**실습 5-8**

다음 표를 작성하여 내용을 입력해보자.

| | 대한민국 | 일본 | 계 |
|---|---|---|---|
| 축구경기 | 2 | 0 | |
| 야구경기 | 3 | 2 | |
| 배구경기 | 2 | 3 | |
| 농구경기 | 110 | 102 | |
| 계 | | | |

**따라하기**

① [표]-[표 만들기]를 클릭한다.
② 줄 수는 '6', 칸 수는 '4'로 지정한 후 [작성]을 누른다.
③ 앞 예제를 참고하여 셀 크기, 셀 배경, 선 모양을 지정한다.
④ 첫 번째 줄을 블록 지정한 후 문단 모양의 정렬 방식을 가운데로 설정한다.
⑤ 첫 번째 칸을 블록 지정한 후 문단 모양의 정렬 방식을 가운데로 설정한다.
⑥ 숫자 입력할 부분을 블록 지정한다.
⑦ 문단 모양의 정렬 방식을 오른쪽, 오른쪽 여백을 3으로 지정한다.

글자 모양의 글꼴, 크기, 속을 간단하게 지정

문단 모양의 정렬 방식, 줄 간격을 간단하게 지정

⑧ 셀 전체를 블록 지정한다.
⑨ 글자 모양의 글꼴은 '그래픽' 크기는 '12'로 지정한다.
⑩ 내용을 입력한다.

## 실습 5-9

다음 표를 작성해보자([실습 5-8]의 1줄 1칸을 위의 모양으로 한다.).

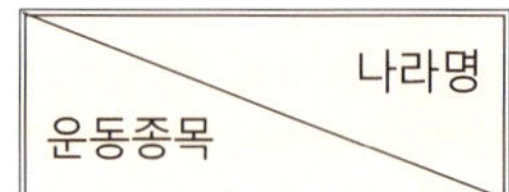


### 따라하기

① 커서를 1줄 1칸으로 이동시킨다.

② [표]-[셀 테두리/배경]을 선택한 후 [\]을 클릭한다.

③ "나라명"을 입력한 후 문단 모양의 정렬 방식을 '오른쪽'으로 지정한다.

④ Enter↵ 키를 눌러 다음 문단으로 이동한다.

⑤ "운동명"을 입력한 후 문단 모양의 정렬 방식을 '양쪽혼합'으로 지정한다.

## 실습 5-10

[실습 5-7]의 표내부 줄/칸을 이동해보자('법무부' 줄과 '정보통신부' 줄을 바꾸어 보자.).

### 따라하기

① 표의 '야구경기'에 해당하는 줄을 블록으로 지정한다.

| | 대한민국 | 일 본 | 계 |
|---|---|---|---|
| 축구경기 | 2 | 0 | |
| 야구경기 | 2 | 2 | ● |
| 배구경기 | 2 | 3 | |
| 농구경기 | 110 | 102 | |
| 계 | | | |

② [편집]-[오려두기]를 실행한다.

③ [지우기]를 선택한다.

| | 대한민국 | 일 본 | 계 |
|---|---|---|---|
| 축구경기 | 2 | 0 | |
| 배구경기 | 2 | 3 | |
| 농구경기 | 110 | 102 | |
| 계 | | | |

④ 커서를 '농구경기' 셀로 이동시킨다.

⑤ [편집]-[붙이기]를 실행한다.

⑥ [위쪽에 끼워 넣기] 를 선택한 후 [붙이기] 단추를 누른다.

| | 대한민국 | 일 본 | 계 |
|---|---|---|---|
| 축구경기 | 2 | 0 | |
| 배구경기 | 2 | 3 | |
| 야구경기 | 2 | 2 | |
| 농구경기 | 110 | 102 | |
| 계 | | | |

⑦ 경기종류와 대한민국 줄을 블록 지정한 후 [편집]-[오려두기]를 실행한다.

| | 대한민국 | 일 본 | 계 |
|---|---|---|---|
| 축구경기 | 2 | 0 | |
| 배구경기 | 2 | 3 | |
| 야구경기 | 2 | 2 | |
| 농구경기 | 110 | 102 | |
| 계 | | | |

⑧ [지우기]를 클릭한다.

⑨ 커서를 '계' 셀로 이동시킨다.

⑩ [편집]-[붙이기]를 실행한다.

⑪ [왼쪽에 끼워 넣기] 를 선택한 후 [붙이기] 단추를 누른다.

| | 일 본 | 대한민국 | 계 |
|---|---|---|---|
| 축구경기 | 0 | 2 | |
| 배구경기 | 3 | 2 | |
| 야구경기 | 2 | 2 | |
| 농구경기 | 102 | 110 | |
| 계 | | | |

## 실습 5-11

다음 표를 만들고 내용을 입력해보자.

<table>
<tr><td>취 급</td><td></td><td>장 관</td></tr>
<tr><td>보 존</td><td></td><td rowspan="2"></td></tr>
<tr><td></td><td></td></tr>
<tr><td>과 장</td><td></td><td rowspan="3"></td></tr>
<tr><td>사 무 관</td><td></td></tr>
<tr><td>기 안</td><td></td></tr>
</table>

### 따라하기

① [표]-[표 만들기]를 실행한다.

② 줄 수는 6, 칸 수는 3으로 지정한 후 [작성] 단추를 누른다.

| 1 | 2 | 3 |
|---|---|---|
| 4 | 5 | 6 |
| 7 | 8 | 9 |
| 10 | 11 | 12 |
| 13 | 14 | 15 |
| 16 | 17 | 18 |

③ 1로 커서를 위치하고 F5를 두 번 누른다.
④ Esc 키와 PageDown 키를 눌러 전체 블록을 지정한다.
⑤ Ctrl+←를 4번 정도 누르고 Ctrl+↓를 3번 정도 누른다.
⑥ Esc를 눌러 블록을 해제한다.
⑦ 1로 커서를 위치하고 F5를 두 번 누른 후 →를 눌러 1, 2를 셀 블록 지정한다.
⑧ Ctrl+←를 2~3번 정도 누른 후 Esc를 눌러 블록을 해제한다.
⑨ 1로 커서를 위치하고 F5를 두 번 누른 후 ↓를 눌러 1, 4를 셀 블록 지정한다.
⑩ Shift+←를 6번 정도 누른 후 Esc를 눌러 블록을 해제한다.
⑪ 16에 커서를 위치하고 F5를 누른다.
⑫ Shift+←를 6번 정도 누른 후 Esc를 눌러 블록을 해제한다.
⑬ 6, 9를 셀 블록 지정한 후 [표]-[셀 합치기]를 실행한다.
⑭ 12, 15, 18을 셀 블록 지정한 후 [표]-[셀 합치기]를 실행한다.
⑮ 전체 블록을 지정한 후 글자 모양과 문단 모양을 지정한 후 내용을 입력한다.

## 실습 5-12

다음 표를 작성해보자.

| 월드컵 응원 구호 |
|---|
| 1. 짝짝 짝짝짝 대~한민국!!!<br>1. 오~ 필승코리아!/헤이<br>1. 오~ 필승코리아!/헤이<br>1. 오~ 필승코리아! 오.오레.오레 헤이헤이헤이!! |

### 따라하기

① [표]-[표 만들기]를 실행한다.
② 줄 수는 '4'(3이 아니다), 칸 수는 '3'으로 지정한다.

| 1 | 2 | 3 |
|---|---|---|
| 4 | 5 | 6 |
| 7 | 8 | 9 |
| 10 | 11 | 12 |

③ 2번, 5번 셀을 블록 지정하여 [표]-[셀 합치기]를 한다.
④ 1번 셀로 커서를 이동하여 [표]-[셀 테두리/배경]을 실행한다.
⑤ [왼쪽], [위]를 클릭하고 [선 종류]에서 없는 선을 선택한 후 [설정] 단추를 누른다(3번 셀은 위/오른쪽, 4번 셀은 아래, 6번 셀은 아래를, 7번 셀은 아래, 8번 셀은 왼쪽/오른쪽/아래, 9번 셀은 아래를, [선 종류]에서 없는 선을 선택하여 선 감추기를 차례대로 한다.).
⑥ 10번, 11번, 12번을 블록 지정하여 [표]-[합치기]를 한다.
⑦ F5를 누른 후 Ctrl+↓를 20여 번 누른다.
⑧ 내용을 입력한다.
⑨ 셀 블록을 전체 지정한 후 글꼴은 '궁서' 크기는 '16'으로 지정한다.
⑩ 문단 정렬은 가운데로 지정한다.

## 5.3 표 고치기

이미 만들어진 표에 관한 수정은 고칠 표를 클릭하여 조절점이 나타나게 하고 [입력]-[개체 속성]을 실행한 후 각 항목을 조정한 후 [설정] 단추를 누른다.

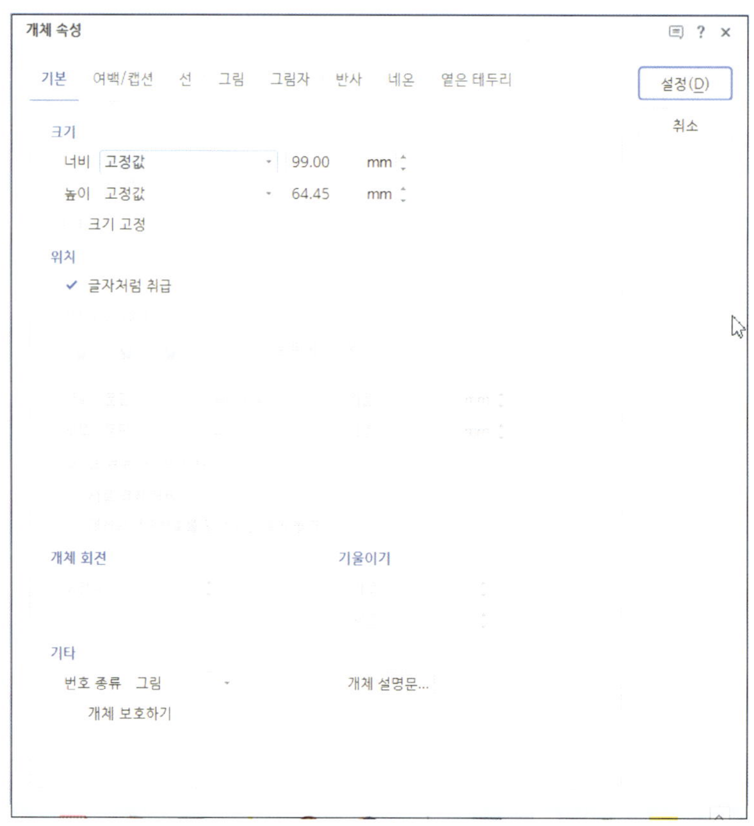

### 5.3.1 크기

표의 가로/세로 크기를 수치로 정확하게 지정하는 기능이며 해당하는 값을 직접 입력한다.

표는 다른 개체와는 달리 표를 마우스로 선택하면 나타나는 8개의 작은 조절점을 이용해 표의 전체적인 크기를 조절할 수 없고, 셀의 크기를 조절해서 크기를 바꾸어야 한다.

표의 가로 너비 기준은 [고정값, 종이, 쪽, 단, 문단] 중에서 고를 수 있고, 세로 높이의 기준은 [고정값, 종이, 쪽] 중에서 고를 수 있다.

[고정값]은 입력한 값이 그대로 개체의 크기가 되는 절대값이며, [종이, 쪽, 종이, 단, 문단]은 각 기준에 대한 퍼센트(%)로 개체의 크기를 입력하는 상대값이다.

### 5.3.2 위치

표를 본문 어느 위치에 놓을 것인지 결정하는 기능이다.

위치
글자처럼 취급(C)
본문과의 배치: 본문 위치(P): 양쪽
가로(I): 단 의 왼쪽 기준 0.00 mm
세로(V): 문단 의 위 기준 0.00 mm
쪽 영역 안으로 제한(B) 서로 겹침 허용(L)
개체와 조판 부호를 항상 같은 쪽에 놓기(A)

#### (1) 위치

[글자처럼 취급] 항목은 개체(표)를 보통 글자와 완전히 같게 취급하는 것을 말하며, 따라서 글을 입력하거나 지우는 대로 표의 위치가 같이 변한다.

#### (2) 본문과의 배치

표와 문단들과의 정렬관계를 정의하는 기능이다.

순서대로 설명하면 다음과 같다.

-  **어울림** : 표와 본문이 같은 줄을 나누어 쓰되, 서로 자리를 침범하지 않고 본문이 표에 흐르듯이 어울리도록 배치
-  **자리 차지** : 표가 표의 높이만큼 줄을 차지하고 있기 때문에 표가 차지하고 있는 영역에는 본문이 오지 못한다.

-  **글 뒤로** : 표가 없는 것처럼 본문이 채워지고, 표는 본문의 배경처럼 사용된다.
-  **글 앞으로** : 표가 없는 것처럼 본문이 채워지고, 표는 본문이 덮이도록 본문 위에 배치한다.

본문에 삽입한 표가 놓일 위치를 문서 안에서 어디를 기준으로 정하여 나타낼지 선택하는 것이다.

[가로 위치]는 표의 위치를 계산할 때 종이의 가로방향으로 어느 영역에 들어갈지 정하는 것으로 [종이, 쪽, 단, 문단] 중에서 고를 수 있다.

[새로 위치]는 표의 위치를 계산할 때 종이의 세로방향으로 어느 영역에 들어갈지 정하는 것으로 [종이, 쪽, 문단] 중에서 고를 수 있다.

[쪽 영역 안으로 제한] 항목은 표의 "세로 위치 기준"이 [문단]일 때, 표의 세로 위치가 쪽 영역 밖으로 나가면 표를 다른 쪽으로 넘긴다.

즉, 편집할 수 있는 위/아래 끝, 즉 [모양]-[편집 용지]에서 위/아래 여백과 머리말/꼬리말 공간을 뺀 자리에만 표(개체)가 위치할 수 있도록 하는 것이다.

### 실습 5-13

[실습 5-8]의 표를 가운데로 정렬해보자(표 좌우에 본문을 어울려서 사용하는 경우가 아니므로 기준위치를 '단'으로 사용하는 것이 좋다.).

#### 따라하기

① 표 주변에 커서를 위치시킨다.
② 마우스로 클릭하여 조절점을 나타낸다.
③ 마우스의 오른쪽 단추를 눌러 단축 메뉴가 나타나면 [개체 속성]을 실행한다.
④ 가로 위치의 기준을 '단'으로 지정한다.
⑤ 본문과의 배치에서 "자리 차지"를 지정한다.
⑥ [설정] 단추를 누른다.

표를 작성한 후 커서를 표 내부에 위치시킨다.
빠른 메뉴에서 [개체 속성]을 실행한다.
기준위치는 '문단', 가로위치는 '오른쪽'을 선택한다. 배치는 '어울림'을 선택한다.

## 실습 5-14

[실습 5-11] 표 옆에 내용을 추가하여 '실습 5-14'로 저장

문서번호 교육 12131-

시행일자 2020. 3.

수 신 내부 결재

참 조

| 취 급 | | 장 관 |
|---|---|---|
| 보 존 | | |
| 국 장 | | |
| 과 장 | | |
| 사 무 관 | | |
| 기 안 | | |

**따라하기**

① [실습 5-11] 표에 조절점이 나타나도록 한다.
② [개체 속성]을 실행한다.
③ 기준위치를 '문단', 배치를 '어울림', 가로위치를 '오른쪽'으로 지정한다.
④ [설정] 단추를 누른다.
⑤ 커서를 [표] 앞에 두고 "문서 번호" 등 옆에 어울려 쓸 문단을 입력한다.

### 5.3.3 안쪽 여백/바깥쪽 여백

안쪽 여백은 표 가장자리의 안쪽으로 왼쪽, 오른쪽, 위, 아래로 사이가 벌어질 여백을 의미하며, 바깥쪽 여백은 표 가장자리의 바깥쪽으로 왼쪽, 오른쪽, 위, 아래로 벌어질 여백이다.

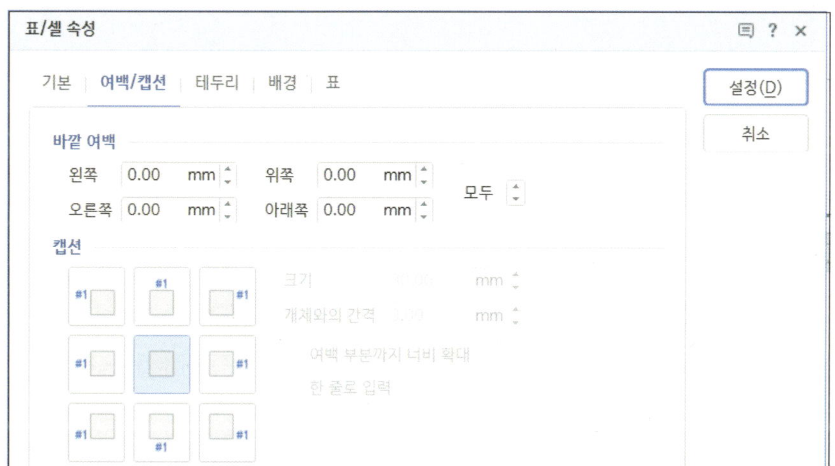

## 5.4 각종 도형 그리기

그리기 도구상자는 선, 사각형, 원, 다각형을 이용하여 사용자가 직접 그림을 그릴 수 있는 기능이다.

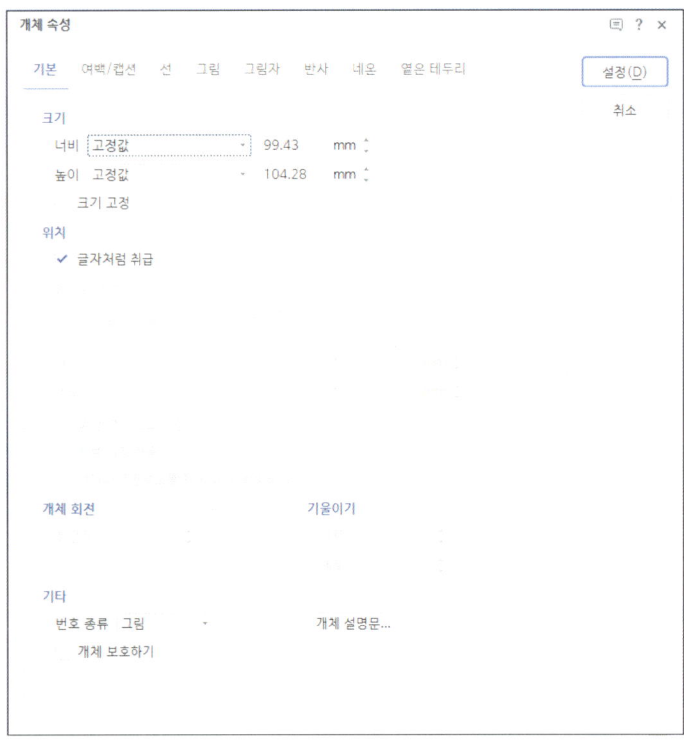


### 5.4.1 선 그리기

을 이용하여 선의 굵기, 선의 형태, 화살표 방향 등을 지정하여 다양한 선을 그릴 수 있는 기능이다.

#### 그리기 순서는

① 을 클릭한다(마우스 포인터가 + 인 모양으로 바뀐다.).

② 선을 그릴 위치로 이동한다.

③ 마우스 왼쪽 단추를 누른 상태에서 그릴 크기만큼 드래그한 후 왼쪽 단추를 놓는다(선 위에 조절점이 보인다.).

(Shift를 누른 상태에서 드래그하면 깨끗한 선이 된다.)

④ 조절점이 보인 상태에서 마우스 오른쪽 단추를 누른다.
⑤ [개체 속성] 메뉴에서 [선] 탭을 이용해 선의 색깔, 종류, 화살표 방향 등의 속성을 지정한다.
⑥ [설정] 단추를 누른다.

## 실습 5-15

다음의 선을 그려보자.

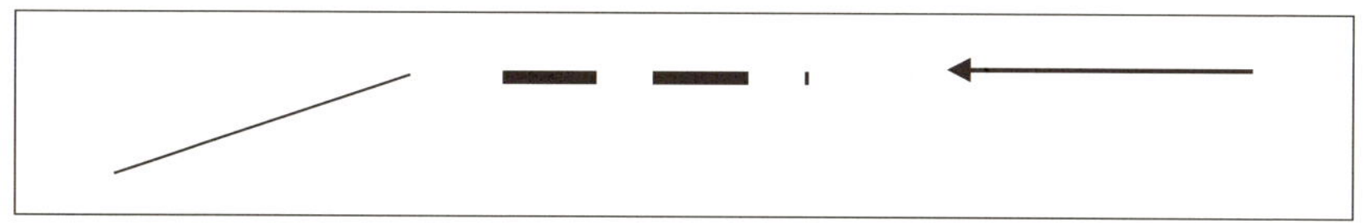

### 사선 따라하기

① ⟍을 클릭한다.
② 커서를 그릴 위치로 이동시킨다.
③ 마우스 왼쪽 단추를 누른(클릭) 상태에서 그릴 크기만큼 드래그한다.

### 점선 따라하기

① ⟍을 클릭한다.
② 커서를 그릴 위치로 이동시킨다.
③ 클릭한 상태에서 Shift 키와 함께 마우스를 드래그한다.
④ 선에서 오른쪽 마우스 클릭하여 나타난 빠른 메뉴 중 [개체 속성]의 [선] 탭에서 선 종류를 "점선", 굵기를 1.00mm 지정하고, 선의 시작 모양과 끝 모양을 지정한다.
⑤ [설정] 단추를 누른다.

### 화살표 따라하기

① ⟍을 클릭한다.
② 커서를 그릴 위치로 이동시킨다.
③ 클릭한 상태에서 Shift 키와 함께 마우스를 드래그한다.
④ 선에서 오른쪽 마우스 클릭하여 나타난 빠른 메뉴 중 [개체 속성]의 [선] 탭에서 선 종류를 "실선", 굵기를 0.30mm 지정하고, 선의 시작 모양과 끝 모양을 지정한다.
⑤ [설정] 단추를 누른다.

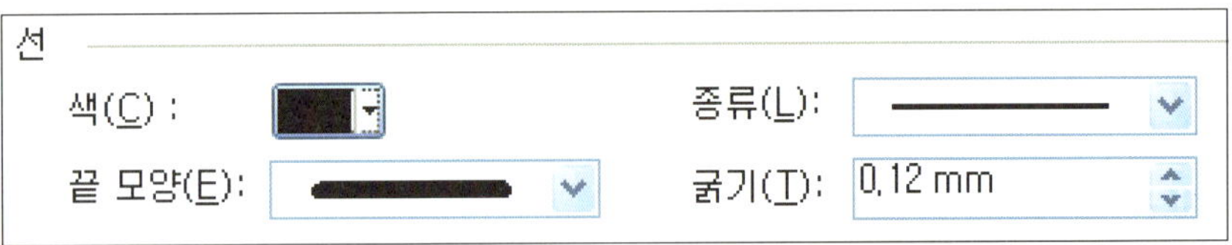


## 5.4.2 사각형

을 이용하여 사각형을 그리고, 선의 색깔, 면의 색깔, 사각형의 모양을 지정하는 기능이다.

### 그리는 방법은

① 를 클릭한다(마우스 포인터가 +인 모양으로 바뀐다.).
② 사각형을 그릴 위치로 이동한다.
③ 마우스왼쪽 단추를 누른 상태에서 그릴 크기만큼 드래그한 후 왼쪽 단추를 놓는다.
④ 사각형 외곽을 클릭하여 조절점이 나타나도록 한다.
⑤ 개체 속성 아이콘 단추를 누른다.
⑥ 선의 속성을 지정한 후 [채우기] 탭을 누른다.

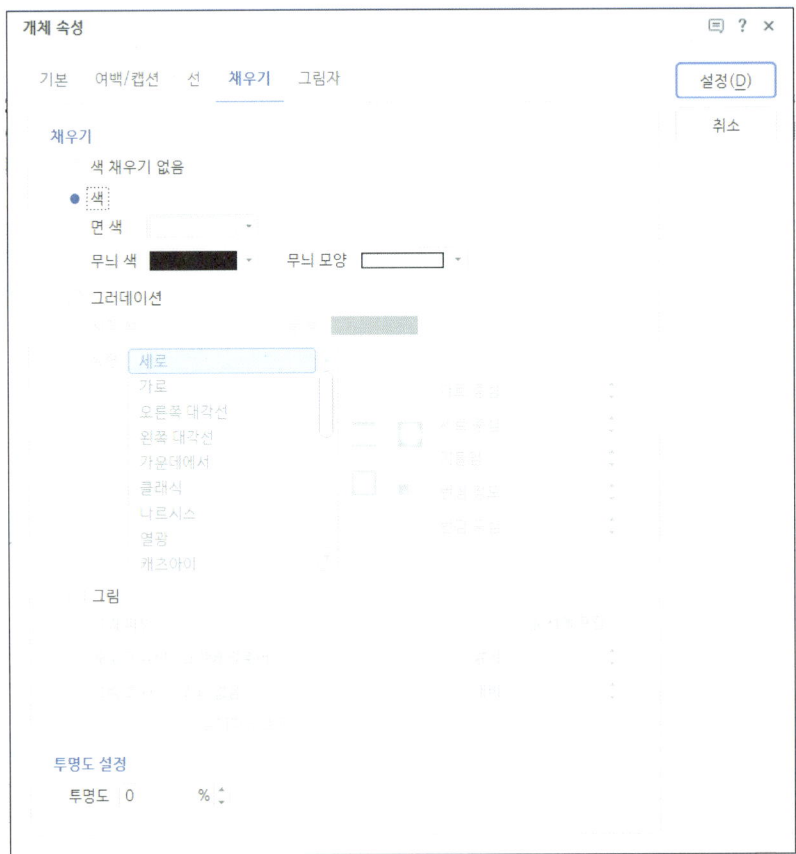

⑦ [면 색] 항목 옆의 단추를 누르고, 해당 색깔을 선택한다.

⑧ 다시 [선] 탭을 눌러 원하는 항목을 선택하여 [설정] 단추를 누른다.

사각형 모서리 곡률

직각 둥근 모양 반원 곡률 지정

**실습 5-16**

선과 사각형을 이용하여 기안문을 완성해보자(문서 '실습 5-14'를 불러서 수정한 후 저장하기).

# 법 무 부

문서번호 교육 12131-

시행일자 2020. 3.

수 신 내부 결재

참 조

제 목

<table>
<tr><td>취 급</td><td></td><td>장 관</td></tr>
<tr><td>보 존</td><td></td><td rowspan="2"></td></tr>
<tr><td>국 장</td><td></td></tr>
<tr><td>과 장</td><td></td><td rowspan="3"></td></tr>
<tr><td>사 무 관</td><td></td></tr>
<tr><td>기 안</td><td></td></tr>
</table>

**따라하기**

**제목입력**

① 문서 처음으로 커서를 이동한다('문서번호' 앞에 위치).

② Enter↵ 키를 누른다.

③ [글자 모양]과 [문단 모양]을 지정한다.

④ "법 무 부"라고 입력한다.

⑤ Enter↵ 키를 두 번 누른다.

#### 사각형을 이용

① 도구상자의 □를 클릭한다.
② 커서 위치한 곳에 마우스 포인터를 맞추어서 드래그 & 드롭을 하여 원하는 크기만큼 그린다.
③ 사각형 외곽선을 클릭하여 조절점이 나타나도록 한다.
④ 조절점 중 하나를 드래그 & 드롭하여 크기 조절한다.
⑤ 조절점이 있는 상태에서 [개체 속성] 아이콘을 눌러 실행한다.
⑥ [선] 탭을 눌러 '선 색'을 검정색으로 지정한다.
⑦ [채우기] 탭을 눌러 색지정의 [면 색]은 "검정색"을 선택, 모양은 "무늬없음"을 선택한다.
⑧ [설정] 단추를 누른다.

#### 선 긋기

① '참　조' 뒤에 커서를 이동시킨다.
② Enter↵키를 두 번 누른다.
③ "제　　목"이라고 입력한 후 Enter↵키를 누른다.
④ ╲를 클릭한다.
⑤ Shift키를 누른 상태에서 커서 위치한 곳에 마우스 포인터를 드래그 & 드롭하여 원하는 길이만큼 그린다.
⑥ 마우스 오른쪽 단추를 눌러서 [개체 속성] 메뉴로 옮긴다.
⑦ [선] 탭을 눌러서 선의 색상을 검정색으로 선택하고 시작과 끝 화살표 모양을 지정한다.
⑧ [설정] 단추를 누른다.

### 5.4.3 사각형(글상자)

[입력]-[글상자]를 이용하여 사각형 안에 글을 입력한 후 선의 색깔이나 면의 색깔, 그리고 글상자의 모양을 지정하는 기능이다.

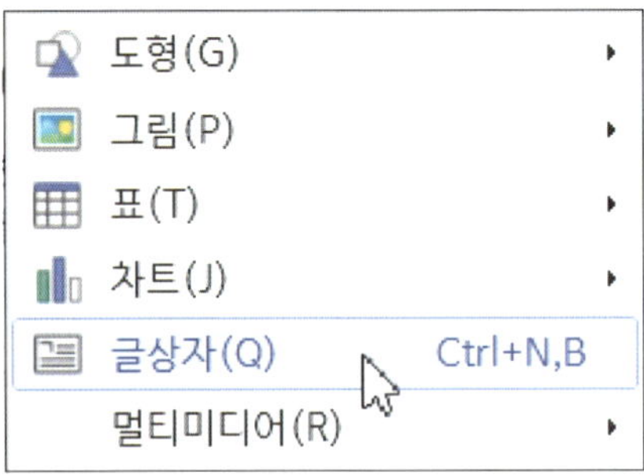


#### 그리는 방법은

① [입력]-[글상자]를 클릭한다(마우스 포인터가 +인 모양으로 바뀐다.).
② 글상자를 그릴 위치로 이동한다.

③ 마우스 왼쪽 단추를 누른 상태에서 그릴 크기만큼 드래그한 후 왼쪽 단추를 놓는다(글상자 안에 커서가 있다.).
④ 글상자 외곽을 클릭하여 조절점이 나타나도록 한다.
⑤ 개체 속성 아이콘 을 누른다.
⑥ 선의 속성을 지정한 후 [채우기] 탭을 누른다.
⑦ [그러데이션] 항목을 누르고, 목록 중 "열광"을 선택한다.
⑧ [선] 탭에서 선 종류를 두 줄로, 굵기는 0.50mm를, 선색은 진한 빨강을 지정하고 사각형 모서리 곡률에서 [반원]을 선택한다.
⑨ [설정] 단추를 누른다.

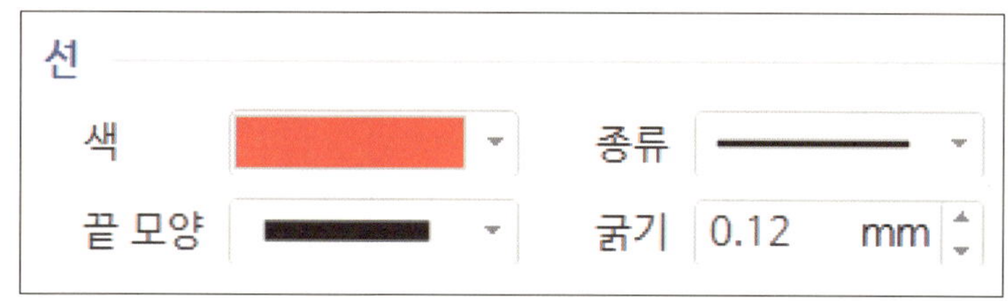


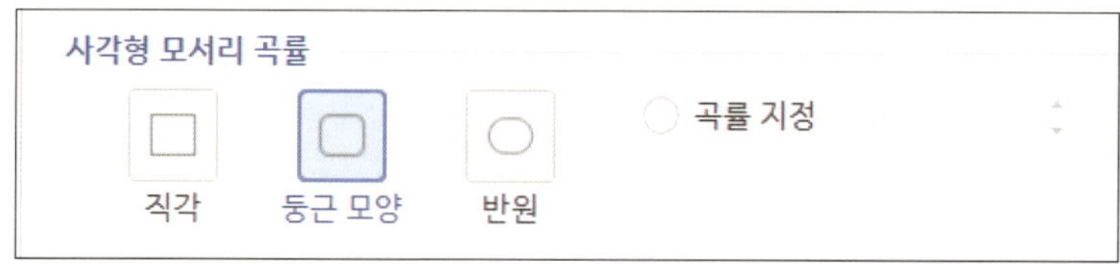


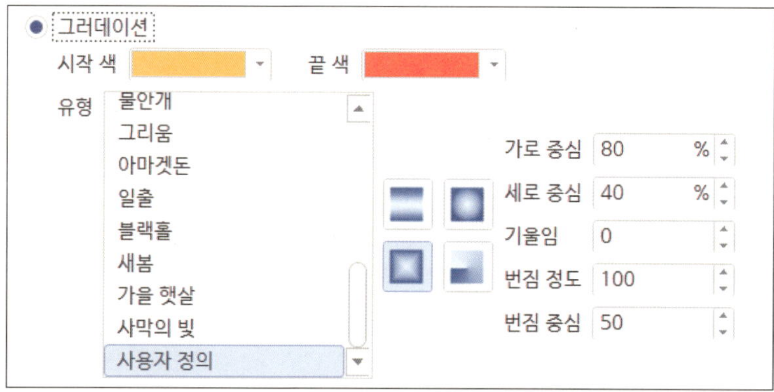

**실습 5-17**

다음 글상자를 만들어 보자.

그리기도구상자의
글상자연습

그리기도구상자의
글상자연습

**사각형 따라하기**

① 를 클릭하고 커서를 그릴 위치로 이동시킨다.
② 마우스 왼쪽 단추를 누른 상태에서 원하는 만큼 드래그한다.
③ 내용을 입력한다.

**혹시 선이나 면의 색상이 다르면 속성을 바꾸어 보자**

① 글상자 외곽을 클릭하여 조절점이 나타나도록 한다.
② 이나 마우스 오른쪽 단추를 눌러 [개체 속성]을 선택한다.
③ 선은 검정, 굵기는 0.20mm로 지정한 후 [설정] 단추를 누른다.

**사각형(둥근 모서리) 따라하기**

① 를 클릭하고 커서를 그릴 위치로 이동시킨다.
② 마우스 왼쪽 단추를 누른 상태에서 원하는 만큼 드래그한다.
③ 내용을 입력한다.
④ 글상자 외곽을 클릭하여 조절점이 나타나도록 한다.
⑤ 이나 마우스 오른쪽 단추를 눌러 [개체 속성]을 선택한다.
⑥ [채우기]를 클릭한다.
⑦ [면 색] 항목을 선택하고 '회색(25%)' 색상을 선택한다.
⑧ [선] 탭을 선택하고 [사각형 모서리 곡률]의 '둥근 모양'을 선택한다.
⑨ [설정] 단추를 누른다.

### 5.4.4 속성 바꾸기

이미 그린 선, 글상자의 크기나 속성을 바꾸는 기능이다.

**크기 변경은**

① 선이나 글상자에 조절점이 나타나도록 한다.
② 조절점을 클릭한 상태에서 드래그하여 크기를 조절한다.

속성을 변경하는 방법은

① 선이나 글상자에 조절점이 나타나도록 한다.

② 이나 마우스 오른쪽 단추를 눌러 [개체 속성]을 선택한다.

③ [선], [채우기] 탭 등에서 값을 지정하고 [설정] 단추를 누른다.

### 5.4.5 위치 옮기기

이미 그려진 그림의 위치를 변경하는 기능이다.

옮기는 방법은

① 옮길 그림을 클릭하여 조절점이 나타나도록 한다.

② 이 나타난 상태에서 드래그＆드롭하면 해당 그림이 늘어나지 않고 이동된다.

### 5.4.6 복사하기/지우기

그린 그림을 복사하거나 지우는 기능이다.

복사하는 방법은

① 복사할 그림의 외곽을 클릭하여 조절점이 나타나게 한다.

② Ctrl 키를 누른 상태에서 드래그＆드롭을 한다.

③ 기존 그림이외에 새로운 그림이 복사되어 나타난다.

지우는 방법은

① 지울 그림의 외곽을 클릭하여 조절점이 나타나게 한다.

② Delete 키를 누른다.

### 5.4.7 개체 합치기

그리기 도구상자로 그린 그림 하나하나를 개체라 한다.

여러 개의 개체를 합쳐 새로운 개체를 만들 수 있다.

합치는 방법은

① 첫 번째 개체에 조절점이 나타나도록 한다.

② Shift 를 누른 상태에서 두 번째 개체를 선택한다(두 개체에 모두 조절점이 나타나 있다.).

③ 를 클릭하거나 오른쪽 마우스의 빠른 메뉴 중에서 [개체 묶기] 메뉴를 실행한다.

### 5.4.8 동영상 삽입하기

동영상 개체를 넣으려면 [입력]-[멀티미디어]-[동영상]을 선택한다.

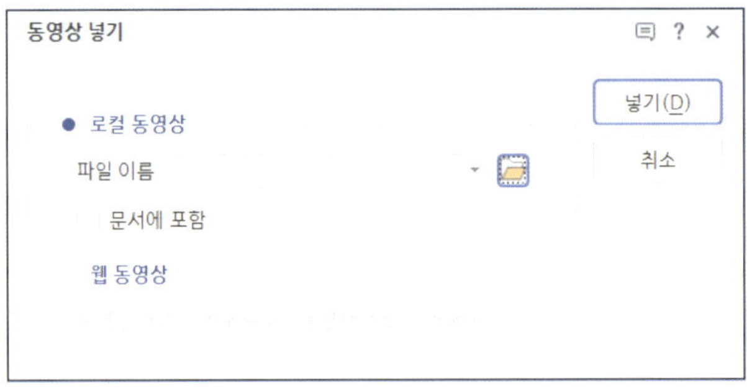


동영상을 선택하고 [넣기]를 클릭하면 동영상 시작화면이 나타나고 [시작] 단추를 누르면 동영상이 실행된다.

## 5.5 수식

한글 2020에서는 문서 편집할 때 복잡한 공식을 입력하기 위해 [수식 편집기]를 제공하고 있어서 아무리 복잡한 수식이라도 작성할 수 있다.

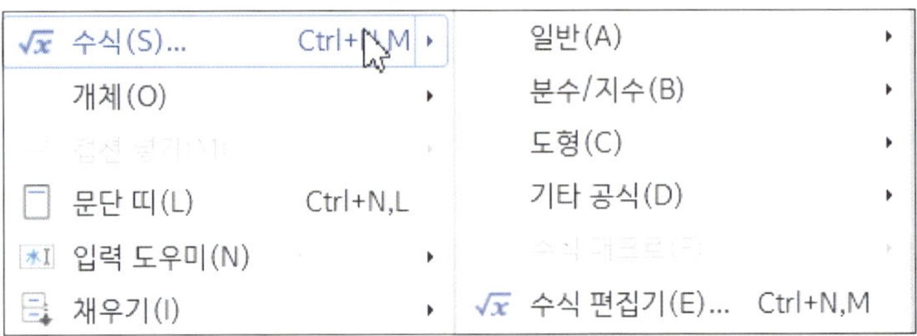

수식에서 [일반]을 지정하면 이미 작성된 유형의 수식이 나타나고 원하는 수식을 선택하면 수식이 자동으로 편집 화면에 삽입된다.

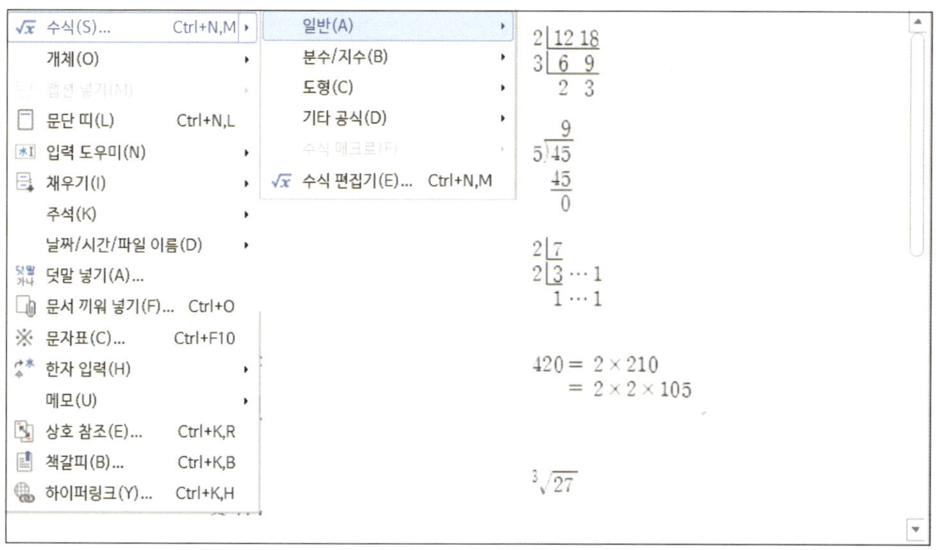


(일반)

$$x=\sum_{i=0}^{\infty}x_i \qquad a^2+b^2=c^2 \qquad y=\lim_{x\to 0}\frac{1}{x}$$

(분수/지수)

$$a^{\frac{1}{n}}=\sqrt[n]{a} \qquad a^m \div a^n=\begin{cases} a^{m-n} & (m>n) \\ 1 & (m=n) \\ \dfrac{1}{a^{n-m}} & (m<n) \end{cases}$$

(도형)

$$\pi=\frac{C}{d}=3.14159\cdots \qquad \sin\alpha+\sin\beta=2\sin\left(\frac{\alpha+\beta}{2}\right)\cos\left(\frac{\alpha-\beta}{2}\right)$$

(기타 공식)

$$x=\frac{-b\pm\sqrt{b^2-4ac}}{2a} \qquad f(z)=\sum_{n=0}^{\infty}\frac{f^{(n)}(a)}{n!}(z-a)^n$$

수식을 작성하기 위해 [입력]-[수식]을 지정하면 유형별로 수식을 작성할 수 있으며, 일반적으로 [수식 편집기]를 지정한다.

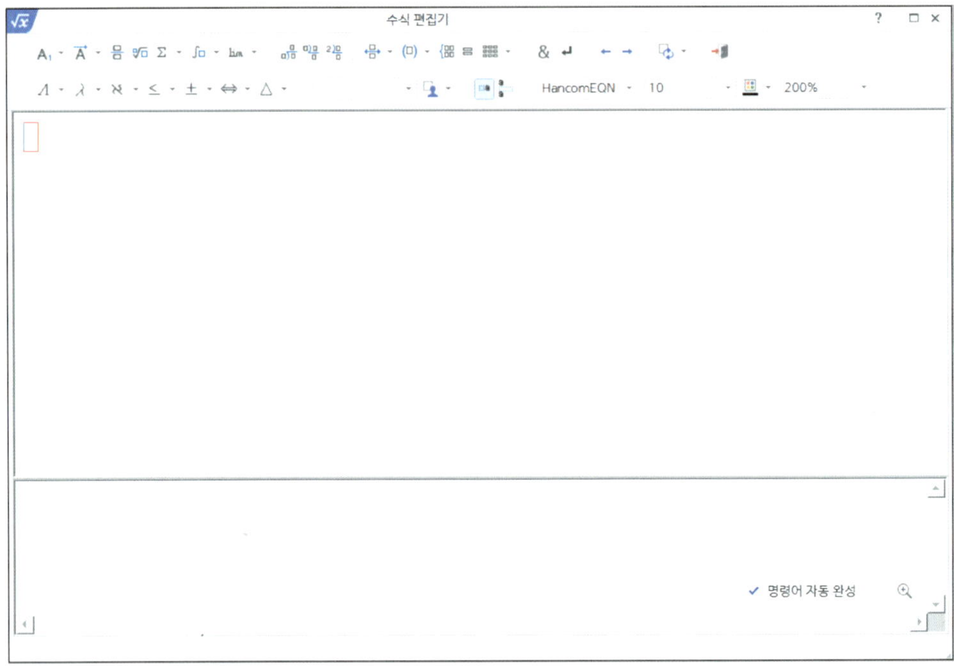


수식 편집기 상단에는 여러 모양의 입력 아이콘들이 배치되어 있다. 그중에서 분수 모양의 아이콘을 클릭한다.

편집창에 추가된 것은 식을 입력할 수 있는 틀이 나타나고, 분수 모양의 입력틀에 분자와 분모 값을 입력할 수 있도록 박스가 위치한다.

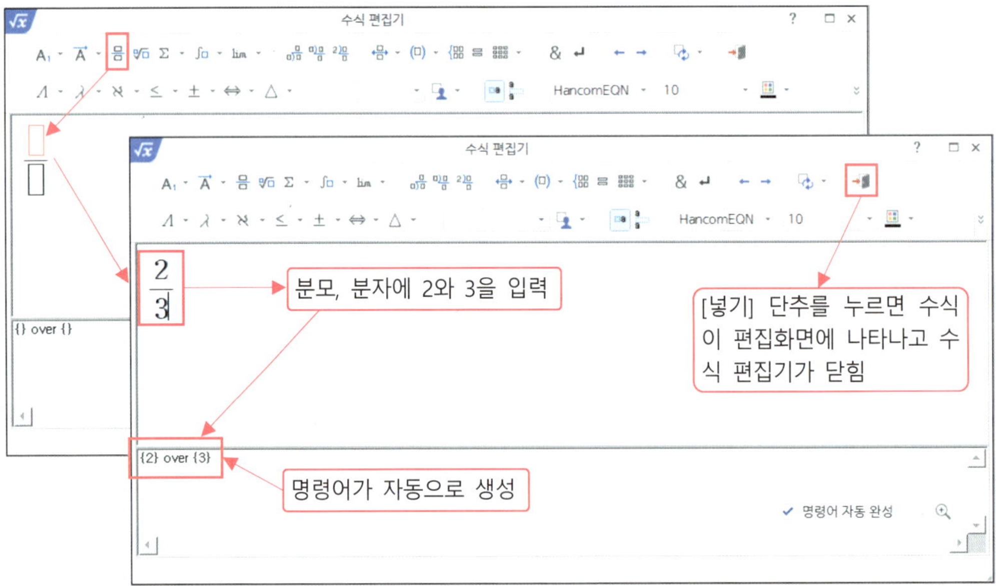


편집화면에 나타난 수식을 더블클릭하면 자동으로 수식 편집기가 나타난다.

입력 기호에 대한 요약으로 문자 또는 단어에 간단한 명령어를 넣어 수식을 편집할 수 있는 ~, `, { }, " ", #, & 등이 있다.

| 입력 | 결과 |
|---|---|
| ~ | 빈칸 (스페이스 효과) |
| ' | 빈칸의 1/4 |
| { } | 여러 항의 묶음 |
| " " | 9자 이상의 한 낱말 묶음 |
| # | 줄 바꾸기 (<Enter> 효과) |
| & | 세로 칸 맞춤 (탭 효과) |

### 실습 5-18

다음 수식 편집기를 입력해서 수식을 만들어 보자.

| | | |
|---|---|---|
| ① | (a^2 + ab + b^2 )(a^2 - ab + b^2 ) | $(a^2+ab+b^2)(a^2-ab+b^2)$ |
| ② | (x^3 + x^2 - 2x + 3) div (x - 1) | $(x^3+x^2-2x+3)\div(x-1)$ |
| ③ | (x^3 + 2x^2 + 3x + 1) div left( 1 over 2 x + 1 right) | $(x^3+2x^2+3x+1)\div\left(\frac{1}{2}x+1\right)$ |
| ④ | bar{ a + bi } = a - bi | $\overline{a+bi}=a-bi$ |
| ⑤ | (a + b)^2 - 3(a+b) + 2<br>= & X^2 - 3X + 2 #<br>= & (X - 1)(X - 2) #<br>= & (a + b - 1 )(a + b-2) | $(a+b)^2-3(a+b)+2=X^2-3X+2$<br>$=(X-1)(X-2)$<br>$=(a+b-1)(a+b-2)$ |
| ⑥ | { 4 + 3root2 } over { 2 + root2 } = { (4 + 3root2 )(2 - root2 ) } over { (2 + root2 ) (2 - root2 ) } | $\frac{4+3\sqrt{2}}{2+\sqrt{2}}=\frac{(4+3\sqrt{2})(2-\sqrt{2})}{(2+\sqrt{2})(2-\sqrt{2})}$ |
| ⑦ | x = { -b +- root{b^2 - 4ac} } over 2a | $x=\frac{-b\pm\sqrt{b^2-4ac}}{2a}$ |

제6장

# 문서 모양

## 6.1 편집용지

문서 작성을 할 때 어떤 크기의, 어떤 방향으로, 상하좌우 여백을 얼마나 둘 것인가를 지정하는 기능이다. 이 기능은 문서 단위로 적용하기 때문에 모든 쪽에 동일하게 적용된다. '미리 보기' 화면에서 [아이콘]를 누르거나 [쪽]-[편집 용지]를 실행하여 항목별로 지정한 후 [설정] 단추를 누른다.

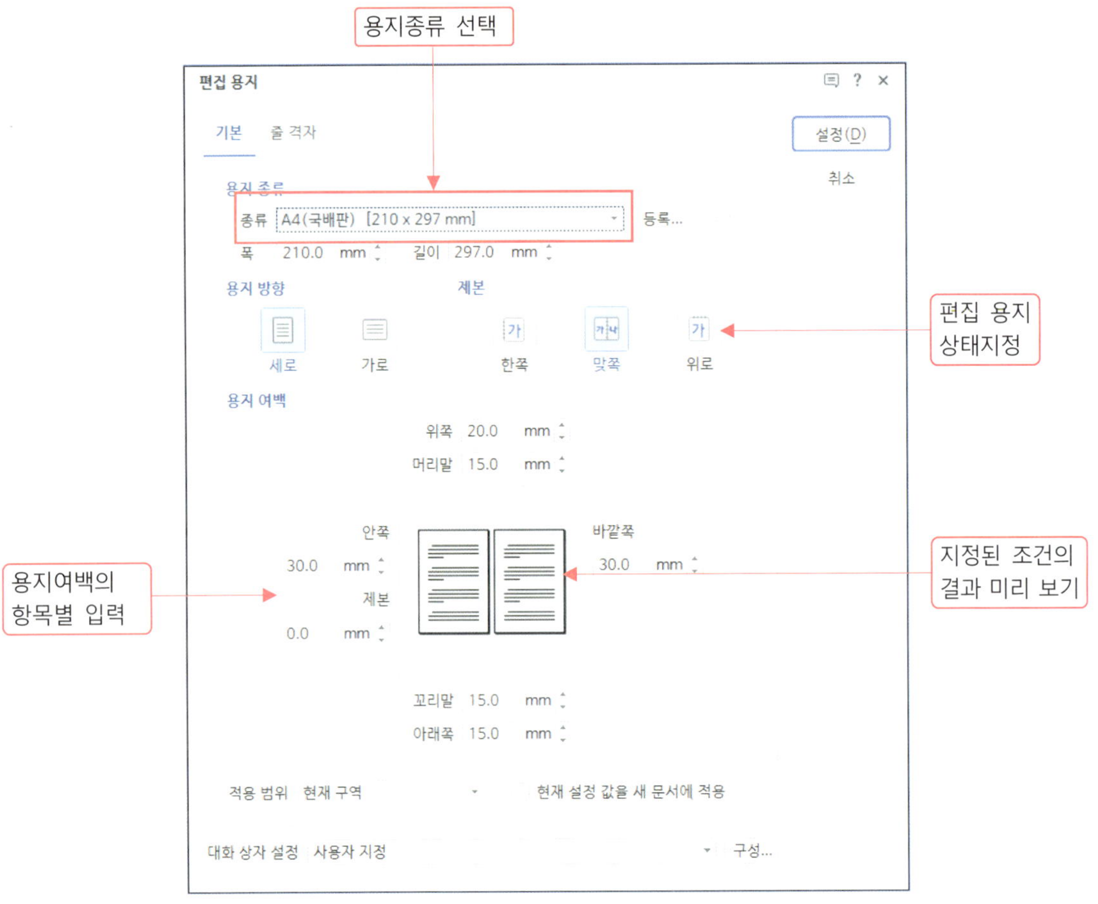


앞 [편집 용지] 대화 상자의 [줄 격자] 탭에서 "격자 설정 안함" 항목은 한 쪽에 들어갈 수 있는 최대 글자 수와 줄 수에 제한을 두는 기능을 사용하지 않는 것이다.

이때의 기본 글자 간격은 각 글자 크기에 따라 결정되고, 기본 줄 간격은 그 줄에서 가장 큰 글자의 높이에 따라 결정된다.

"줄 격자 설정" 항목은 한 쪽(페이지)에 들어갈 수 있는 최소 줄 간격을 지정할 수 있다. 예를 들면, 다단 편집을 한 경우 옆단과 줄이 고르게 맞아 보기 좋은 문서를 만들 수 있다.

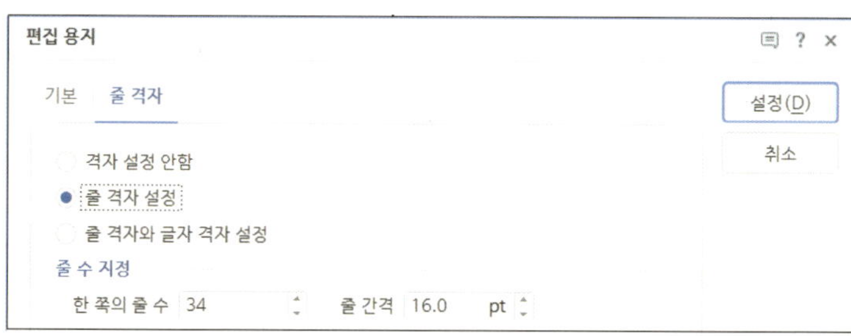


## 6.1.1 쪽 테두리/배경

모든 쪽에 테두리 선과 배경을 지정하는 기능으로 [쪽]-[쪽 테두리/배경]을 선택한다.

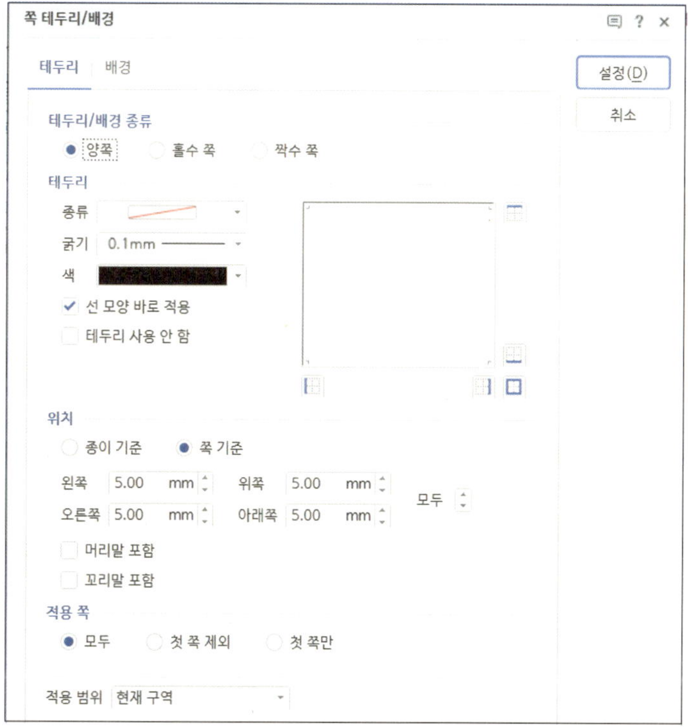

특별한 페이지만 쪽 테두리를 취소하고 싶으면 취소하고 싶은 페이지로 이동한 후 [쪽]-[감추기]에서 [쪽 테두리] 항목을 지정한다.

## 6.2 쪽 나누기

### 6.2.1 자동 쪽 나누기

한글 2020은 한 줄의 내용이 차면 자동으로 다음 줄로 넘어가고, 한 페이지의 내용이 차면 다음 페이지로 자동으로 넘어간다.

자동으로 다음 페이지로 넘어간다는 것은 앞 페이지에서 내용을 삭제, 삽입하면 다음 페이지의 내용이 당겨지거나 뒤로 밀린다는 뜻이다.

물론 문서의 흐름을 유지하는 좋은 기능이다.

### 6.2.2 쪽 합치기

다시 페이지를 합치려면, 뒤쪽 페이지의 첫 ↲ 표시나 앞쪽 페이지의 제일 마지막 ↲ 표시를 Delete 키로 지운다. 즉, 문단을 구분하는 Enter↲ 키의 표식을 지우면 되는데, 이 표식이 보이지 않을 때는 [보기]-[문단부호]를 클릭하면 나타난다.

### 6.2.3 강제로 쪽 나누기

특별한 경우 현재 페이지의 내용을 앞 페이지와 연결하지 않고 항상 새로운 페이지에서 시작하려고 할 때 사용하는 기능이다. 즉, 필요에 따라 강제로 쪽을 나누어야 하는 경우이다. 쪽을 나누어야 할 위치로 커서를 이동하여 [쪽]-[쪽 나누기]를 선택하거나 Ctrl + Enter↲를 누르면 된다.

강제로 쪽을 나누면 용지를 채우기 위한 나머지 부분만큼의 빈칸을 건너뛰고 쪽을 나누어준다.

이렇게 강제로 들어간 쪽 분리선은 [쪽 윤곽]이 설정되어 있지 않을 때는, 빨간색 대시(dash) 위에 "쪽 나누기"라는 표시로 보이며, Delete 키나 Back Space를 눌러 지울 수 있다.

### 6.2.4 강제로 나눈 쪽을 없애기

강제로 나눈 쪽을 없애려면, [쪽]-[쪽 나누기]를 실행한 자리 앞이나 뒤에서 Del나 Back Space를 누르면 지워진다. 이때 '강제 쪽 나누기' 표시만 없어지고 앞뒤의 문단이 하나로 합쳐지지는 않는다.

## 6.3 테두리

### 6.3.1 문단 테두리

한 문단 또는 여러 문단을 묶어서 테두리를 그릴 수 있는 기능이다.

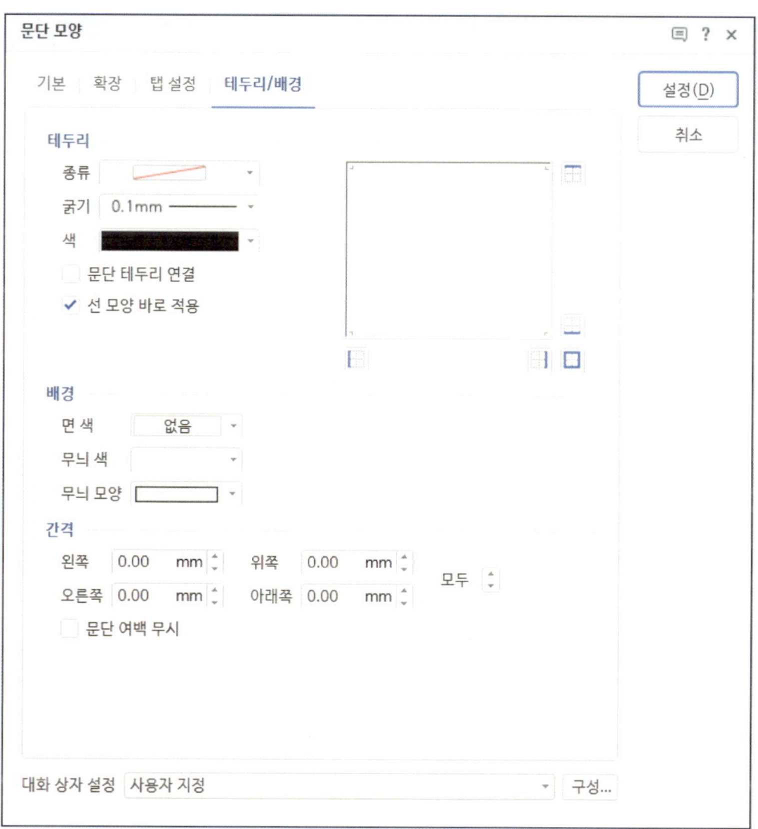

사용법은

① 테두리를 그릴 문단들을 블록으로 설정한다.
② [서식]-[문단 모양]에서 [테두리/배경] 탭을 선택한다.
③ 테두리 종류 및 색상과 면 색, 무늬 등을 원하는 대로 지정한다.
④ '미리 보기' 화면으로 확인 후 [설정] 단추를 누른다.

아래 화면은 테두리가 선과 점이고 테두리 굵기는 0.4mm, 테두리 색상은 파랑색, 면 색은 노랑, 무늬 색은 연파랑, 무늬 모양은 엑스자모양인 문단을 설정한 것이다.

테두리 : 일점 쇄선
테두리 굵기 : 0.4mm
테두리 색 : 바다색
배경 면 색 : 노른자색
배경 무늬 색 : 연한 올리브색
배경 무늬 모양 : 체크모양

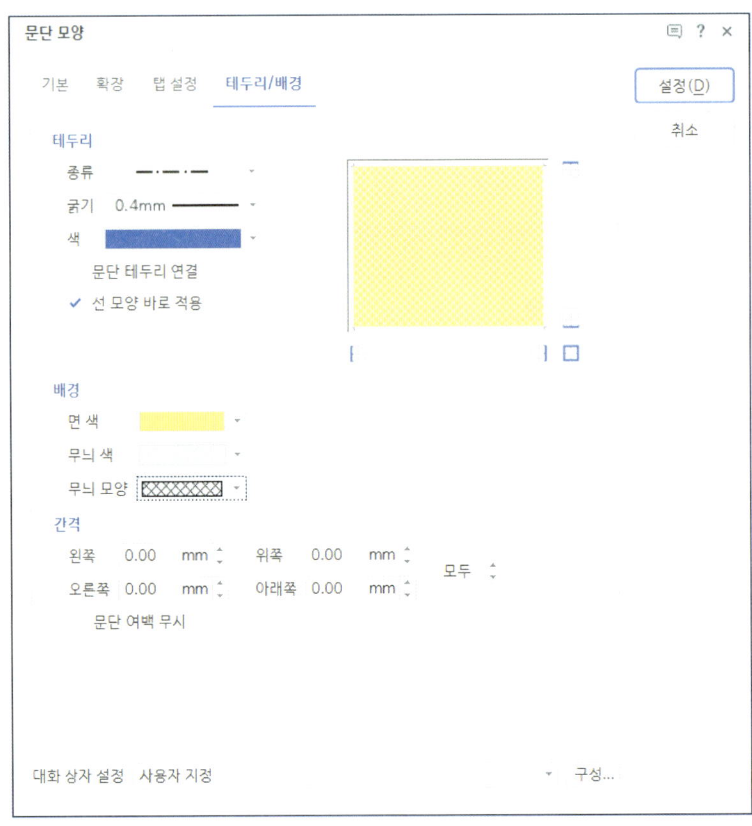

### (1) 선 종류

기본 설정은 선이 없는 투명으로 지정되어 있다. 지정하려면 드롭다운 화살표를 눌러서 원하는 테두리 선을 선택한다.

테두리 선을 선택하면 문단의 왼쪽, 오른쪽, 위, 아랫부분의 테두리를 개별적으로 지정할 수 있는 항목이 있다.

4개의 방향을 적절히 조합하여 사용하면 멋진 문서를 작성할 수 있다.

테두리 선을 취소하려면 테두리 종류를 투명으로 선택한다.

### (2) 면 색/무늬 색/무늬 모양

문단에 배경색이나 무늬를 지정하여 주는 기능으로 좀 더 화려한 문단을 작성할 수 있다.

### (3) 문단 테두리 연결

연결을 선택하면 여러 문단이 하나의 테두리 선으로 그려지는 것이고, 그렇지 않으면 각각의 문단에 테두리를 그리는 기능이다.

### (4) 문단 여백 무시

[여백무시] 항목을 선택하면 문단 여백을 무시하고 문단 테두리를 그리는 기능이다.

## 6.3.2 전체 쪽 테두리

문서의 모든 쪽에 테두리를 그려주는 기능이며, 전체 쪽 테두리를 그려주는 영역은 상하좌우 여백에 그려준다.

**사용법은**

① [쪽]-[쪽 테두리/배경]에서 "적용 쪽" 항목을 '양 쪽'으로 지정하면 된다. 때에 따라서 홀수 쪽만 테두리를 지정하거나 짝수 쪽만 테두리를 지정할 수도 있다.
또한 테두리는 문서 전체를 적용시킬 수도 있고 새로운 구역만을 적용시킬 수도 있다.
새로운 구역에 [쪽 테두리/배경]을 적용시킨다는 것은 현재 커서 위치에서 쪽을 나누어 새로운 구역을 만든 후, 새 구역부터 선택한 [쪽 테두리/배경]을 넣는 것이다.

② [쪽 테두리/배경]에서 테두리 선 종류와 4개 방향 선택 후 간격(위치)을 지정한 다음 [설정] 단추를 누르면 설정된다.

### 6.3.3 쪽 테두리 선 지우기

쪽 테두리의 선 종류를 없애려면 [쪽 테두리/배경]에서 선 종류를 '선 없음'으로 선택하고, 4개 방향을 지정해제 후 [설정] 단추를 누르면 쪽 테두리 선이 모두 사라진다.

## 6.4 머리말/꼬리말

페이지마다 같은 위치에 같은 내용을 입력할 때 사용하는 기능이다.

페이지 상단에 입력하는 기능을 머리말, 페이지 하단에 입력하는 기능을 꼬리말이라 한다.

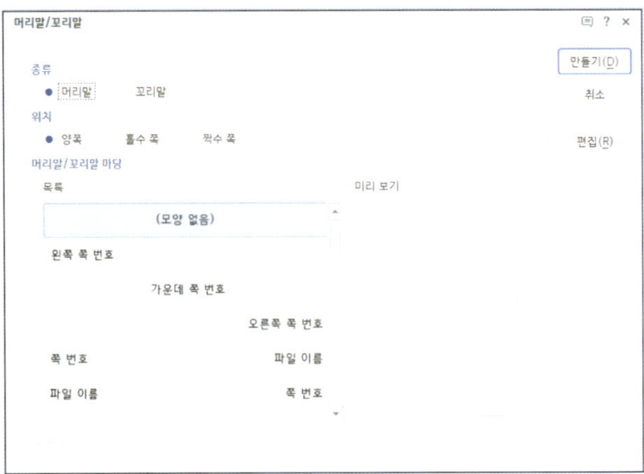

또한, 지정한 머리말과 꼬리말은 '편집 용지'의 여백에서 머리말 여백, 꼬리말 여백 부분에 나타난다.

### 실습 6-1

머리말을 "머리말 연습"이라고 입력해보자.

**따라하기**

① 문서 처음에 커서를 이동한다.
② [쪽]-[머리말/꼬리말]을 실행한다.
③ [머리말] 항목을 클릭한다.
④ [양쪽] 항목을 클릭한다(양쪽 페이지에 똑같은 머리말 내용을 입력).
⑤ [만들기] 단추를 클릭한다(머리말을 입력하는 화면이 나타난다.).
⑥ "머리말 연습"이라고 입력한 후 [가운데 정렬]을 한다.
⑦ 머리말을 입력한 위치에서 오른쪽 마우스 버튼을 눌러 [닫기]를 클릭하여 편집 화면으로 복귀한다.

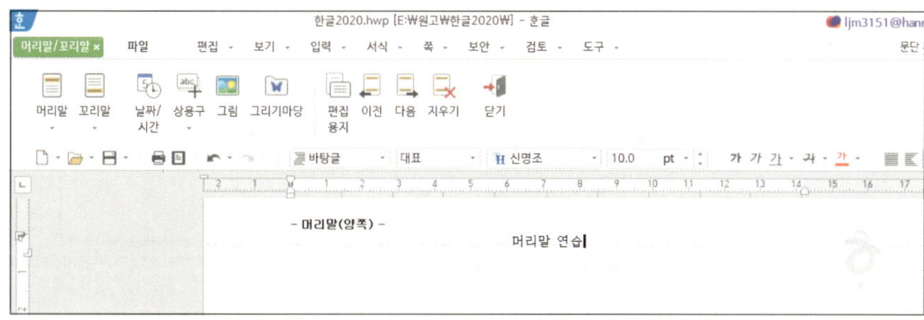


⑧ 이미 작성한 [머리말]에 대한 수정은, [쪽]-[머리말/꼬리말]을 선택하여 나타난 대화 상자에서 [편집] 단추를 눌러 수정하면 된다.

## 실습 6-2

머리말을 "작성자 : 홍길동"이라고 변경해보자.

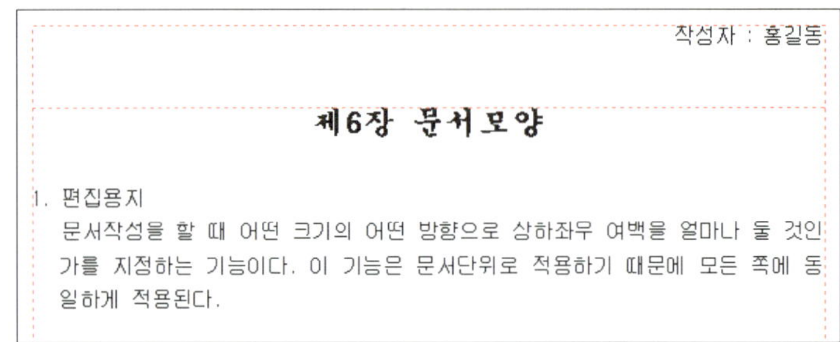


### 따라하기

① [쪽]-[머리말/꼬리말]를 선택한다.
② 나타난 대화 상자에서 [편집] 단추를 누른다.

③ 머리말 편집 화면의 "머리말 연습"을 "작성자 : 홍길동"이라고 수정한다.
④ 문단 모양에서 오른쪽 정렬을 지정한다.
⑤ 빠른 메뉴에서 "머리말/꼬리말 닫기"를 눌러 편집 화면으로 복귀한다.

실습 6-3

머리말을 지워보자.

따라하기

① '머리말'을 지정한 쪽으로 커서를 이동시킨다.
② [쪽]-[머리말/꼬리말]을 선택하여 대화 상자를 나타나게 한다.
③ 대화 상자에서 [편집] 단추를 누르면 [머리말] 내용이 나타난다.
④ 빠른 메뉴에서 [머리말/꼬리말 지우기]-[지움]을 선택한다.

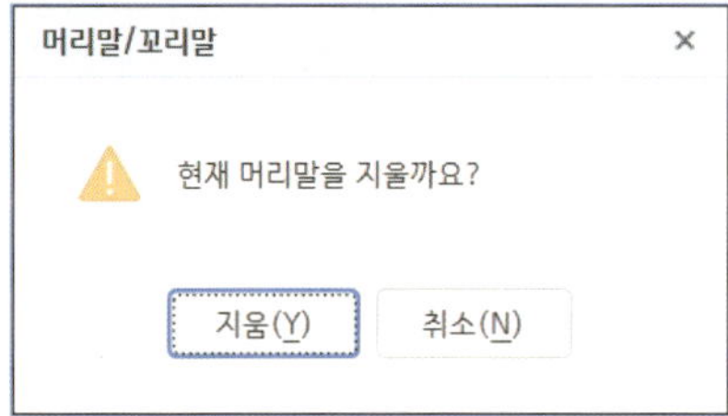


⑤ 자동으로 편집 화면으로 복귀한다.

머리말과 꼬리말, 쪽 번호 달기 등 한 번의 명령으로 문서 전체에 영향을 미치는 것은 문서 첫 페이지, 첫 줄, 첫 칸에서 지정하는 것이 좋다. 나중에 수정하기 쉽다.
머리말, 꼬리말, 쪽 번호 등을 수정할 경우 처음 지정한 부분으로 이동하여 고치기를 한다.

## 6.5 쪽 번호 달기

문서 작성 시 매 페이지마다 쪽 번호가 자동으로 입력되는 기능이다.

방법은 [쪽]-[쪽 번호 매기기]를 실행하여 조건을 지정한 후 [확인] 단추를 누른다.

### 6.5.1 항목설정

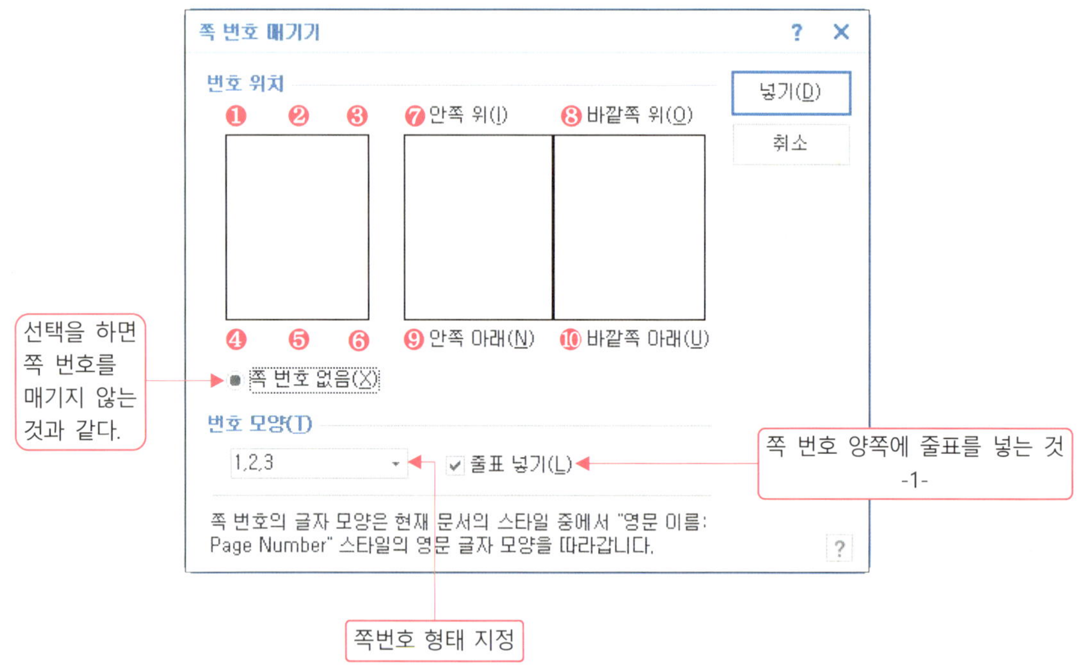


| | |
|---|---|
| ❶ 각 쪽의 왼쪽 위 | ❻ 각 쪽의 가운데 아래 |
| ❷ 각 쪽의 가운데 위 | ❼ 홀짝수 쪽의 바깥쪽 위 |
| ❸ 각 쪽의 오른쪽 위 | ❽ 홀짝수 쪽의 안쪽 위 |
| ❹ 각 쪽의 왼쪽 아래 | ❾ 홀짝수 쪽의 바깥쪽 아래 |
| ❺ 각 쪽의 오른쪽 아래 | ❿ 홀짝수 쪽의 안쪽 아래 |

**실습 6-4**

쪽 번호 ' - Ⅰ - '이라고 입력해보자.

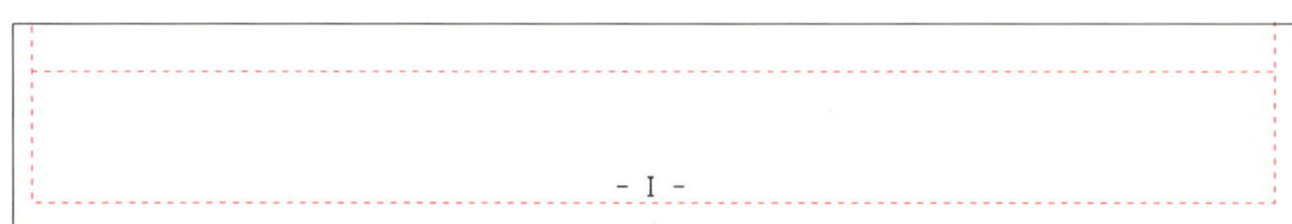

**따라하기**

① 번호를 적용할 위치로 커서를 이동한다.
② [쪽]-[쪽 번호 매기기]를 실행한다.
③ 번호모양의 [I,II,III ]를 선택한다.
④ [확인] 단추를 누른다.
⑤ [미리 보기] 화면이나 [쪽 윤곽 보기] 상태에서 확인해 볼 수 있다.

### 6.5.2 쪽 번호 모양내기

쪽 번호 매기기에 다양한 모양을 첨가하는 기능으로서, 머리말/꼬리말 내용에 쪽 번호를 포함시키는 것이다.

방법은 [쪽]-[머리말/꼬리말]을 실행하여 머리말 입력화면이 나타나도록 한 후 머리말 내용을 입력한 다음 빠른 메뉴에서 [쪽 번호 넣기]를 선택한다.

**실습 6-5**

쪽 번호를 '1 Page'라고 모양을 지정해보자.

**따라하기**

① 쪽 번호를 넣을 위치로 커서를 이동한다.
② [쪽]-[머리말/꼬리말]을 실행한다.
③ '머리말' 항목 지정, '양쪽' 항목을 지정 후 '만들기' 단추를 누른다.
④ 머리말 내용을 입력한 다음, 빠른 메뉴에서 [쪽 번호 넣기]를 선택한다.
⑤ 입력한 머리말과 쪽 번호를 적절하게 배치한다.
⑥ 쪽 번호 뒤에 커서를 위치한 후 "Page"라고 입력한다.
⑦ 빠른 메뉴에서 "닫기"를 선택하여 편집 화면으로 복귀한다.
⑧ [문서]-[미리 보기]를 실행하거나 [쪽 윤곽 보기] 상태에서 내용을 확인한다.

### 6.5.3 쪽 번호 지우기

쪽 번호 매긴 것을 없애는 기능이다.

[쪽]-[쪽 번호 매기기]를 선택하여 나타난 대화 상자에서 [쪽 번호 없음] 항목을 선택하면 된다.

## 작성하기

### 편집 용지 설정 및 여백조정, 쪽 테두리 설정

① [파일]-[새 글]을 실행하여 새로운 문서 작성 준비를 한다.
② [쪽]-[편집 용지]를 실행한다.
③ 'A4용지', 여백은 20/15/30/30/15/15/0으로 지정한다.
④ [쪽]-[쪽 테두리/배경]에서 적용 범위를 [문서 전체]로 지정한다.
⑤ 선 종류는 실선, 굵기는 0.5mm, 4개 방향을 모두 선택하여 지정한다.
⑥ [설정] 단추를 누른다.

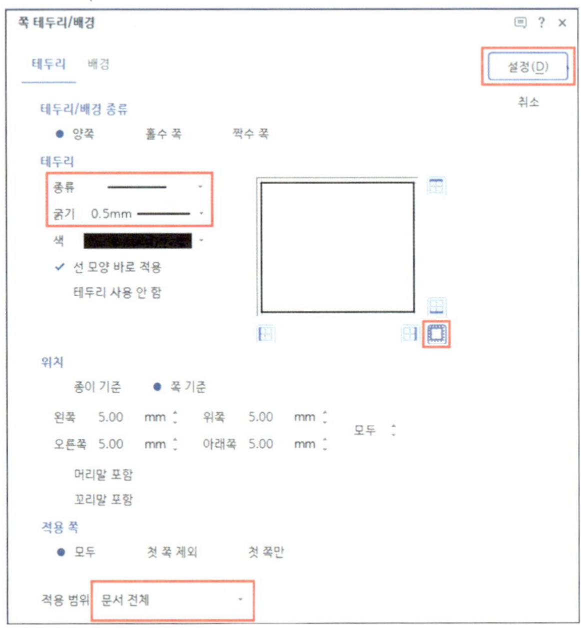

### 글자 모양 및 문단 모양

| 구분 | 글자 모양 | | | 문단 모양 | | 비고 |
|---|---|---|---|---|---|---|
| | 글꼴(한글) | 장평 | 크기 | 정렬 방식 | 줄간격 | |
| 1 | 양재튼튼B | 120 | 20 | 가운데 | 160 | ❶ |
| 2 | 시스템 | 100 | 15 | 양쪽혼합 | 160 | ❷ |
| 3 | 양재튼튼B | 100 | 15 | 양쪽혼합 | 160 | ❸❺❼⓯ |
| 4 | 신명조 | 100 | 13 | 양쪽혼합<br>왼쪽 여백5 | 150 | ❹❻❽❾<br>⓰ ~ ⓳ |
| 5 | 신명조 | 100 | 13 | 양쪽혼합<br>왼쪽 여백5 | 150 | ❿ ~ ⓮ |

### 본문 입력하기(❷~⓳)

① 커서가 문서 처음에 있는지 확인한다.
② 구분2의 글자 모양과 문단 모양을 지정하고 내용을 입력한다.
③ Enter↵를 누른다.
④ 구분3의 [글자 모양]과 [문단 모양]을 지정하고 내용을 입력한다.
⑤ Enter↵를 누른다.

위와 같은 방법으로 ⓳문단까지 입력한다.

### 머리말 입력

① 커서를 적당한 위치로 이동시킨다.
② [쪽]-[머리말/꼬리말]을 실행한다.
③ '머리말' 항목과 '양쪽' 항목을 클릭한 후 [확인] 단추를 누른다.
④ [글자 모양]과 [문단 모양]을 위의 표처럼 지정한다.
⑤ "최상의 시스템 만들기"라고 입력한다.
⑥ 빠른 메뉴의 [닫기]를 눌러 편집 화면으로 복귀한다.

### 문단 테두리

① ❿ ~ ⓮항목을 블록설정한다.
② [쪽]-[쪽 테두리/배경]에서 적용 범위를 [문서 전체]로 지정한다.
③ 선 종류는 굵은 선(0.4mm), 4개 방향 모두 선택, [배경] 탭에서 면 색은 회색(25%) 지정, [문단 테두리 연결]을 선택한다.
④ [설정] 단추를 누른다.

## 6.6 쪽 복사하기/쪽 붙이기/쪽 지우기

이전 버전과 달리 한글 2020에서는 쪽에 대한 명령을 강화하여 적용할 수 있다.

### 6.6.1 쪽 복사하기

현재 커서가 있는 쪽을 클립보드에 복사한다. [보기]-[작업 창]-[클립보드]를 지정하면 복사된 내용이 나타난다.

### 6.6.2 쪽 붙이기

현재 커서가 있는 쪽을 클립보드의 내용을 다음 페이지에 붙여넣기 한다.

### 6.6.3 쪽 지우기

현재 커서가 있는 쪽을 제거하고 제거된 다음 페이지가 당겨진다.

제7장

# 인쇄하기

## 7.1 인쇄

작성한 문서를 인쇄하는 기능이며, 사용하는 방법은 해당 문서를 화면에 불러놓고 [파일]-[인쇄]를 선택하거나, 도구상자의 를 선택하여 인쇄조건을 지정한 후 [인쇄] 단추를 누른다.

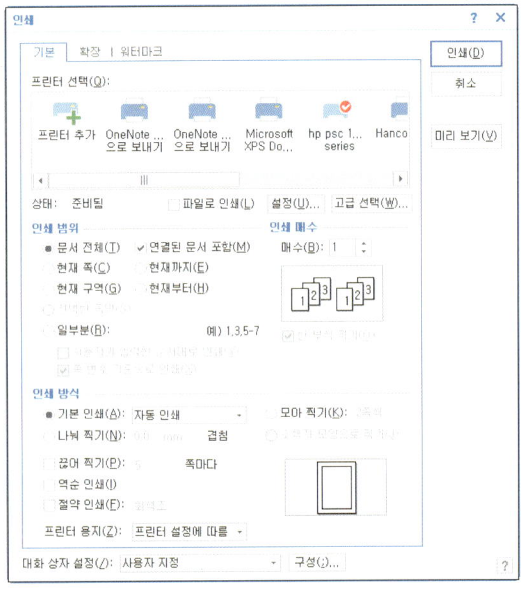


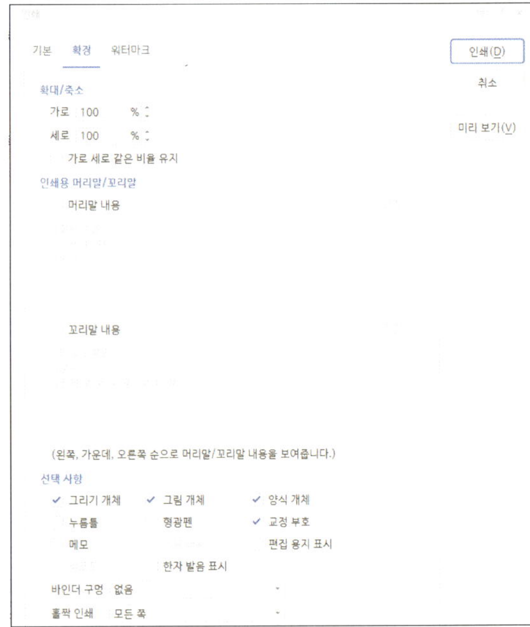


### 7.1.1 항목 설명

#### (1) 인쇄 범위

| 인쇄 범위 | 설명 |
|---|---|
| 문서전체(연결된 문서 포함) | 현재 문서의 첫 페이지부터 끝 페이지까지 인쇄 |
| 현재 문서 | 현재 열려 있는 문서 인쇄 |
| 현재 쪽 | 현재 커서가 있는 쪽만 인쇄 |
| 현재 구역 | 커서가 있는 구역만 처음부터 끝까지 인쇄 |
| 현재까지 | 문서의 처음부터 현재 커서가 있는 쪽까지 인쇄 |
| 현재부터 | 현재 커서가 있는 쪽부터 문서 끝까지 인쇄 |
| 일부분 | 문서의 일부분만을 인쇄한다. 시작 쪽 번호와 끝 쪽 번호를 입력하여 인쇄할 범위를 지정 |

### (2) 여러 매 인쇄

같은 문서를 여러 장 인쇄할 때 지정한다. "한 부씩 찍기" 항목을 1부씩 인쇄하지만, 항목을 해제하면 한 페이지를 여러 매 인쇄하므로 속도가 굉장히 빠르다.

### (3) 인쇄 방식

편집된 문서를 공급되는 용지 안에 어떻게 배치하여 인쇄할 것인지를 지정하는 기능으로 종류는 다음과 같다.

| 인쇄 방식 | 설명 |
|---|---|
| 자동인쇄 | 일반적인 인쇄 방법 |
| 공급 용지에 맞추어 나눠찍기 | 편집 용지가 공급 용지보다 클 경우 여러 장에 자동으로 나누어서 인쇄한다. |
| 자동으로 모아찍기 | 나눠 찍기의 반대 현상으로 공급 용지가 편집 용지보다 클 경우 한 페이지에 여러 장을 출력할 수 있다. |
| 2, 3, 4, 6, 8, 9, 16쪽씩 모아찍기 | 공급 용지에 2, 3, 4, 6, 8, 9, 16쪽씩 모아서 인쇄한다. |

### (4) 꼬리말 자동 인쇄

문서 아래쪽에 "파일 이름, 인쇄하는 날짜, 전체 쪽수, 현재 쪽수"를 넣어서 인쇄하게 한다.

### (5) 프린터 설정

현재 시스템과 연결되어 있어 사용 가능한 프린터의 이름을 지정한다. [인쇄 결과를 파일로 저장] 항목을 선택하면 프린터로 인쇄하는 대신 *.prn 파일로 저장되어, 한글 2020 프로그램이 설치되어 있지 않은 시스템에서도 인쇄할 수 있다.

### (6) 인쇄 방식 - 역순인쇄/끊어 찍기

[역순 인쇄]는 문서를 뒤 페이지부터 앞 페이지 순으로 인쇄하는 방식이고, [끊어 찍기]는 지정한 쪽 수 만큼 끊어서 인쇄하는 방식이다.

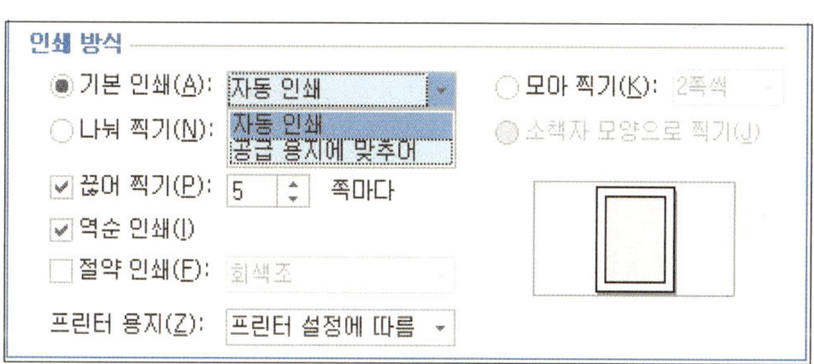

### (7) 확대/축소

편집된 문서의 크기를 확대 또는 축소하여 인쇄하는 기능이며 확대/축소의 비율은 다음과 같다.

| 축소 | 비율 | 확대 | 비율 |
|---|---|---|---|
| A3 - A4 | 70% | B5 - A4 | 115% |
| A3 - B4 | 86% | A4 - B4 | 122% |
| B4 - B5 | 70% | A4 - A3 | 141% |
| B4 - A4 | 81% | B4 - A3 | 115% |
| A4 - B5 | 86% | | |

### (8) 머리말/꼬리말 자동 인쇄

[자동 머리말 내용]과 [자동 꼬리말 내용]의 첫 번째에는 왼쪽에 들어갈 내용을 입력하고, 두 번째에는 가운데에 들어갈 내용을 입력하며, 세 번째 입력 상자에는 오른쪽에 들어갈 내용을 입력하거나 목록 단추를 눌러서 인쇄 항목을 선택한다.

### (9) 선택 인쇄

[파일]-[인쇄]-[확장] 탭에서 일부 요소를 필요에 따라 인쇄하거나 하지 않을 수도 있다. 켜진 항목만 인쇄된다.

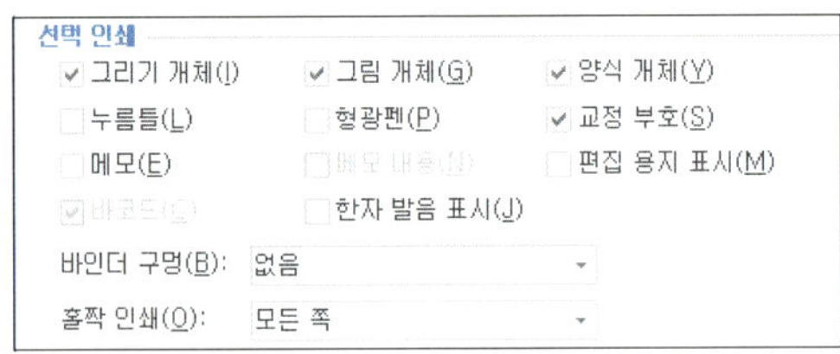


- [그리기 개체]는 문서 안에 들어 있는 그리기 개체의 인쇄 여부를 선택하고, 선택되지 않으면 그리기 개체가 있는 곳의 자리만 표시된다.
- [그림 개체]는 문서 안에 들어 있는 그림 파일의 인쇄 여부를 선택하고, 선택되지 않으면 그림 테두리만 인쇄된다.
- [양식 개체]는 문서 안에 들어있는 양식 개체의 인쇄 여부를 선택하고, 인쇄하지 않으면, 양식 개체의 테두리만 인쇄된다.
- [누름틀] : 문서에 들어 있는 누름틀의 인쇄 여부를 결정한다.
- [형광펜]은 문서에 들어있는 형광펜의 인쇄 여부를 결정한다.
- [바인더 구멍]은 선택한 바인더 규격에 맞추어 구멍을 뚫을 자리를 표시한다.
- [편집 용지 표시] 항목은 축소 인쇄를 하거나 편집 용지가 공급 용지보다 작을 때 [편집 용지]의 크기를 표시하여 인쇄물을 필요한 크기로 잘라 쓰기 쉽게 한다.
- [홀 짝 인쇄]는 선택한 쪽만 인쇄하게 하는 항목이다.

## 7.2 워터 마크

한글 2020의 인쇄 기능 중에서 [워터마크]란 문서의 바닥에 그림이나 글씨를 우아하게 나타내기 위해 엷게 배경을 나타내는 기능을 의미한다. 인쇄 기능에서 워터마크는 출력기능에서 추가되므로 편집 문서의 크기에는 영향을 주지 않는다. [글자 워터마크]는 문서의 배경으로 확대한 글자 모양을 지정하여 나타낼 수 있다. 각각의 기능 설명은 다음과 같다.

| 기능 | 설명 |
|---|---|
| 글자 입력 | 워터마크로 삽입할 글자를 직접 입력한다. |
| 글꼴 | 글자 워터마크의 글꼴을 지정한다. |
| 글자색 | 글자 워터마크의 색을 지정한다. |
| 워터마크 효과 | 입력한 글자에 워터마크 효과를 주어 음영이 -30%로 설정된 상태로 바꾸어서 나타낸다. |
| 크기 | 글자 워터마크의 글자 크기를 25pt부터 254pt까지 지정할 수 있으며, 기본값은 40.0pt이다. |
| 각도 | 글자 워터마크의 각도를 0부터 360까지 설정할 수 있으며, 기본값은 0이다. |

[파일]-[인쇄]-[워터마크] 탭을 지정하면 다음과 같은 [워터마크] 대화 상자가 나타난다. [그림 워터마크]는 문서의 배경으로 이미지 파일을 지정하여 나타낼 수 있다. [그림 파일]은 지정할 이미지를 [열기] 단추를 눌러서 지정할 수 있으며, [채우기 유형]은 워터마킹 할 이미지의 위치를 지정한다.

## 실습 7-1

다음 "태극기.hwp" 문서에 "태극기.jpg" 이미지 파일을 워터마크 기능으로 지정하고 미리 보기로 나타내어 보자.

> 태극기는 《주역》계사상전(繫辭上傳)에서 나와 있는 태극→양의(兩儀)→사상(四象)→팔괘(八卦)라는 우주 생성론을 나타내는 태극도라고 할 수 있다.
>
> 원이 나타나는 태극은 만물을 생성시키는 근원을 의미하며 도교에서는 태소(太素), 탄드라밀지에서는 카르마무드라라고 하며 사고의 개입이 없는 순수하고 완전한 행위를 의미하는 무아전위(無我全爲)의 우주일체가 역동적으로 움직이는 것을 상징한다.
>
> 원 안의 모양은 음양 양의를 나타내고 4 괘는 복희 선천 팔괘(伏羲先天八卦)를 대표하는 사정괘(四正卦)를 나타내는 것과 동시에 그 하효(下爻)와 중효(中爻)로 태양(太陽)·소음(少陰)·소양(少陽)·태음(太陰)이라는 사상(四象)도 나타낸다.

### 따라하기

① "태극기.hwp" 편집 문서에서 [파일]-[인쇄]-[워터마크]를 지정하고 [그림 워터마크]를 지정한 다음, [열기] 단추를 눌러서 [그림 넣기] 대화 상자에서 "태극기.jpg" 파일을 연결한다.

② 다음과 같은 옵션을 지정한다.

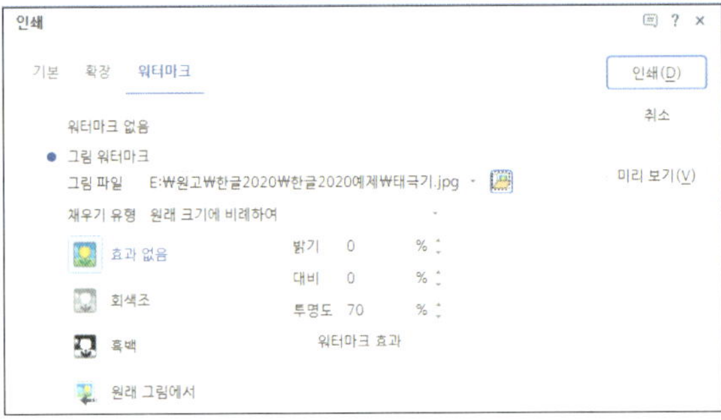


③ [미리 보기] 단추를 클릭하면 태극기 이미지가 바탕이 되어, 다음과 같은 모양의 문서가 나타난다.

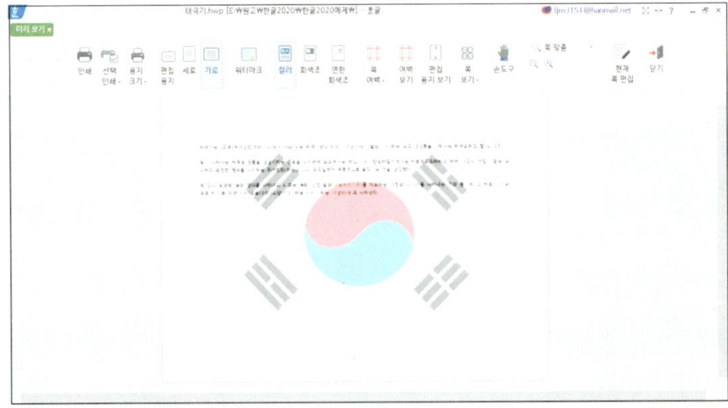

## 7.3 미리 보기

작성한 문서를 인쇄하기 전에 미리 화면으로 인쇄될 형태를 볼 수 있도록 하는 기능이다. 사용하는 방법은 [인쇄] 화면에서 [미리 보기] 단추를 누르거나, [파일]-[미리 보기]를 실행하거나 또는 도구상자의 를 누르면 문서의 내용을 화면으로 자세하게 볼 수 있다.

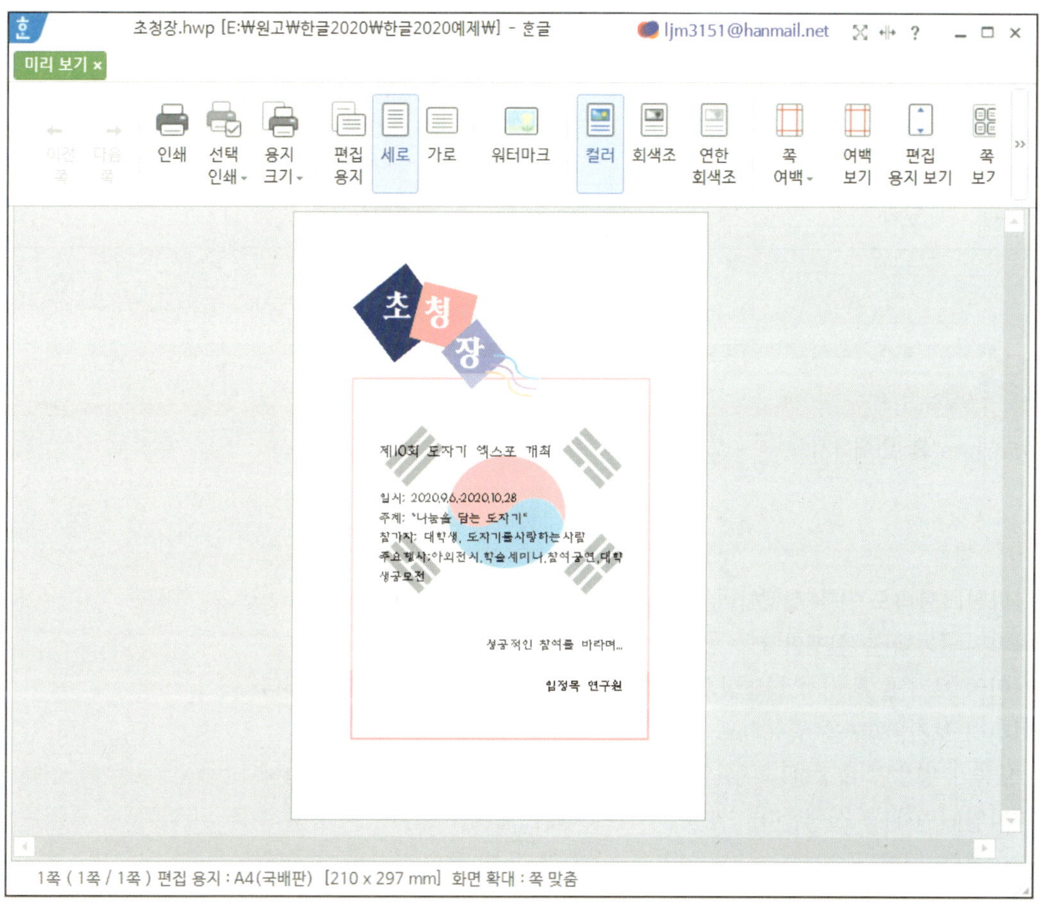

## 7.3.1 항목 설명

| | | | |
|---|---|---|---|
| | 인쇄를 시작하는 명령 | 프린터 설정에 따름 | 프린터 설정 |
| | 편집 용지 설정 | 화면 확대<br>네 쪽 보기<br>세 쪽 보기<br>두 쪽 보기<br>쪽 맞춤<br>100%<br>150%<br>200%<br>250%<br>300%<br>500% | 확대해서 보기 |
| | 여백보기 | | |
| | 편집 용지 보기 | | |
| | 쪽 맞춤 | | |
| | 마주 쪽 보기 | 취소 | 여러 쪽 보기 |
| | 현재 쪽 편집 | | |
| | 닫기 | | |

### 실습 7-2

"실습6.hwp"를 인쇄하자.

**따라하기**

① [파일]-[불러오기]를 실행하여 "실습6"을 선택하여 [열기]를 누른다.
② [파일]-[인쇄]를 실행한다.
③ [미리 보기]를 눌러서 화면상으로 미리 출력할 내용의 오류 점검을 한다.
④ [미리 보기] 화면을 종료하고 편집 화면으로 복귀한다.
⑤ 오류가 있으면 수정한 후 [파일]-[저장하기]를 누른다.
⑥ [파일]-[인쇄]를 실행한다.
⑦ [인쇄]를 누른다.

### 실습 7-3

"실습6.hwp"를 가로/세로 80%로 축소 인쇄하자.

**따라하기**

① 화면에 '실습6.hwp'를 나타낸다.

② [파일]-[인쇄]를 실행한다.
③ 확장 탭에서 '확대/축소'의 가로를 '80', 세로를 '80'으로 지정한다.
④ [인쇄]를 누른다.

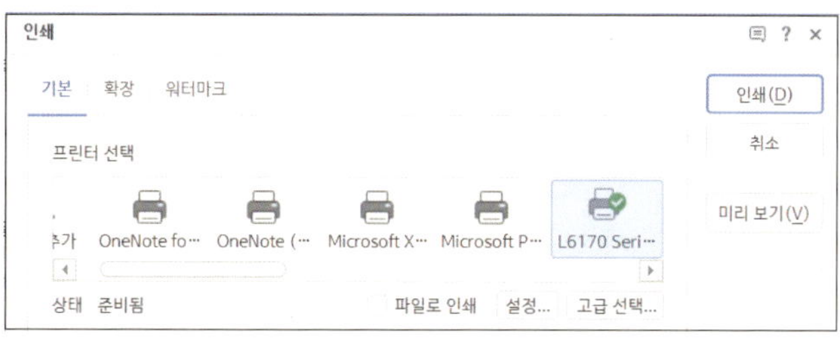


## 7.4 한글 2020에서 강화된 인쇄 기능

### 7.4.1 윈도우즈 탐색기에서 선택 인쇄

한글 프로그램을 실행하지 않아도 인쇄할 수 있다.

윈도우 탐색기에서 인쇄를 원하는 파일의 단축메뉴에서 "인쇄" 메뉴를 누르면 인쇄 대화 상자를 띄우며 선택한 문서가 프린터로 직접 출력된다.

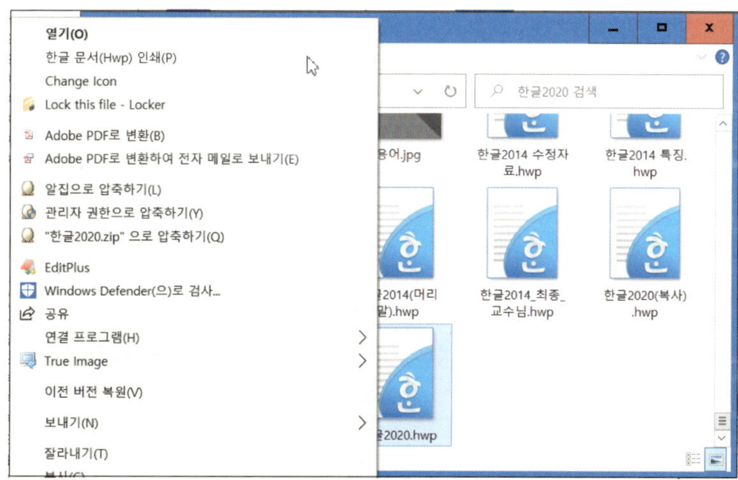


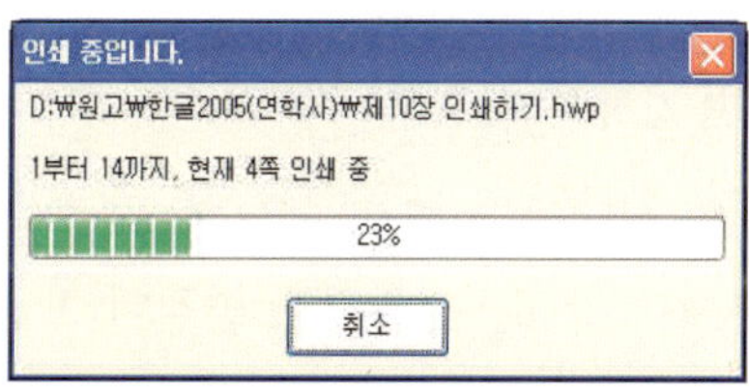

### 7.4.2 선택 인쇄에 메모 기능 추가

문서에 입력한 메모를 인쇄하고 싶지 않을 때 [인쇄] 대화 상자의 [확장] 탭에서 [선택 인쇄]의 "메모"를 해제하면 메모 내용을 제외하고 인쇄를 한다.

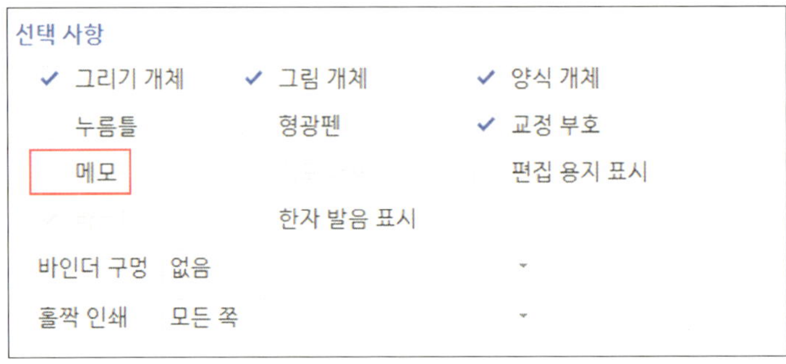


### 7.4.3 인쇄 범위에 현재 쪽과 현재 구역 추가

[현재 쪽]을 선택하고 [인쇄]를 하면, [문서 연결] 기능으로 연결한 문서 파일이 있더라도 현재 문서만 출력할 수 있다.

[현재 구역]을 선택하고 [인쇄]를 하면, 사용자가 여러 개로 구역을 나눈 문서를 불러와 인쇄할 때 커서가 놓여 있는 구역만을 출력할 수 있다.

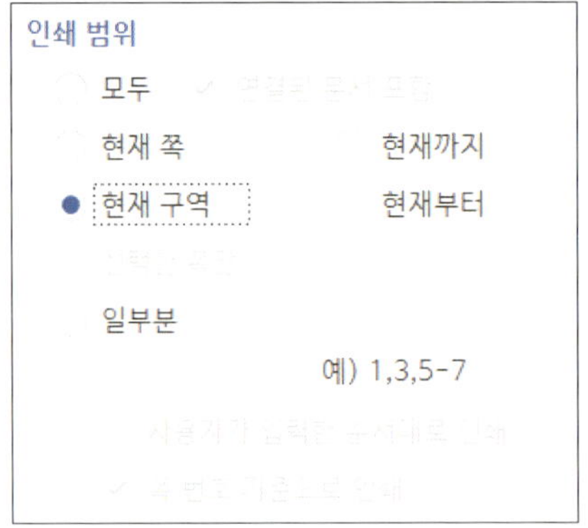


### 7.4.4 한글 인쇄 관리자를 이용한 인쇄

한글 인쇄 관리자는 한글 2020 프로그램을 실행하지 않고, 서로 다른 폴더에 있는 한글 문서를 지정하여 인쇄할 수 있는 편리한 기능이다.

윈도우 탐색기에서 인쇄할 파일을 선택하고 빠른 메뉴에서 [한글 문서 인쇄]를 선택한다. [한글 인쇄 관리자] 대화 상자를 잠시 보여 주고, 컴퓨터에 연결된 프린터로 선택한 문서가 인쇄된다.

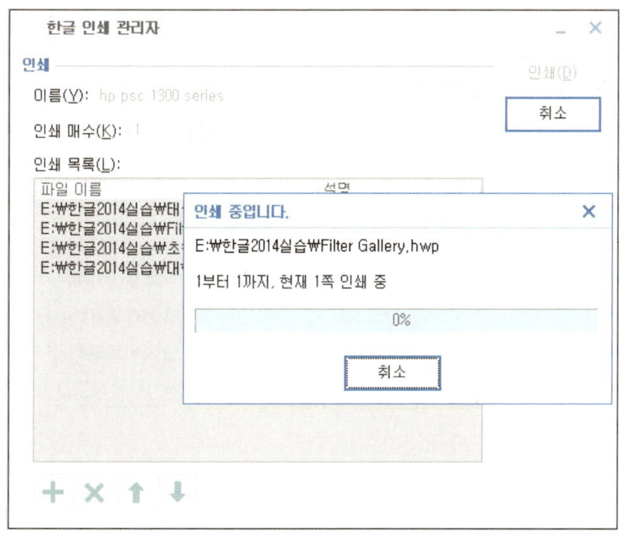


## 7.5 보내기

[보내기]란 현재 편집 중인 문서를 윈도우의 기본 메일 프로그램을 이용하여 편지의 본문이나 첨부 파일로 하여 전자 우편(E-mail)으로 보내고, 또한 직접 웹 브라우저에 나타나게 할 수 있는 기능이다.

전자 우편으로 보내기에서 웹 메일(daum, naver)이 아닌 마이크로소프트사의 Outlook 형태의 기본 메일이 등록되어 있어야 한다.

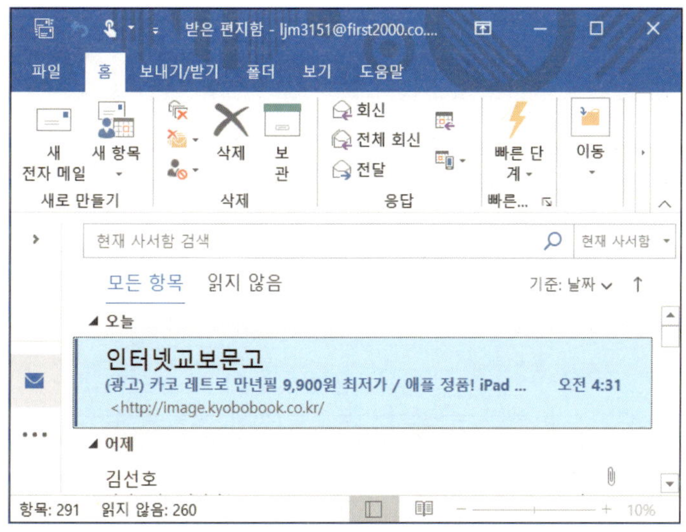

### 7.5.1 편지 보내기

편지 보내기는 전자 우편으로 보내기 기능으로 본문으로 보내거나 파일 첨부 문서로 보낼 수 있는 2가지 종류가 있다.

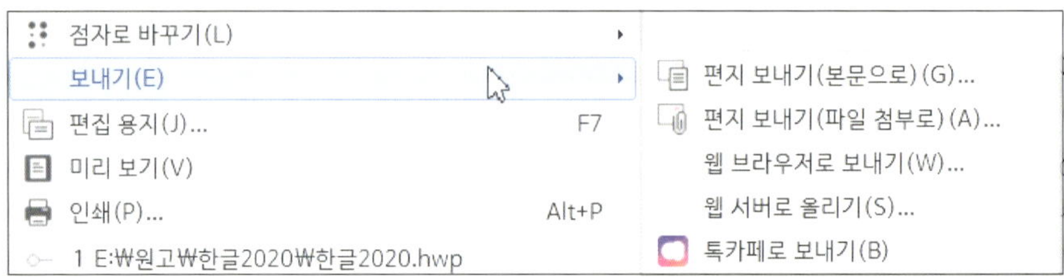


[파일]-[보내기]-[편지 보내기(본문으로)]를 지정하면 다음과 같이 문서 코드를 선택해야 하는데 일반적으로 [한국(KS)]를 지정하고 [확인]을 누르면 기본 메일로 설정된 MS OutLook 메일 전송 프로그램이 실행되어 나타나고, Mail-id와 제목을 입력하고, [보내기] 단추를 클릭하면 해당 메일이 전송된다.

[파일]-[보내기]-[편지 보내기(파일 첨부로)]를 지정하면 마찬가지로 메일을 보낼 수 있으며, 한글 문서는 첨부 파일로 지정되어 전송된다.

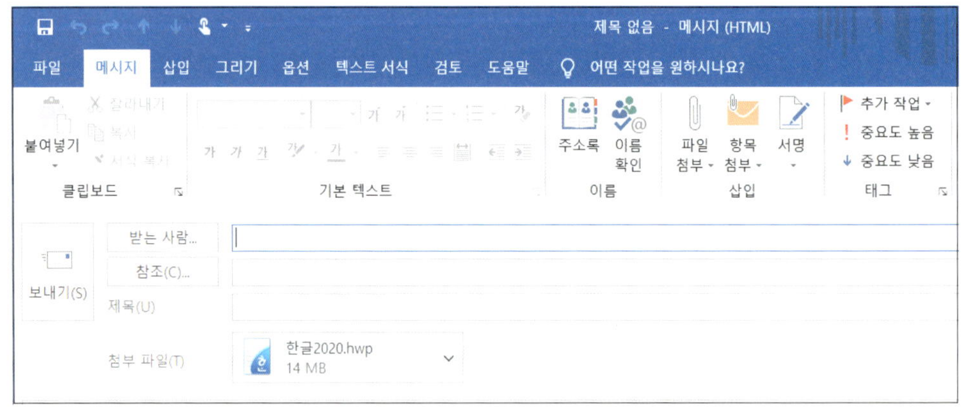

### 7.5.2 배포용 문서 저장

배포용 문서는 상대방에서 파일을 전송 또는 복사할 경우 편집을 제한하여 문서의 내용을 고치지 못하고 단지 확인만 할 수 있도록 하는 기능으로 배포용 문서로 저장 기능이다.

[보안]-[배포용 문서로 저장하기]를 지정하면 배포용 문서를 저장하기 위한 대화 상자가 나타나고 암호를 입력하고 [저장] 단추를 누르면 인쇄 또는 복사를 제한할 수 있다.

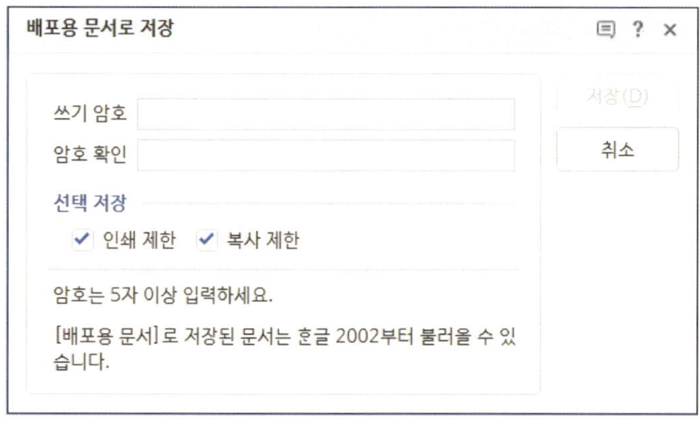


배포용 문서는 필요에 따라 쓰기 암호를 이용하여 일반 문서로 변환할 수 있다.

### 7.5.3 파일로 인쇄

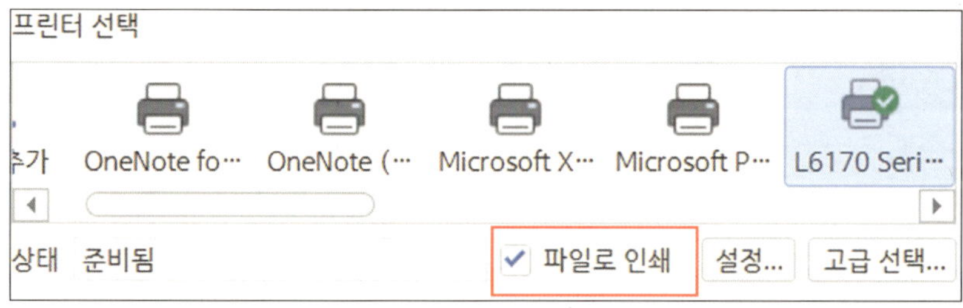


프린터로 인쇄되는 결과를 종이에 찍지 않고 *.prn 형식의 파일로 디스크에 저장한다. 저장된 파일을 윈도우즈 cmd 창에서 바로 프린터로 출력하면 한글 프로그램이 설치되어 있지 않은 시스템에서도 한/글에서 인쇄한 것과 똑같은 결과물을 얻을 수 있다.

#### (1) * prn 파일 만들기

한글에서 화면에 있는 문서를 파일로 인쇄하기 위하여 [파일]-[인쇄]를 실행한다. [인쇄] 대화 상자가 나타나면 [기본] 탭의 [파일로 인쇄]를 선택한 다음 [인쇄]를 누르면 [다른 이름으로 저장] 대화 상자가 나타나고, [파일 이름]을 입력하여 저장한다.

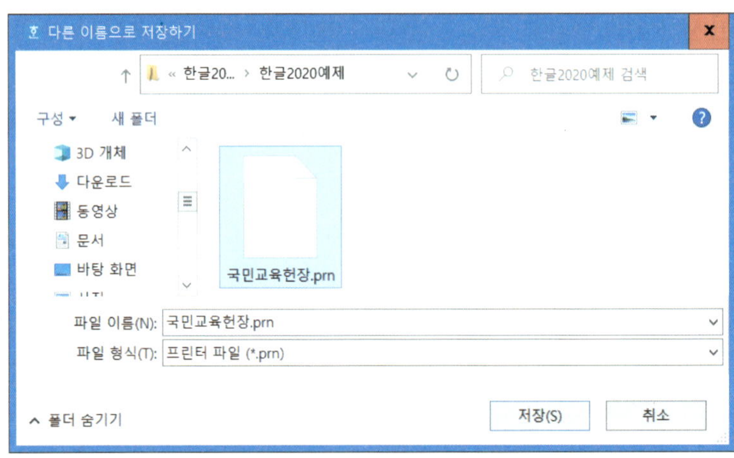


### (2) * prn 파일 인쇄하기

윈도우즈에서 cmd 창을 열고, .prn 파일이 들어 있는 폴더로 이동하고, 다음과 같이 입력한다.

```
c:> copy [인쇄할 *.prn 파일 이름] [인쇄할 포트]
```

*.prn 파일이 지정한 포트에 연결된 프린터로 인쇄된다.

제8장

# 자주 사용되는 고급 기능

## 8.1 글맵시

글맵시란 글자에 꾸밈이나 묘사를 부여하는 것으로서 글자 모양을 여러 모양으로 변형시켜 특수한 효과를 얻는 기능을 의미한다.

글맵시는 윈도우즈에서 OLE(Object Linking Embedding) 기법을 이용하여 그림의 형태로 문서에 글자 형태를 사용자가 원하는 멋있는 글꼴로 변형하여 나타내는 결과를 가져온다.

글맵시 기능을 사용하기 위해서는 [입력] - [개체]-[글맵시] 또는 글맵시 아이콘( )을 누르면 [글맵시 개체 만들기] 대화 상자가 나타난다.

내용에 작성할 글맵시 내용을 입력하고 [설정] 단추를 누르면 기본적으로 해당 문자의 글맵시가 다음과 같이 나타난다.

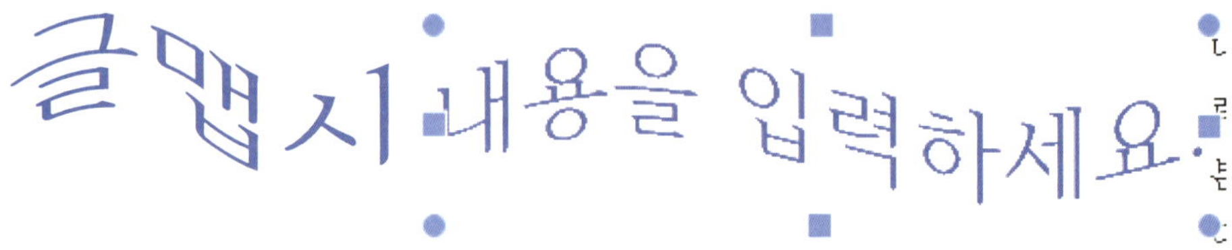

글맵시를 지정하고 한글 문서에 밀어넣기 위해서는 다음과 같은 순서대로 처리한다.

① 글맵시에 나타낼 문장을 내용편집 대화 상자에서 입력한다.

② 글맵시 도구상자의 각종 표현하고자 하는 기능을 설정한다.

③ 글맵시 지정 영역 이외의 바탕 화면을 클릭하면 반영되어 나타난다.

### 8.1.1 글맵시 개체 도구상자

글맵시를 지정하면 기본적인 내용과 함께 도구상자가 나타나며, 이때 나타내기 위한 글자를 입력하고 다음 각종 도구 단추를 이용하여 모양을 변경하고, 속성을 부여한다.

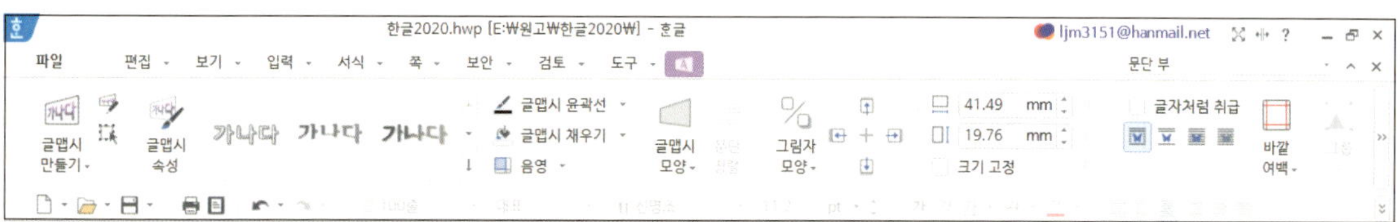


글맵시 개체 도구상자의 아이콘에 대한 간단한 설명은 다음과 같다.

| 아이콘 | 제목 | 기능 설명 |
|---|---|---|
| | 내용 편집 | 글맵시의 개체 만들기 대화 상자가 나타난다. |
| | 글맵시 모양 | 글맵시 모양 종류 테이블이 나타난다. |
| | 문단 정렬 | 글맵시 2줄 이상 문장의 문단을 정렬한다. |
| | 글맵시 그림자 | 글맵시의 그림자와 외곽선을 지정한다. |
| | 글맵시 색상 변경 | 글맵시를 글자 색상을 변경한다. |
| | 글맵시 90° 회전 | 글맵시를 시계방향으로 90° 회전한다. |

### 8.1.2 내용 편집

글맵시의 내용을 편집하기 위해 글맵시를 더블클릭하면 다음 그림과 같은 개체 속성의 글맵시 탭 대화 상자가 나타난다.

글맵시 탭에서 목록 상자의 내용, 글꼴, 줄 간격, 글자 간격, 글맵시 모양을 지정한 다음 [설정] 단추를 누른다.

### 8.1.3 도형 변경

[글맵시 모양] 단추를 누르면 다음과 같은 글맵시의 모양을 적용하기 위한 도형 테이블이 나타난다. 해당 도형 모양을 지정하면 곧바로 모양이 변경되어서 나타난다.

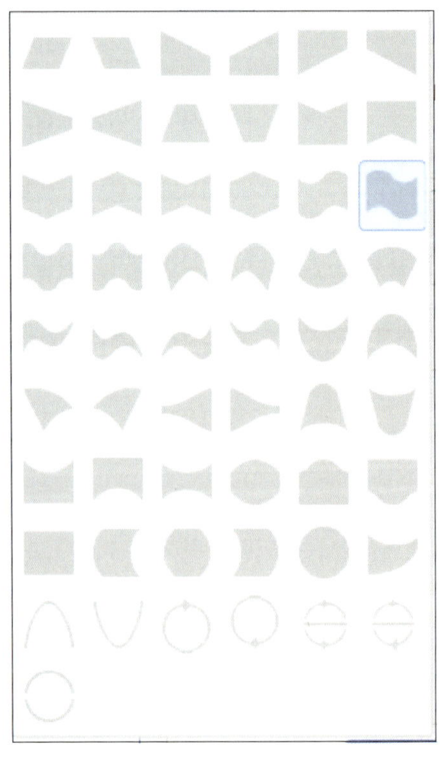

## 8.1.4 색과 그러데이션 효과

글맵시의 색과 그러데이션 효과 대화 상자가 나타나고 원하는 모양을 선택할 수 있다. 기본적으로 작성된 글맵시를 마우스 오른쪽 단추를 눌러서 [개체 속성]-[채우기]-[그러데이션]을 선택하면 다음과 같은 대화 상자가 나타난다.

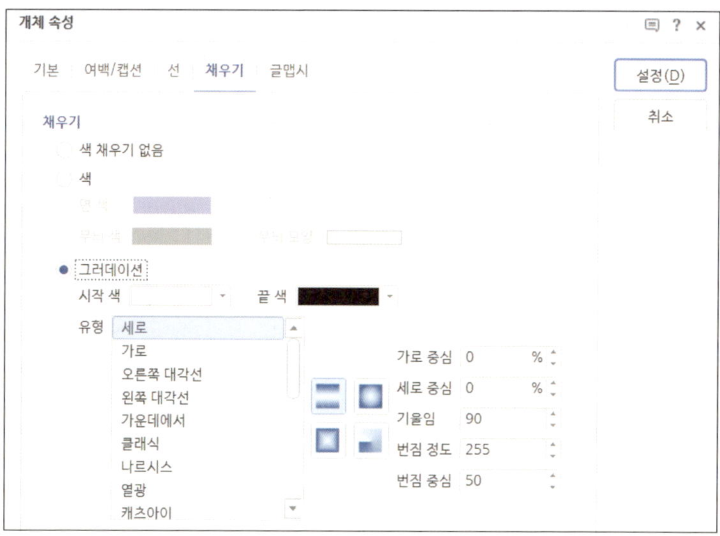


채우기 효과에서는 무늬 색, 무늬 모양, 그러데이션, 그림 파일을 글자 모양에 적용하여 나타낼 수 있다.

## 8.1.5 글맵시 회전

글맵시 내용을 글맵시 (회전 도구)를 이용하여 직접 마우스로 눌러서 좌우로 드래그하여 회전하여 나타낼 수 있다.

## 실습 8-1

다음 예문을 보고 글맵시 기능을 이용하여 문장을 작성하여 보기로 한다.

### 선택 기능

| 글꼴 | 줄간격 | 글자간격 | 글맵시 모양 | 외각선 | 그림자 | 폭 | 높이 | 회전 |
|---|---|---|---|---|---|---|---|---|
| 굴림체 | 120 | 100 | ■ | — | 없음 | 60 | 15 | 0 |

끊임없이노력하겠습니다

### 선택 기능

| 글꼴 | 줄간격 | 글자간격 | 글자 모양 | 외각선 | 그림자 | 폭 | 높이 | 회전 |
|---|---|---|---|---|---|---|---|---|
| 샘물 | 120 | 100 | ⬢ | — | 비연속<br>(2%,2%) | 65 | 15 | 0 |

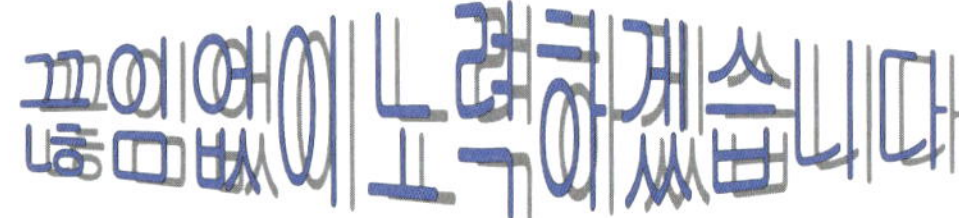


### 따라하기

① 글맵시 내용을 입력할 곳으로 커서를 이동시켜 놓는다.
② [입력]-[개체]-[글맵시]를 실행한다.
③ "끊임없이 노력하겠습니다"라고 내용을 입력한다.
④ 글맵시 종류에서 의 모양을 선택한다.
⑤ 개체 속성에서 그림자를 비연속(2%,2%), 크기를 가로 65, 세로 15로 지정한다.
⑥ 내용 대화 상자의 [확인]을 눌러서 글맵시를 종료한다.

## 실습 8-2

다음 예문을 보고 글맵시 기능을 이용하여 문장을 작성하여 보기로 한다.

**따라하기**

① 글맵시 내용을 입력할 곳으로 커서를 이동시켜 놓는다.

② [입력]-[개체]-[글맵시]를 실행한다.

③ "항상 가정에 행복이 가득하길 바랍니다."라고 내용을 입력한다.

④ 글맵시 종류에서 ◯의 모양을 선택한다.

⑤ 크기를 가로 50, 세로 50으로 지정한다.

⑥ 내용 대화 상자의 [확인]을 눌러서 글맵시를 종료한다.

## 실습 8-3

다음 예문을 보고 글맵시 기능을 이용하여 모양을 만들어 보기로 한다.

따라하기

① 글맵시 내용을 입력할 곳으로 커서를 이동시켜 놓는다.
② [입력]-[개체]-[글맵시]를 실행한다.
③ "대한민국~"라고 내용을 입력한다.
④ 글맵시종류에서 [아이콘]의 모양을 선택한다.
⑤ 크기를 가로 60, 세로 40으로 지정한다.
⑥ 내용 대화 상자의 [확인]을 눌러서 글맵시를 종료한다.

## 8.2 스타일

스타일은 글자 모양, 문단 모양, 탭 설정과 같은 양식을 하나의 스타일 이름 아래 설정해 두었다가 필요할 때 그 스타일 이름을 선택하면 해당 문단의 글자 모양, 문단 모양, 탭 설정을 한꺼번에 설정할 수 있는 기능이다.

긴 글을 작성할 경우 일관성 있는 모양을 유지할 수 있으며 편집 작업 시간을 줄일 수 있다.

### 8.2.1 스타일 적용하기

문서 작성시 문단별로 글자 모양과 문단 모양을 일일이 지정하였지만 스타일을 이용하면 한 번의 단축키로 지정할 수 있다.

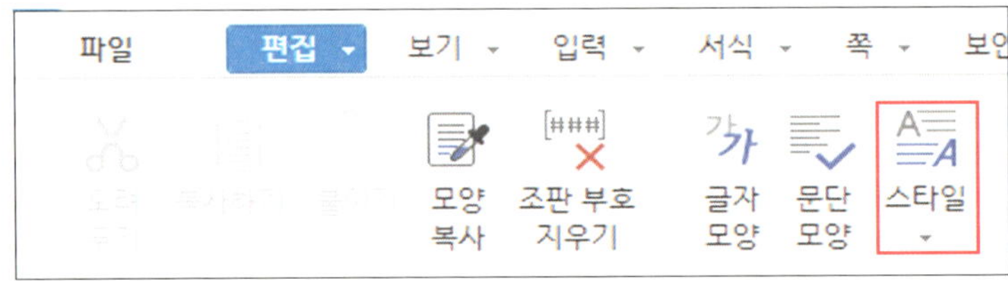


사용법은

① 모양을 변경하고자 하는 문단에 커서를 이동시킨다.
② [서식]-[스타일], F6, 또는 도구상자의 [아이콘]를 실행한다.
③ 원하는 스타일 목록을 클릭하고 [지정] 단추를 누른다.

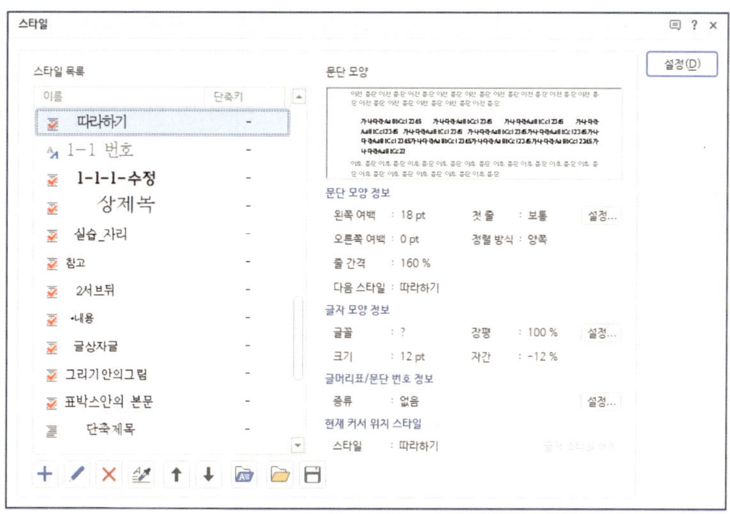


다음은 옵션 메뉴에 나타난 기능 아이콘의 설명은 다음과 같다.

| 아이콘 | 내용 설명 | 아이콘 | 내용 설명 |
|---|---|---|---|
| | 스타일 추가하기 | | 스타일 편집하기 |
| | 스타일 지우기 | | 현재 모양으로 바꾸기 |
| | 한 줄 위로 이동하기 | | 한 줄 아래로 이동하기 |
| | 스타일 가져오기 | | 스타일 내보내기 |

## 8.2.2 스타일 편집

스타일 편집이란 현재 지정된 문단 및 글꼴의 지정형태를 사용자가 원하는 스타일 속성으로 바꾸어 주는 기능을 말한다.

스타일 편집을 위해서 지정할 스타일 대화 상자 화면에서 바꾸고자 하는 스타일을 선택한 후 편집( ) 단추를 선택하면 다음과 같은 스타일 편집 화면이 나타난다.

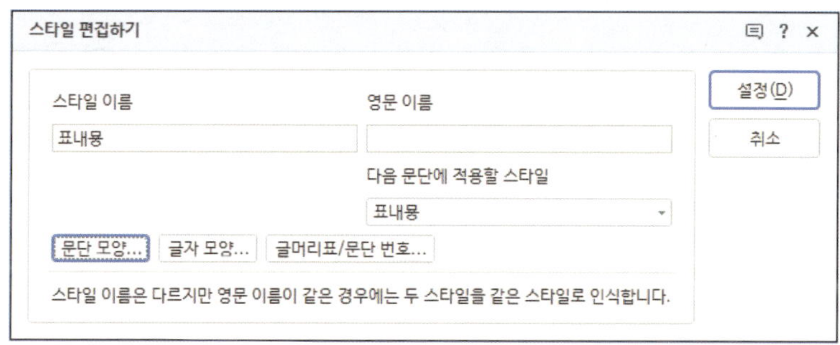

여기에서 편집하고자 하는 [문단 모양] 및 [글자 모양] 단추를 누르면 해당 화면이 나타나서 사용자가 원하는 스타일을 수정할 수 있으며, 다음 편집이 끝난 후에 스타일 편집 화면으로 돌아와서 스타일 이름을 등록한 후 [설정] 단추를 누르면 새로운 스타일로 정의되어 등록 또는 편집 수정된다.

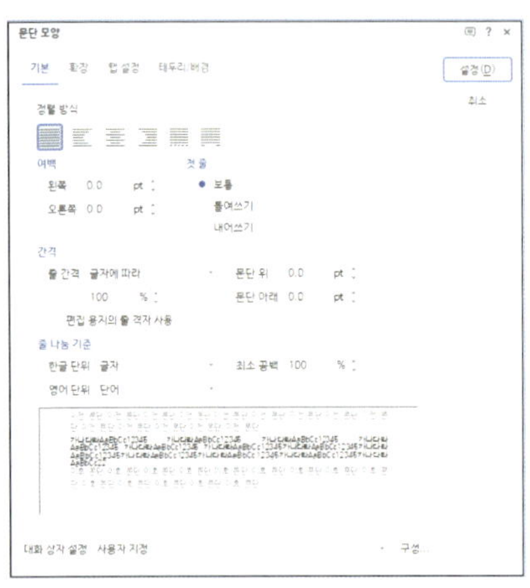

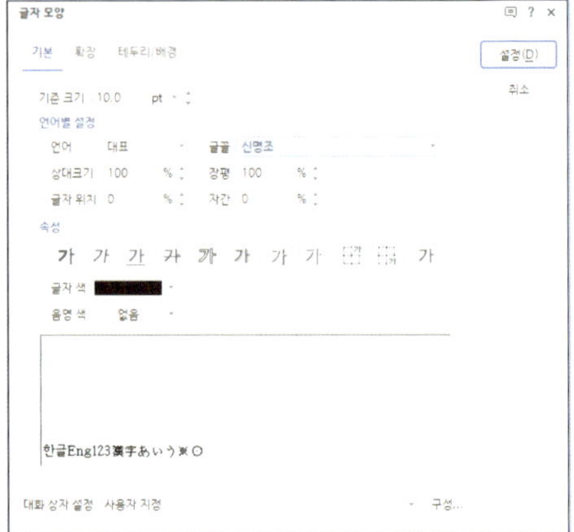

### 8.2.3 새 스타일 만들기

새 스타일 만들기란 현재 지정된 스타일 형태 이외에 사용자가 임의로 지정한 별도의 스타일을 추가하여 지정하는 기능을 말하며, 추가(+) 단추를 누르면 다음과 같은 스타일 추가하기 대화 상자가 나타난다.

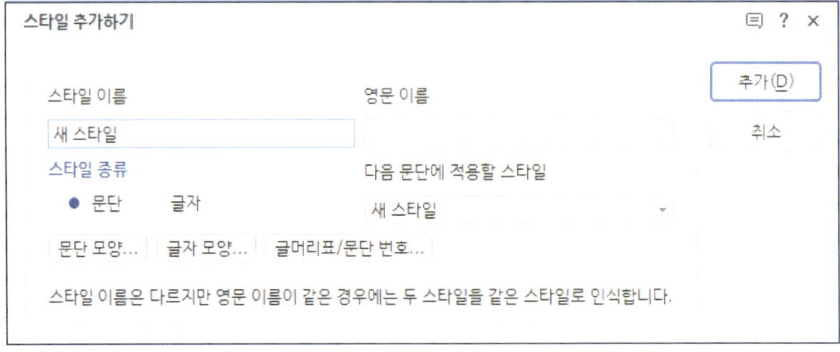


위의 입력 상자에 새 스타일 이름을 등록하고 만들기 [추가] 단추를 누르면 현재 커서가 위치한 문단의 글자 모양 및 문단 모양의 형태가 스타일로 지정되어 등록된다.

## 실습 8-4

다음 조건을 스타일 목록에 '대한민국스타일'이라는 이름으로 새로운 스타일을 등록하여 보기로 한다.

스타일 이름 : 대한민국스타일
문단 모양 : 왼쪽 여백 5, 오른쪽 여백 5, 줄간격 130
글자 모양 : 굴림체, 15포인트
문단 테두리 : 지정 안 함

### 따라하기

① 스타일 목록을 먼저 호출하기 위해 [서식]-[스타일]을 선택하거나 F6을 누르면 스타일 지정 화면이 나타난다.

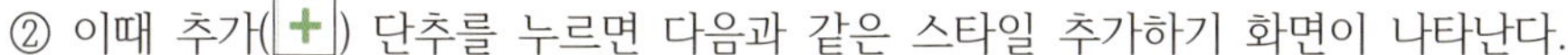

② 이때 추가(+) 단추를 누르면 다음과 같은 스타일 추가하기 화면이 나타난다.

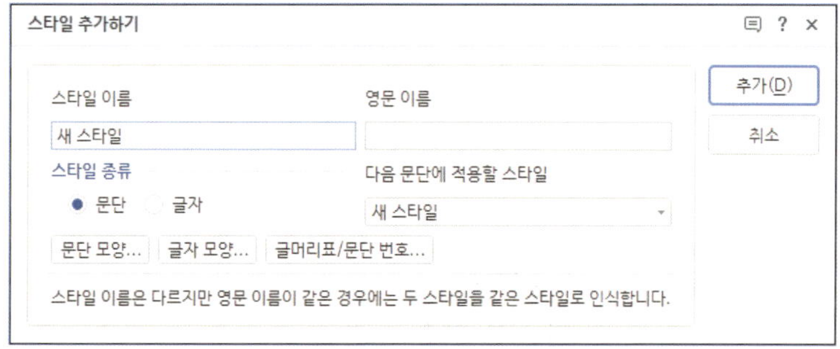


③ 여기에서 새 스타일 이름을 "대한민국스타일"이라고 입력한 다음 [추가] 단추를 누른다(만약 같은 이름으로 등록되어 있으면 다음과 같은 경고 메시지가 나타난다.).

④ [추가] 단추를 누른 후에 스타일 화면에 다음과 같이 '대한민국스타일'로 등록되어 나타나고 현재의 위치에서 [편집] 단추를 클릭한다.

⑤ [편집] 단추를 클릭하면 다음과 같은 스타일 편집하기 대화 상자가 나타나고, 이때 문단 모양과 글자 모양을 등록한 후 설정 단추를 누르면 '대한민국스타일'의 속성이 등록된다.

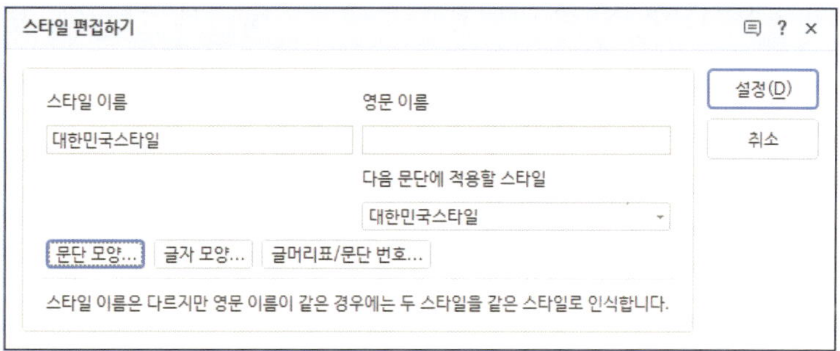

## 8.3 글자 겹치기

글자 겹치기란 한글 2020에서 나타내는 글자 중에서 나타낼 수 없는 글자를 기존에 나타난 글자로 겹치게 하여 사용자가 원하는 문자를 나타낼 수 있는 특수한 기능이다.

글자 겹치기를 나타내기 위해서는 [입력]-[입력 도우미]-[글자 겹치기]를 선택하면 다음과 같이 글자 겹치기 대화 상자가 나타난다. 겹쳐 쓸 글자는 최대 9자까지 겹치기가 가능하다.

문서를 편집하거나 작성할 때 주로 많이 사용하는 기호는 ①, ②, ③ 등등의 기호를 많이 사용한다. 그러나 ⑯, ⑰ 등의 기호는 문자표에 등록되어 있지 않으므로 이 기능을 모를 때 나타낼 수 없는 상태가 된다.

모양 안에 글자 겹치기 : [겹쳐 쓸 글자]에 입력한 글자가 같은 위치에 모두 겹쳐진다.

[글자 겹치기-겹쳐 쓸 글자]에 공백 문자(Spacebar)는 사용할 수 없습니다.

실습 8-5

⑯ 문자를 글자 겹침의 방법으로 나타내 보자.

① 먼저 글자 겹침 문자를 나타내기 위하여, [입력]-[입력 도우미]-[글자 겹치기]를 선택하면 [글자 겹치기] 대화 상자가 나타나고 겹쳐 쓸 글자의 입력 상자에 마우스 포인터를 위치한 다음 오른쪽 단추를 누르면 글자 겹침 단축 메뉴가 나타난다.

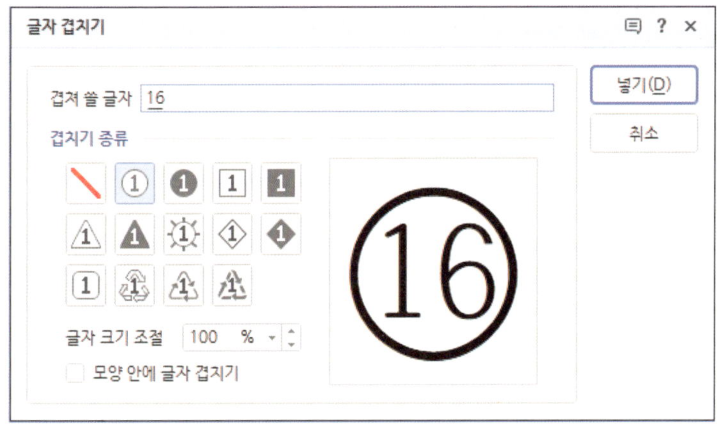


② 작성할 모양 유형을 지정하고 겹쳐 쓸 글자 칸에 16을 입력하고 [넣기] 단추를 누르면, ⑯이 나타난다.

## 8.4 개요 번호

개요 번호란 문서를 편집하기 전에 글의 내용과 방향을 설정하기 위해 작성하는 목차나 요약을 말한다.

개요 번호를 설정하기 위해서는 [서식]-[개요 번호 모양]을 선택하거나 (Ctrl + K O)를 누르면 그림과 같은 개요 번호 모양 화면이 나타난다.

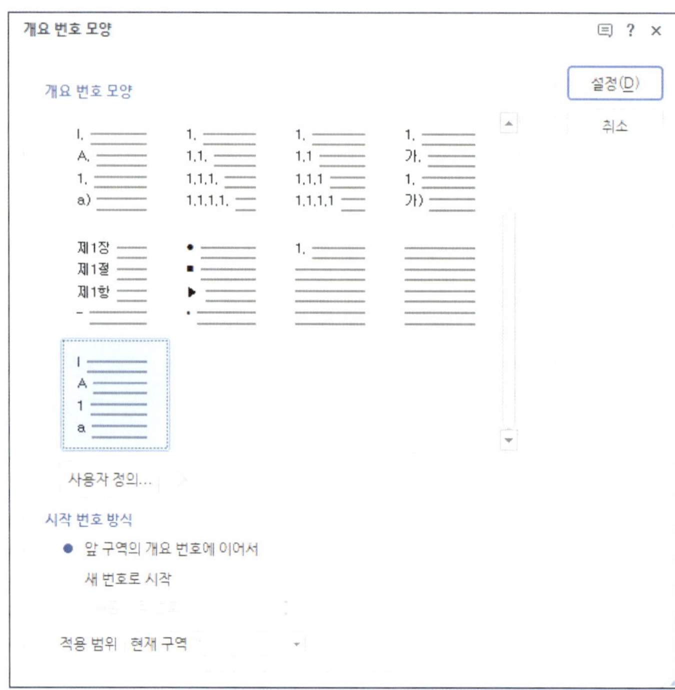


개요 번호 목록에 나타난 종류 중에서 원하는 것을 선택하고 [설정] 단추를 누르면 해당 개요 형식이 지정된다.

개요 목록을 나타내기 위해 Ctrl + Insert를 누르면 해당 개요 번호가 편집 문서의 위치에 나타나며, 해제할 경우 같은 단축키를 누르면 해제된다.

개요 번호를 증가하거나 감소하기 위해 Ctrl + + 또는 Ctrl + -를 누르거나 도구상자의 단추를 누르면 단계별 번호들이 나타난다.

개요 번호를 삭제하려면 개요 번호를 넣은 문단에 커서를 놓고 [서식]-[개요 적용/해제]를 실행한다.

## 실습 8-6

다음 개요 번호를 지정하고, 해당 개요 번호를 편집 화면에 나타낸 다음 이를 증가시켜서 다음 단계의 개요 번호를 나타내고자 한다.

### 처리 순서

① 다음과 같은 개요 번호의 단계를 설정한다.

```
1.
  1.1
    1.1.1
```

② 단계를 설정하기 위해 [서식]-[개요 번호 모양]을 선택하고 1, 1.1, 1.1.1 개요 번호를 설정한다.

③ 위의 단계와 같은 형태를 아래 화면에 나타난 목록과 같이 지정한다.

④ 개요 번호를 나타내기 위해 Ctrl+Insert를 누르면 첫 번째 개요 번호인 1.이 나타난다.

⑤ 단계를 올리기 위해 [한 수준 감소(C) Ctrl+Num +]를 지정하면 1.1의 번호가 나타난다. 다시 [한 수준 감소(C) Ctrl+Num +]를 지정하면 1.1.1의 번호가 바뀌어서 나타난다.

## 8.5 정렬

정렬이란 편집 문서의 일부분의 특정한 기준에 의해 오름차순 또는 내림차순으로 재정렬하여 다시 나타내어 주는 기능을 말한다. 정렬 대상 영역을 블록으로 지정하고, [편집]-[정렬]을 클릭하면 다음과 같이 정렬 대화 상자가 나타난다.

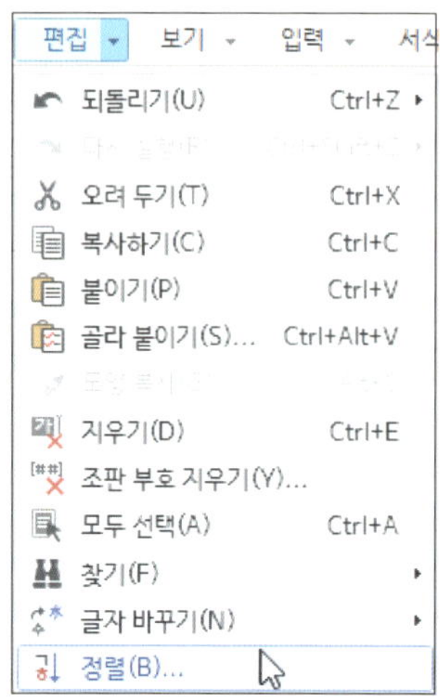


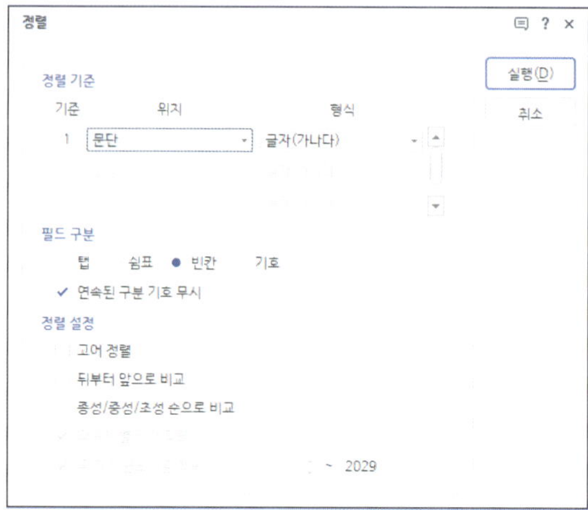


정렬을 처리하기 위한 순서는 다음과 같다.

① 정렬하기 위한 영역을 블록으로 설정한다.

② 블록을 설정할 때 정렬의 기준이 되는 영역을 블록의 시작 지점으로 지정한다.

③ 다음 [편집]-[정렬]을 선택한다.

④ 기준, 순서, 방법, 비교 방향을 지정한다.

⑤ [실행] 단추를 누르면 정렬 기준에 의해 순서가 정렬된다.

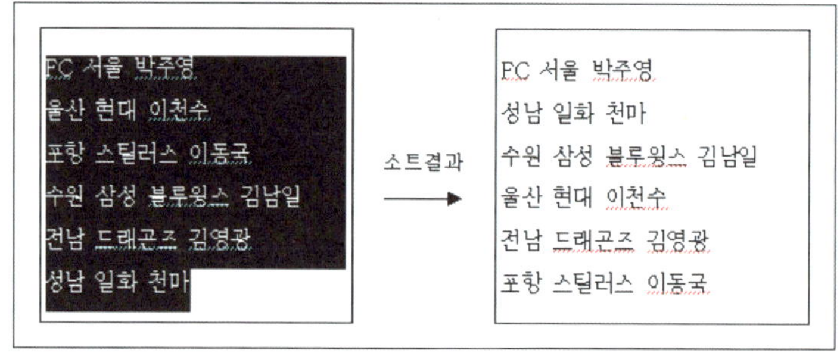

## 실습 8-7

다음 목록들을 성명의 가나다 순으로 정렬하여 재배치하여 보기로 한다.

| 업체코드 | 종업원 수 | 대표자 성명 | 년 거래 실적 |
|---|---|---|---|
| A04 | 12 | 이정재 | 21,500 |
| A18 | 9 | 이준기 | 25,120 |
| A11 | 60 | 김장훈 | 125,300 |
| A01 | 10 | 윤도현 | 75,120 |
| A12 | 29 | 이성재 | 82,120 |

### 처리 순서

① 대표자의 성명을 가나다라 순으로 분류하여 재정렬하고자 한다.

② 업체코드인 'A04'의 'A' 자를 위치로 '년 거래 실적' 아래까지 블록으로 설정한다.

| 업체코드 | 종업원 수 | 대표자 성명 | 년 거래 실적 |
|---|---|---|---|
| A04 | 12 | 이정재 | 21,500 |
| A18 | 9 | 이준기 | 25,120 |
| A11 | 60 | 김장훈 | 125,300 |
| A01 | 10 | 윤도현 | 75,120 |
| A12 | 29 | 이성재 | 82,120 |

③ 이제, [편집]-[정렬]을 선택하면 다음과 같은 정렬 지정 화면이 나타난다.

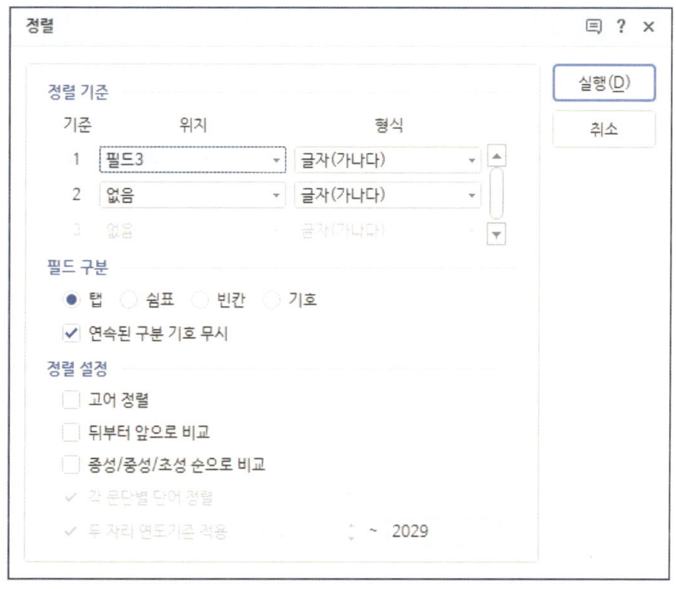

④ 정렬 목록을 지정하고 기준을 "대표자 성명"인 [필드3]을 선택하여 주고 [실행] 단추를 누르면 성명이 가나다라 순으로 재배열되어 다음과 같은 목록으로 나타난다.

| 업체코드 | 종업원 수 | 대표자 성명 | 년 거래 실적 |
|---|---|---|---|
| A11 | 60 | 김장훈 | 125,300 |
| A01 | 10 | 윤도현 | 75,120 |
| A12 | 29 | 이성재 | 82,120 |
| A04 | 12 | 이정재 | 21,500 |
| A18 | 9 | 이준기 | 25,120 |

## 8.6 사전 기능 소개

사전 기능이란 문서의 편집시 영어 단어 또는 한자 및 유의어/반의어를 사전을 찾는 것과 마찬가지로 한글 2020 자체에서 쉽게 찾아주는 기능을 말한다. [검토] 메뉴에서 사전은 대표적으로 다음과 같이 세 가지 종류로 구분되어 있다.

| | |
|---|---|
| 한컴 사전(H)... | F12 |
| 한자 사전(J)... | Shift+F9 |
| 유의어/반의어 사전(T)... | Ctrl+F12 |

### 8.6.1 한컴 사전

한컴 사전은 한글 2020 프로그램과는 별도로 독립되어 실행할 수 있다. 프로그램을 설치하면 윈도우즈 바탕화면에 아이콘으로 나타나며 더블클릭하거나 대상 문자에 커서를 위치한 다음 [도구]-[한컴 사전]이나 F12를 지정하면 [한컴 사전] 대화 상자가 나타난다.

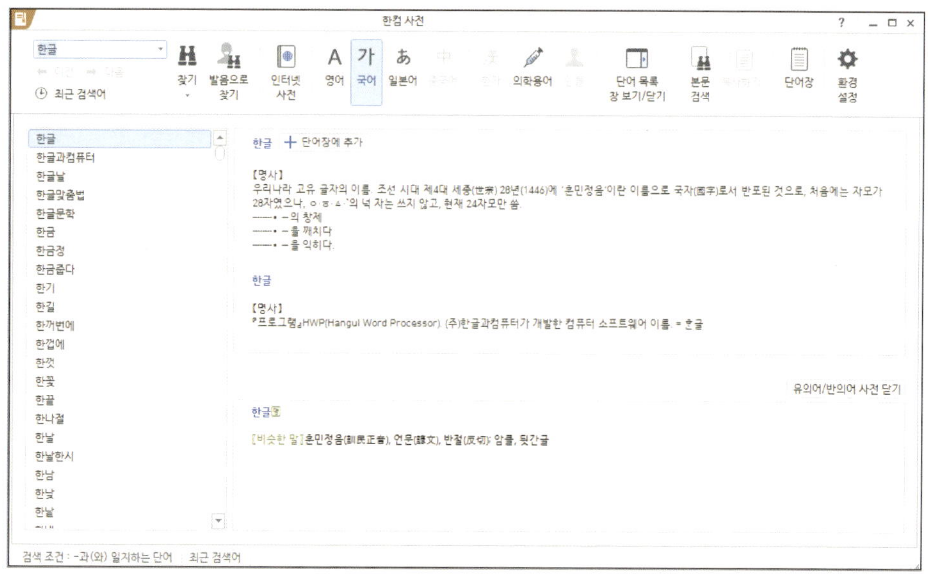

한컴 사전 대화 상자에서 왼쪽 위의 입력 상자에 단어를 입력하거나 한글 2020의 편집 화면에서 마우스로 입력된 단어를 지정하면 곧바로 해당 사전 내용이 나타난다.

### 8.6.2 한자 사전

편집 문서에서 변환한 한자의 뜻풀이를 보기 위한 기능으로 Shift+F9에 의해 나타내어진다.

먼저 확인하고자 하는 한자의 마지막 단어에 커서를 위치하고 Shift+F9를 누르면 해당 한자의 한자 사전이 나타난다.

'漢字'라는 단어의 한자 사전이 나타난 모양이다.

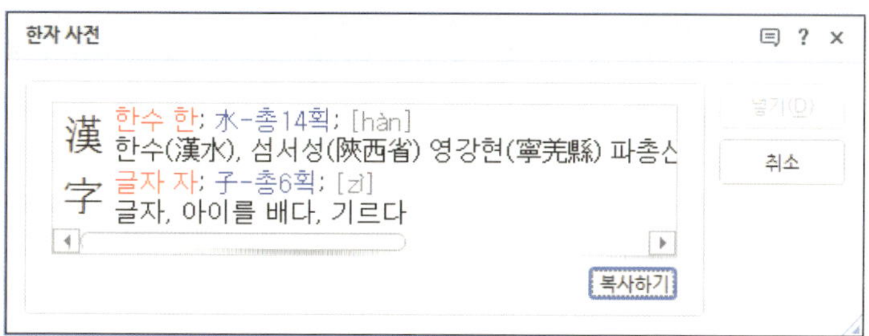


### 8.6.3 유의어/반의어 사전

편집 문서에서 원하는 낱말에 대한 비슷한 말, 반대말, 참고할 말 등을 알려주는 기능을 말한다.

먼저 [도구]-[유의어/반의어 사전]을 선택하거나 Ctrl+F12를 누르면 유의어 사전의 화면이 나타난다.

'착하다'란 단어의 유의어를 찾아보기로 하여 기초의 단어 끝에 커서를 놓고 Ctrl+F12를 누르면 다음과 같은 유의어 사전의 화면이 나타난다.

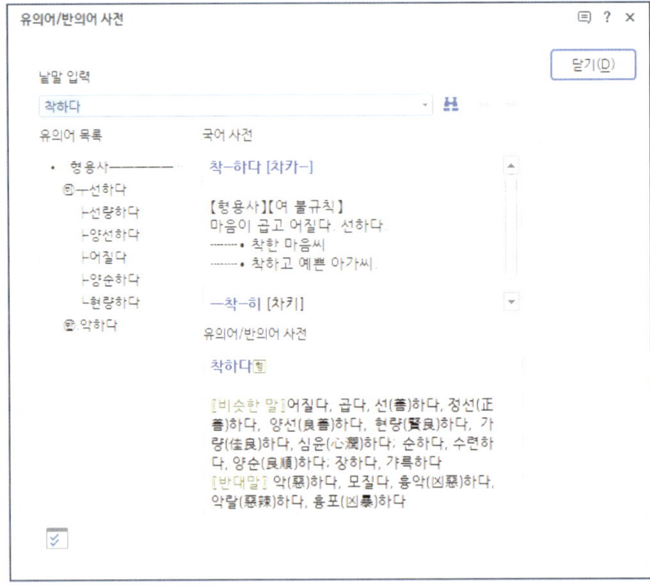


## 8.7 맞춤법 검사

맞춤법 검사란 편집된 문서의 맞춤법에 어긋난 낱말 표준말이 아닌 낱말, 띄어쓰기가 잘못된 낱말을 찾아서 사용자의 선택으로 교정하여 주는 편리한 기능이다.

맞춤법 검사를 처리하기 위해 커서를 시작 위치에 지정한 다음 [도구]-[맞춤법]을 선택하거나 F8을 누르거나, 맞춤법 아이콘(가나다)을 누르면 다음과 같은 맞춤법 검사 시작 화면이 나타난다.

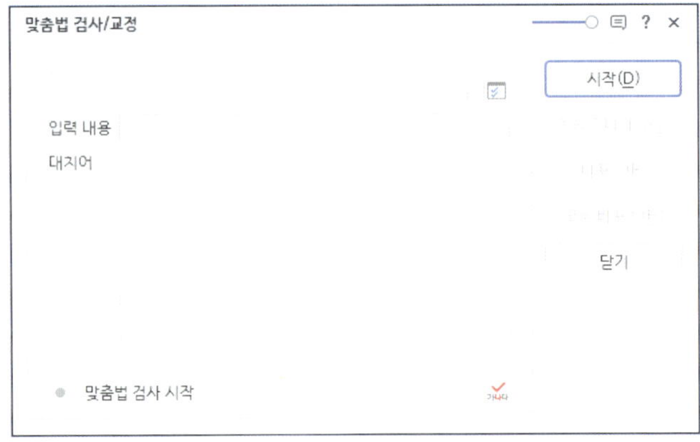

이 화면에서 [시작] 단추를 누르면 현재 커서가 위치한 곳부터 맞춤법 검사를 실행한다.

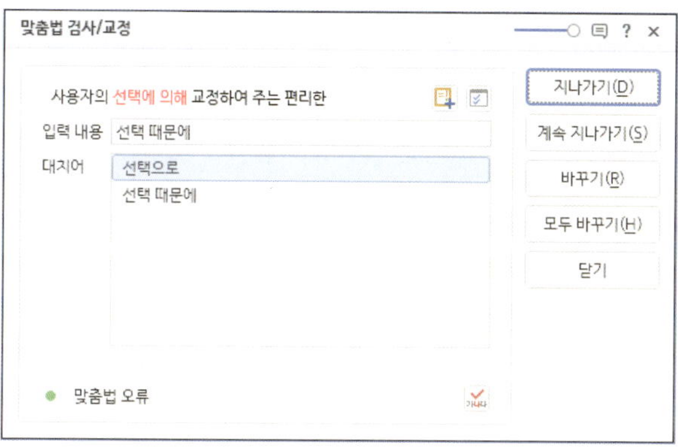


맞춤법 검사 실행 중 틀린 부분이 나타나면 '대치어'가 입력 상자에 나타난다.

이때 바꾸기 위한 단어의 종류가 나타나고, 이 중 바꿀 단어를 선택한 후, [바꾸기] 단추를 누르면 '바꿀 말' 입력 상자에 나타난 단어로 바꾸어 편집하고, [지나가기] 단추를 누르면 바꾸지 않고 지나가 버린다. 모든 맞춤법 검사가 끝나면 다음과 같은 종료 화면이 나타난다.

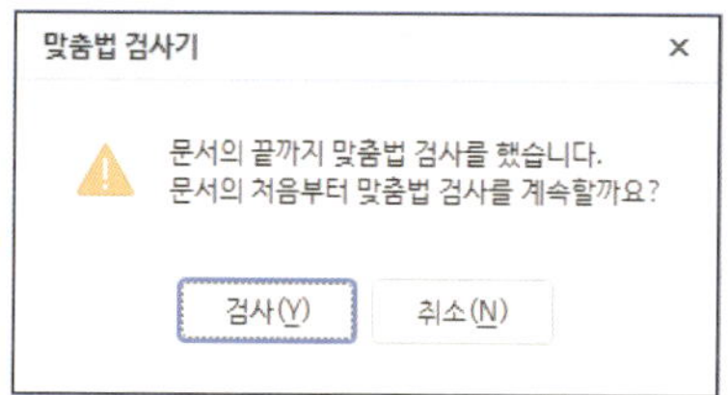


맞춤법 검사를 원활하게 하기 위해 설정 단추를 누르면 다음과 같이 맞춤법 검사/교정 설정 대화 상자가 나타나고, 해당 선택 사항을 설정하기 위해 해당 부분에 ☑를 하면 맞춤법 검사 시 선택된 속성에 의해 검사를 진행한다.

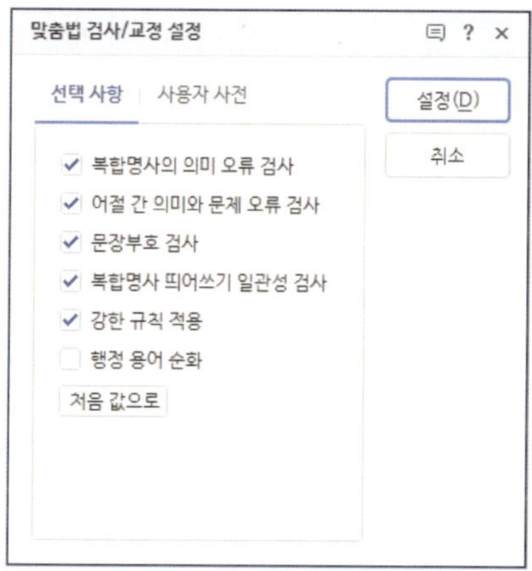

# 8.8 번역

[번역] 작업 창에서는 문서의 내용을 원하는 언어로 볼 수 있도록 기계 번역할 수 있다. 사용자가 알지 못하는 언어로 작성된 문서를 모국어 또는 읽고 쓸 수 있는 언어로 즉시 번역할 수 있으므로 매우 높은 활용성을 제공한다.

서비스 가입 없이 무료로 번역 서비스를 이용할 수 있으며, 정해진 글자 수를 소진하면 유료 번역 서비스로 전환하여 번역 작업을 계속할 수 있다.

번역할 내용을 블록으로 지정하고, [도구]-[번역]-[선택 영역 번역]을 지정하면 다음과 같이 번역할 대상을 지정하기 위한 대화 상자가 나타난다.

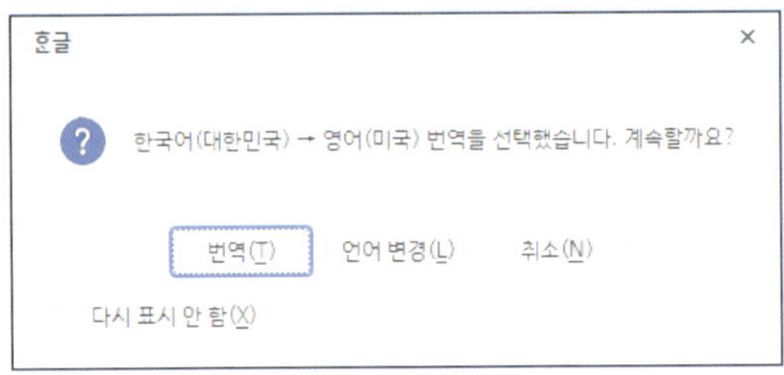


번역할 내용을 블록으로 지정하고, [번역]-[선택 영역 번역]을 지정하면 다음과 같은 번역 결과가 나타난다.

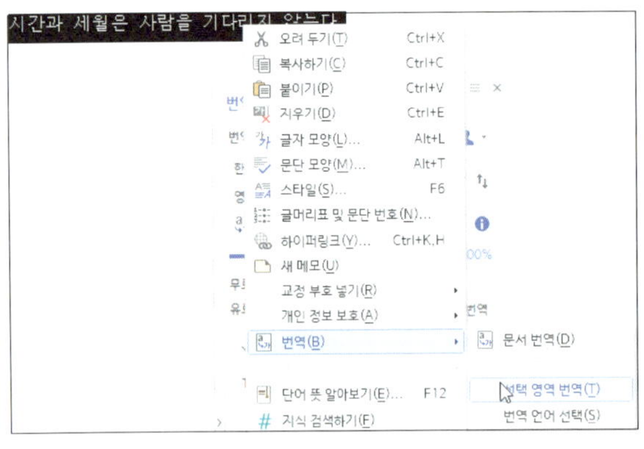


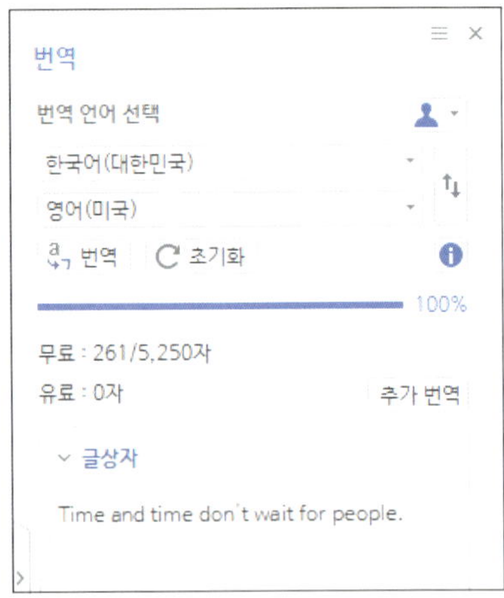

## 8.9 오피스 문서로 변환하기

한글 2020에서 다른 개체에 저장된 문장을 한글 2020 문서로 텍스트로 변환할 수 있다.

### 8.9.1 PDF를 오피스 문서로 변환하기

다른 개체의 PDF에 있는 문서를 한글 2020 문서로 읽기 위해 다음과 같이 지정하면 [PDF를 오피스 문서로 변환하기] 대화 상자가 나타난다.

변환할 PDF 파일을 읽어서 편집 화면에 나타낸다.

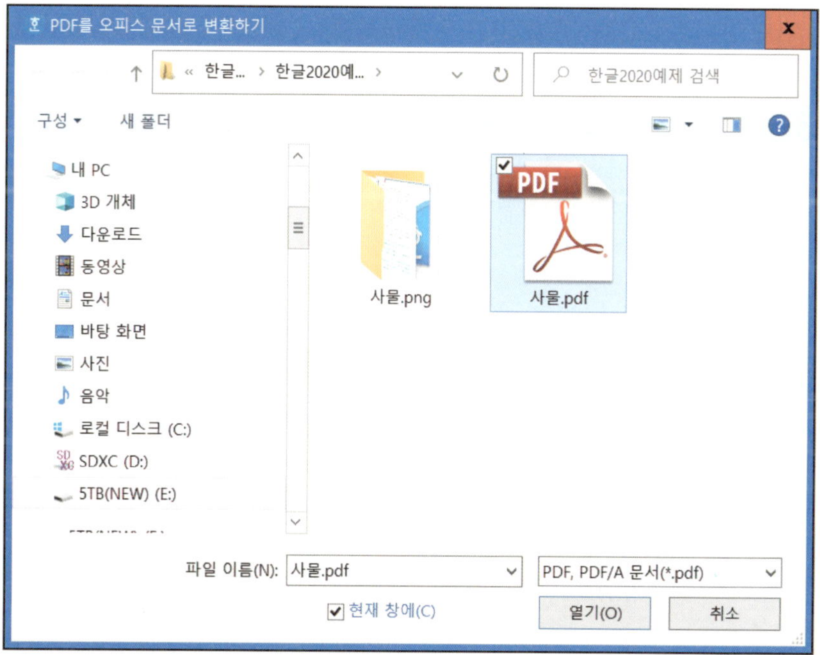

읽은 PDF 파일이 나타나면 마우스 오른쪽 단추를 눌러서 [그림에서 글자 가져오기]를 선택한다.

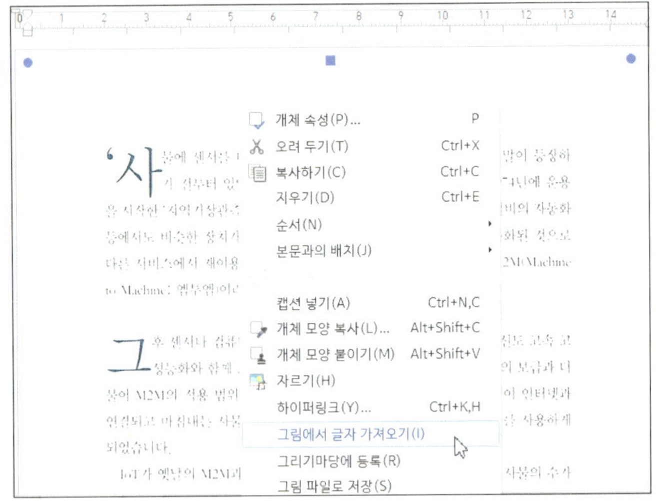


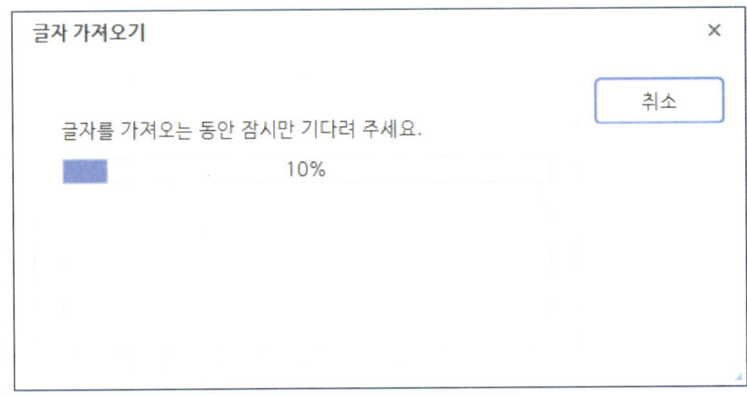


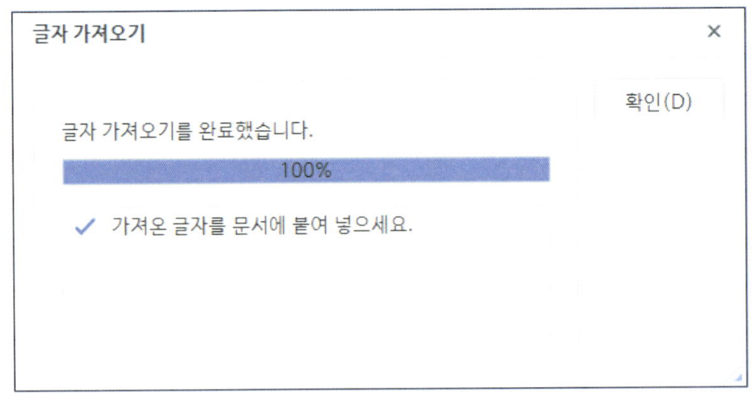


변환된 내용을 가져오기 위해 커서를 이동하고 붙여넣기를 하면 다음과 같이 나타난다.

사물에 센서를 내장시커 데이터를 수집'하는 장치는 161라는 말이 등장하
기 전부터 있었습니다. 1964년에 개통한 일본의 신칸센. 1974년에 운용
을 시작한 '지역기상관측 시스템: 아메다스. 1971년대에 시작된 생산설비의 자동화
등에서도 비슷한 장치가 사용되었지만 모두 특정 업무 목적을 위해 특화된 것으로
다른 서비스에서 재이용하는 일은 없었습니다. 이러한 것들은 후에 2M(Machine
oe Machine: 엠투엠)이라 불렀습니다.

후 센서나 컴퓨터의 소형화. 고성능화. 저가화가 진행되고 통신도 고속 고
*싱능화와 함께 요금이 대폭 저하되었으며. 인터넷과 클라우드의 보급과 더
불어 121의 적용 범위가 크게 확대되었습니다. 그리고 다양한 '사물'이 인터넷과
연결되고 마침내는 사물끼리 서로 연결되어 1281 대신 167라는 용어를 사용하게
되었습니다.

PDF 파일의 해상도에 따라 100% 완벽하게 변환되지 않으며, 원본 파일을 확인해서 반드시 수정 작업이 필요하다.

### 8.9.2 그림을 오피스 문서로 변환하기

그림 이미지에 들어있는 문장을 한글 2020 문서로 읽기 위해 다음과 같이 지정하면 [그림을 오피스 문서로 변환하기] 대화 상자가 나타난다.

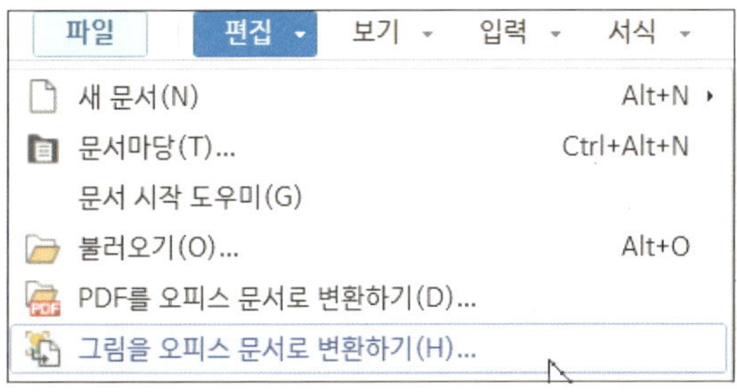

[+] 단추를 눌러서 변환할 그림 파일을 읽어서 편집 화면에 나타낸다.

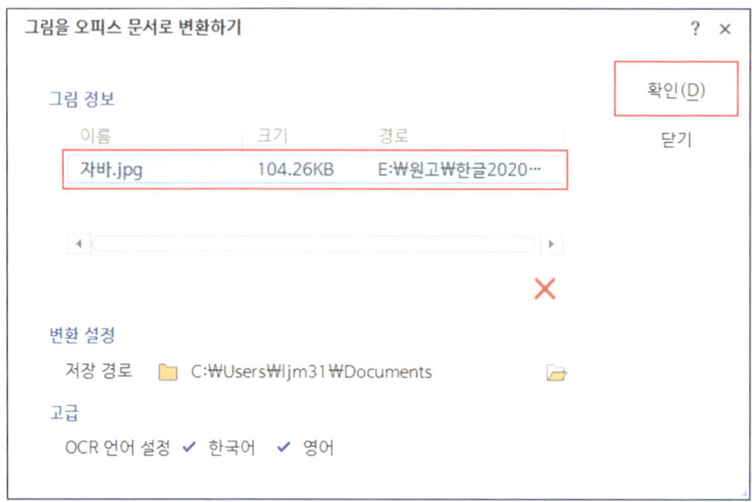


그림 파일이 나타나면 [확인]을 눌러서 변환 작업을 처리한다.

문서로 변환하기

취소

자바.hwp 변환 중...

23%

저장 경로 : C:₩Users₩ljm31₩Documents

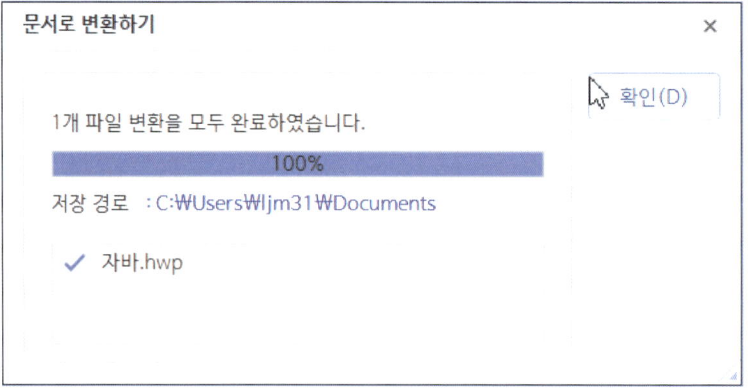

변화된 한글 파일을 열기로 하면 다음과 같이 나타난다.

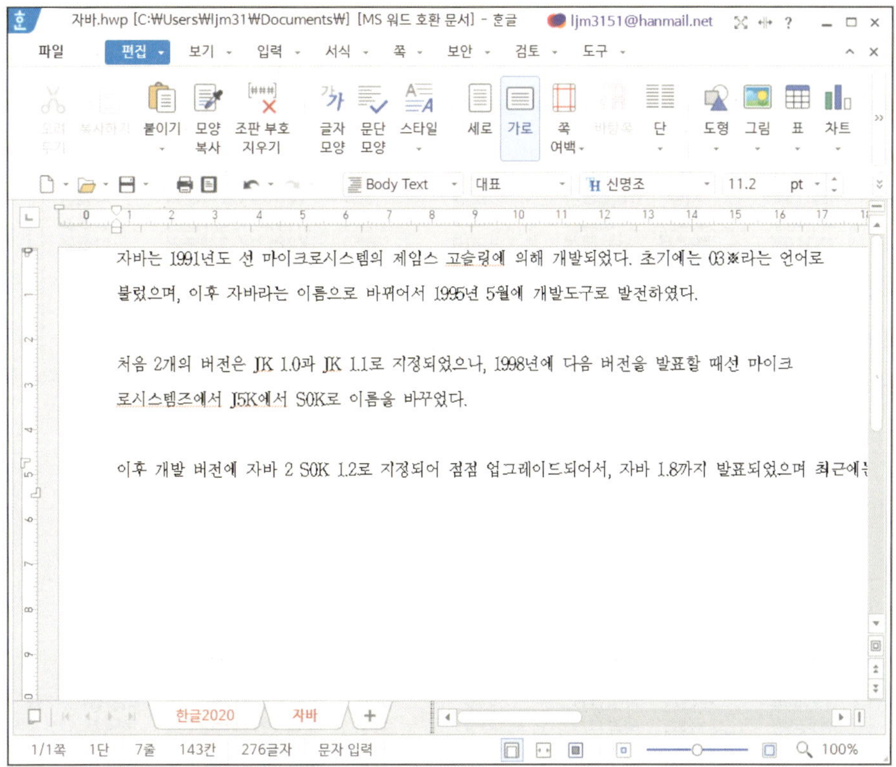

PDF 파일과 마찬가지로 그림 파일의 해상도에 따라 100% 완벽하게 변환되지 않으며, 원본 파일을 확인해서 반드시 수정 작업이 필요하다.

## 8.10 패키지 간의 파일 변환

### 8.10.1 Excel 워크시트와 한글 2020 사이의 개체 변환

엑셀에서 작성한 시트를 한글 2020의 표로 변환하는 기능은 중요하면서 대부분 사용자가 잘 모르는 기능중의 하나이다.

원활하게 이 기능을 처리하기 위해서는 엑셀과 한글 2020을 동시에 실행한다.

Excel 워크시트로 작성한 "구매관리.xlsx" 파일의 "부품 구매 관리" 워크시트를 한글 2020의 표로 변환한다.

| | A | B | C | D | E | F | G | H |
|---|---|---|---|---|---|---|---|---|
| 1 | 부품 구매 관리 | | | | | | | |
| 2 | 부품코드 | 품목 | 제조회사 | 가격 | 수량 | 금액 | 구매분기 | 구매자 |
| 3 | RG100 | 저항 | 새별전자 | 150 | 500 | 75000 | 1사분기 | 신상일 |
| 4 | CO250 | 콘덴서 | 서울전선 | 250 | 500 | 125000 | 2사분기 | 이한우 |
| 5 | CO300 | 콘덴서 | 서울전선 | 300 | 500 | 150000 | 3사분기 | 이종윤 |
| 6 | RG200 | 저항 | 새별전자 | 200 | 300 | 60000 | 4사분기 | 박대성 |
| 7 | CON10 | 커넥터 | 미래전자 | 550 | 300 | 165000 | 1사분기 | 신상일 |
| 8 | CON12 | 커넥터 | 미래전자 | 1000 | 200 | 200000 | 2사분기 | 박대성 |
| 9 | RG500 | 저항 | 새별전자 | 520 | 600 | 312000 | 3사분기 | 이종윤 |
| 10 | ROM256 | 메모리 | 미래전자 | 2200 | 250 | 550000 | 4사분기 | 이한우 |
| 11 | RG100K | 저항 | 새별전자 | 450 | 300 | 135000 | 1사분기 | 박대성 |
| 12 | CO500 | 콘덴서 | 서울전선 | 500 | 480 | 240000 | 2사분기 | 신상일 |
| 13 | CO10K | 콘덴서 | 서울전선 | 1200 | 650 | 780000 | 3사분기 | 이한우 |
| 14 | CON16 | 커넥터 | 미래전자 | 1500 | 200 | 300000 | 4사분기 | 이종윤 |
| 15 | CON20 | 커넥터 | 미래전자 | 1700 | 200 | 340000 | 1사분기 | 이한우 |
| 16 | RG10K | 저항 | 새별전자 | 1100 | 350 | 385000 | 2사분기 | 이종윤 |
| 17 | ROM128 | 메모리 | 미래전자 | 2050 | 200 | 410000 | 3사분기 | 신상일 |
| 18 | RAM16 | 메모리 | 새별전자 | 15500 | 100 | 1550000 | 4사분기 | 박대성 |

## 따라하기

① "구매 관리.xls" 파일을 열고 해당 영역을 범위로 지정한다.

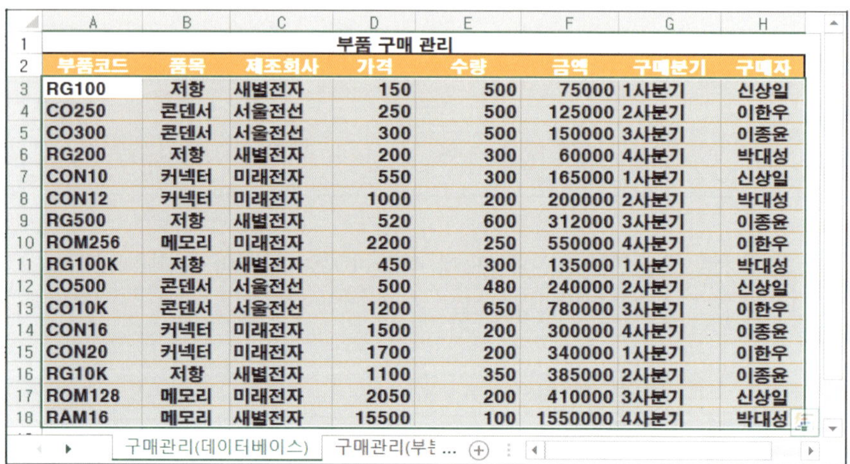

| | A | B | C | D | E | F | G | H |
|---|---|---|---|---|---|---|---|---|
| 1 | 부품 구매 관리 | | | | | | | |
| 2 | 부품코드 | 품목 | 제조회사 | 가격 | 수량 | 금액 | 구매분기 | 구매자 |
| 3 | RG100 | 저항 | 새별전자 | 150 | 500 | 75000 | 1사분기 | 신상일 |
| 4 | CO250 | 콘덴서 | 서울전선 | 250 | 500 | 125000 | 2사분기 | 이한우 |
| 5 | CO300 | 콘덴서 | 서울전선 | 300 | 500 | 150000 | 3사분기 | 이종윤 |
| 6 | RG200 | 저항 | 새별전자 | 200 | 300 | 60000 | 4사분기 | 박대성 |
| 7 | CON10 | 커넥터 | 미래전자 | 550 | 300 | 165000 | 1사분기 | 신상일 |
| 8 | CON12 | 커넥터 | 미래전자 | 1000 | 200 | 200000 | 2사분기 | 박대성 |
| 9 | RG500 | 저항 | 새별전자 | 520 | 600 | 312000 | 3사분기 | 이종윤 |
| 10 | ROM256 | 메모리 | 미래전자 | 2200 | 250 | 550000 | 4사분기 | 이한우 |
| 11 | RG100K | 저항 | 새별전자 | 450 | 300 | 135000 | 1사분기 | 박대성 |
| 12 | CO500 | 콘덴서 | 서울전선 | 500 | 480 | 240000 | 2사분기 | 신상일 |
| 13 | CO10K | 콘덴서 | 서울전선 | 1200 | 650 | 780000 | 3사분기 | 이한우 |
| 14 | CON16 | 커넥터 | 미래전자 | 1500 | 200 | 300000 | 4사분기 | 이종윤 |
| 15 | CON20 | 커넥터 | 미래전자 | 1700 | 200 | 340000 | 1사분기 | 이한우 |
| 16 | RG10K | 저항 | 새별전자 | 1100 | 350 | 385000 | 2사분기 | 이종윤 |
| 17 | ROM128 | 메모리 | 미래전자 | 2050 | 200 | 410000 | 3사분기 | 신상일 |
| 18 | RAM16 | 메모리 | 새별전자 | 15500 | 100 | 1550000 | 4사분기 | 박대성 |

구매관리(데이터베이스) | 구매관리(부품 ...

② 다음 도구상자에서 테두리 아이콘을 지정하고 모든 테두리를 설정한다.

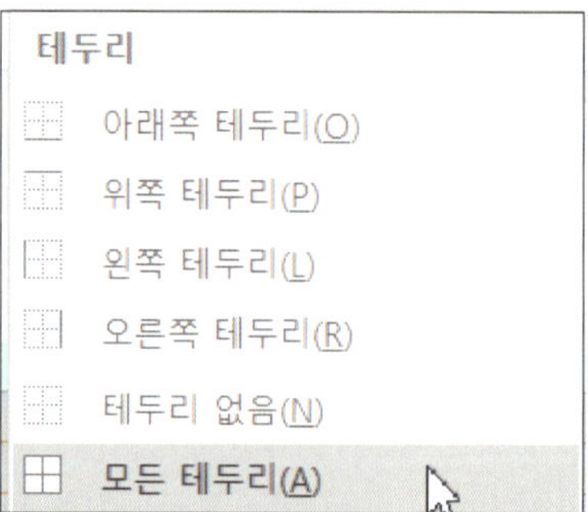

③ 셀의 영역에 테두리가 전부 생성되어 나타난다.

| 부품코드 | 품목 | 제조회사 | 가격 | 수량 | 금액 | 구매분기 | 구매자 |
|---|---|---|---|---|---|---|---|
| RG100 | 저항 | 새별전자 | 150 | 500 | 75000 | 1사분기 | 신상일 |
| CO250 | 콘덴서 | 서울전선 | 250 | 500 | 125000 | 2사분기 | 이한우 |
| CO300 | 콘덴서 | 서울전선 | 300 | 500 | 150000 | 3사분기 | 이종윤 |
| RG200 | 저항 | 새별전자 | 200 | 300 | 60000 | 4사분기 | 박대성 |
| CON10 | 커넥터 | 미래전자 | 550 | 300 | 165000 | 1사분기 | 신상일 |
| CON12 | 커넥터 | 미래전자 | 1000 | 200 | 200000 | 2사분기 | 박대성 |
| RG500 | 저항 | 새별전자 | 520 | 600 | 312000 | 3사분기 | 이종윤 |
| ROM256 | 메모리 | 미래전자 | 2200 | 250 | 550000 | 4사분기 | 이한우 |
| RG100K | 저항 | 새별전자 | 450 | 300 | 135000 | 1사분기 | 박대성 |
| CO500 | 콘덴서 | 서울전선 | 500 | 480 | 240000 | 2사분기 | 신상일 |
| CO10K | 콘덴서 | 서울전선 | 1200 | 650 | 780000 | 3사분기 | 이한우 |
| CON16 | 커넥터 | 미래전자 | 1500 | 200 | 300000 | 4사분기 | 이종윤 |
| CON20 | 커넥터 | 미래전자 | 1700 | 200 | 340000 | 1사분기 | 이한우 |
| RG10K | 저항 | 새별전자 | 1100 | 350 | 385000 | 2사분기 | 이종윤 |
| ROM128 | 메모리 | 미래전자 | 2050 | 200 | 410000 | 3사분기 | 신상일 |
| RAM16 | 메모리 | 새별전자 | 15500 | 100 | 1550000 | 4사분기 | 박대성 |

④ 다음 [편집]-[복사]를 지정한다.

⑤ 한글 2020 화면으로 이동한다.

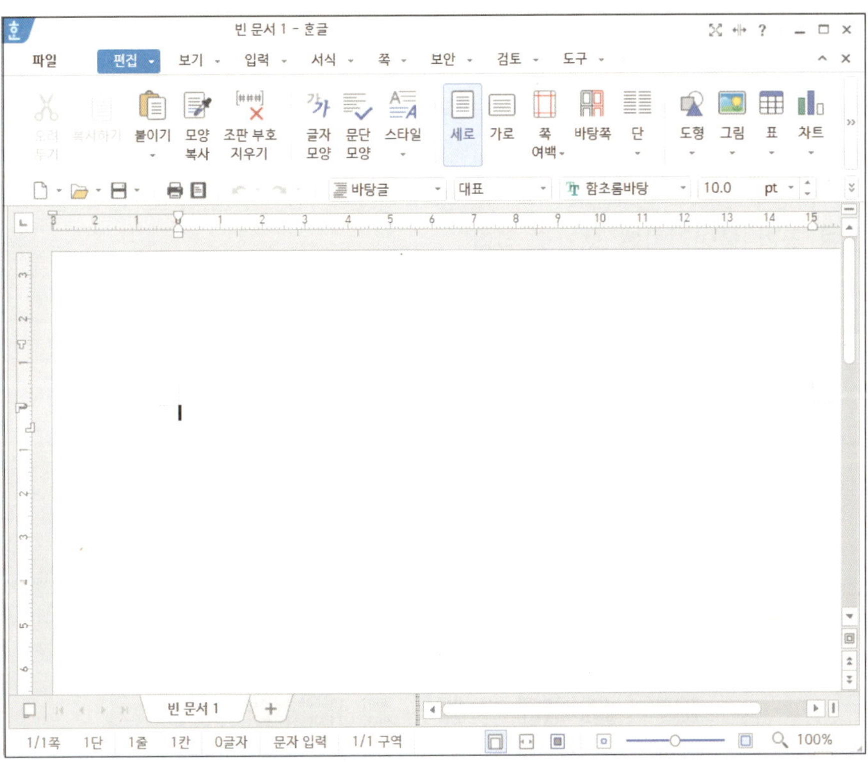


⑥ [편집]-[붙이기]를 지정한다.

⑦ 복사된 내용이 다음과 같이 나타난다.

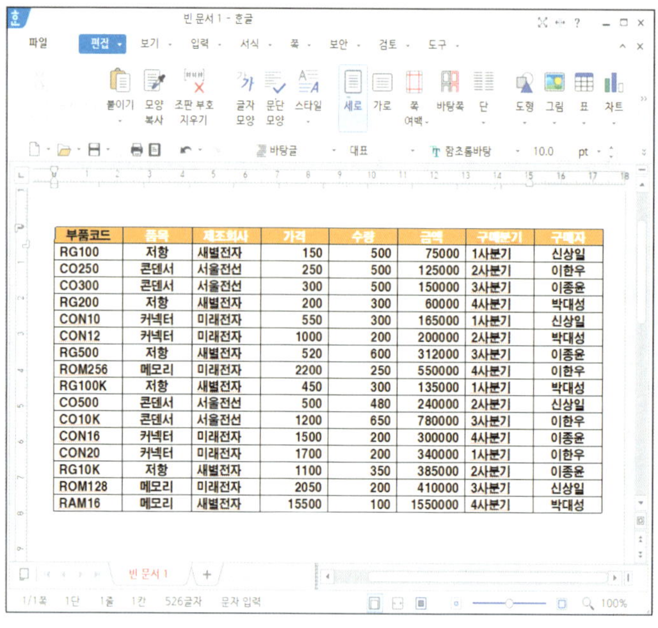

| 부품코드 | 품목 | 제조회사 | 가격 | 수량 | 금액 | 구매분기 | 구매자 |
|---|---|---|---|---|---|---|---|
| RG100 | 저항 | 새별전자 | 150 | 500 | 75000 | 1사분기 | 신상일 |
| CO250 | 콘덴서 | 서울전선 | 250 | 500 | 125000 | 2사분기 | 이한우 |
| CO300 | 콘덴서 | 서울전선 | 300 | 500 | 150000 | 3사분기 | 이종윤 |
| RG200 | 저항 | 새별전자 | 200 | 300 | 60000 | 4사분기 | 박대성 |
| CON10 | 커넥터 | 미래전자 | 550 | 300 | 165000 | 1사분기 | 신상일 |
| CON12 | 커넥터 | 미래전자 | 1000 | 200 | 200000 | 2사분기 | 박대성 |
| RG500 | 저항 | 새별전자 | 520 | 600 | 312000 | 3사분기 | 이종윤 |
| ROM256 | 메모리 | 미래전자 | 2200 | 250 | 550000 | 4사분기 | 이한우 |
| RG100K | 저항 | 새별전자 | 450 | 300 | 135000 | 1사분기 | 박대성 |
| CO500 | 콘덴서 | 서울전선 | 500 | 480 | 240000 | 2사분기 | 신상일 |
| CO10K | 콘덴서 | 서울전선 | 1200 | 650 | 780000 | 3사분기 | 이한우 |
| CON16 | 커넥터 | 미래전자 | 1500 | 200 | 300000 | 4사분기 | 이종윤 |
| CON20 | 커넥터 | 미래전자 | 1700 | 200 | 340000 | 1사분기 | 이한우 |
| RG10K | 저항 | 새별전자 | 1100 | 350 | 385000 | 2사분기 | 이종윤 |
| ROM128 | 메모리 | 미래전자 | 2050 | 200 | 410000 | 3사분기 | 신상일 |
| RAM16 | 메모리 | 새별전자 | 15500 | 100 | 1550000 | 4사분기 | 박대성 |

## 8.10.2 Excel 워크시트를 한글 2020의 문서에 골라 붙이기

엑셀에서 작성한 시트를 한글 2020의 문서로 연결하여 골라 붙이는 기능으로 엑셀에서 셀의 내용을 바꾸는 경우 한글 2020에 연결된 데이터도 수정되어 나타난다. 엑셀의 시트 일부를 한글 2020에서 문서 일부분으로 참조할 경우 유용하게 사용된다. "부품 구매 관리"를 한글 2020의 표로 연결하여 골라 붙이기하여 보기로 한다.

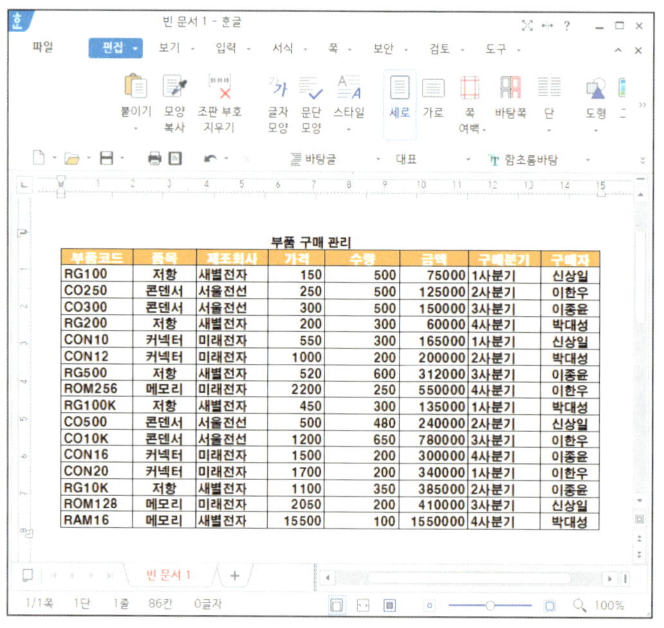

부품 구매 관리

| 부품코드 | 품목 | 제조회사 | 가격 | 수량 | 금액 | 구매분기 | 구매자 |
|---|---|---|---|---|---|---|---|
| RG100 | 저항 | 새별전자 | 150 | 500 | 75000 | 1사분기 | 신상일 |
| CO250 | 콘덴서 | 서울전선 | 250 | 500 | 125000 | 2사분기 | 이한우 |
| CO300 | 콘덴서 | 서울전선 | 300 | 500 | 150000 | 3사분기 | 이종윤 |
| RG200 | 저항 | 새별전자 | 200 | 300 | 60000 | 4사분기 | 박대성 |
| CON10 | 커넥터 | 미래전자 | 550 | 300 | 165000 | 1사분기 | 신상일 |
| CON12 | 커넥터 | 미래전자 | 1000 | 200 | 200000 | 2사분기 | 박대성 |
| RG500 | 저항 | 새별전자 | 520 | 600 | 312000 | 3사분기 | 이종윤 |
| ROM256 | 메모리 | 미래전자 | 2200 | 250 | 550000 | 4사분기 | 이한우 |
| RG100K | 저항 | 새별전자 | 450 | 300 | 135000 | 1사분기 | 박대성 |
| CO500 | 콘덴서 | 서울전선 | 500 | 480 | 240000 | 2사분기 | 신상일 |
| CO10K | 콘덴서 | 서울전선 | 1200 | 650 | 780000 | 3사분기 | 이한우 |
| CON16 | 커넥터 | 미래전자 | 1500 | 200 | 300000 | 4사분기 | 이종윤 |
| CON20 | 커넥터 | 미래전자 | 1700 | 200 | 340000 | 1사분기 | 이한우 |
| RG10K | 저항 | 새별전자 | 1100 | 350 | 385000 | 2사분기 | 이종윤 |
| ROM128 | 메모리 | 미래전자 | 2050 | 200 | 410000 | 3사분기 | 신상일 |
| RAM16 | 메모리 | 새별전자 | 15500 | 100 | 1550000 | 4사분기 | 박대성 |

## 따라하기

① 해당 영역을 지정하고 [편집]-[복사]를 지정한다.

② 한글 2020로 실행상태를 이동한다.

③ [편집]-[골라 붙이기]를 지정하면 다음과 같은 골라 붙이기 대화 상자가 나타나며, [연결하여 붙여넣기]를 선택하고, [Microsoft Excel 워크시트]를 지정한 다음 [확인]을 누른다.

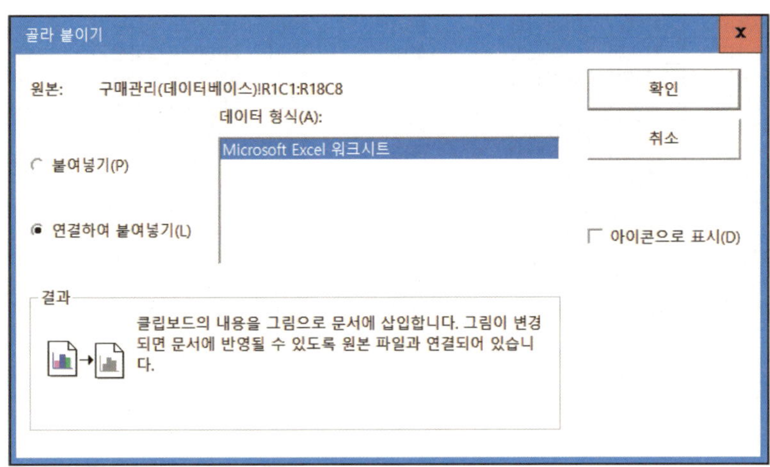


④ 복사된 데이터가 이미지 형태로 출력되며 표를 선택하면 [도형] 메뉴가 나타난다.

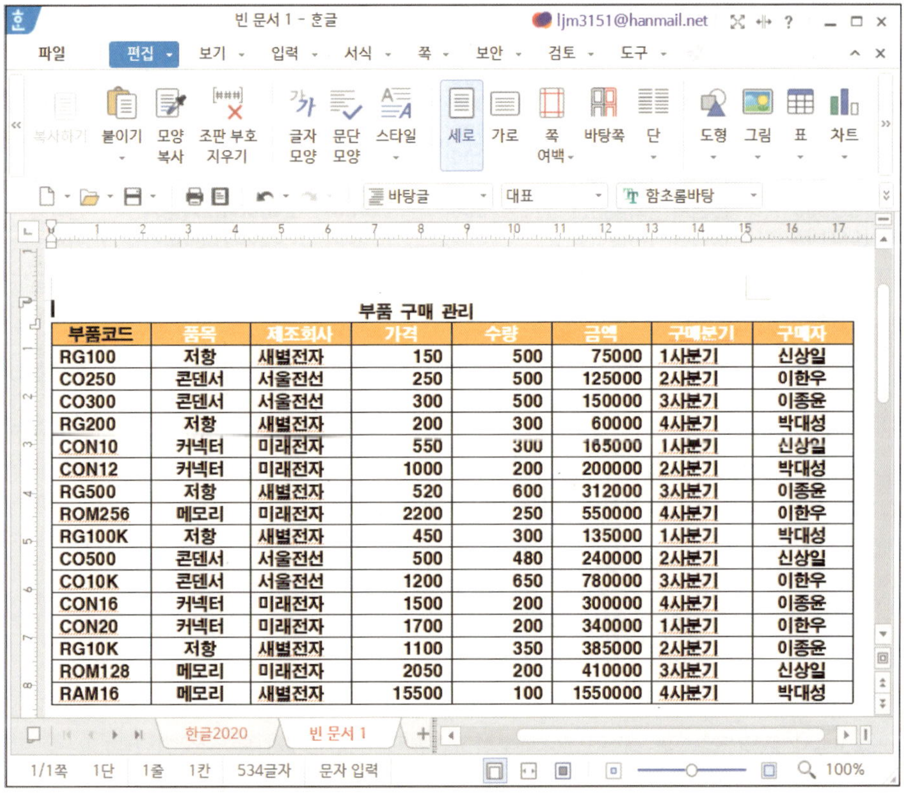


부품 구매 관리

| 부품코드 | 품목 | 제조회사 | 가격 | 수량 | 금액 | 구매분기 | 구매자 |
|---|---|---|---|---|---|---|---|
| RG100 | 저항 | 새별전자 | 150 | 500 | 75000 | 1사분기 | 신상일 |
| CO250 | 콘덴서 | 서울전선 | 250 | 500 | 125000 | 2사분기 | 이한우 |
| CO300 | 콘덴서 | 서울전선 | 300 | 500 | 150000 | 3사분기 | 이종윤 |
| RG200 | 저항 | 새별전자 | 200 | 300 | 60000 | 4사분기 | 박대성 |
| CON10 | 커넥터 | 미래전자 | 550 | 300 | 165000 | 1사분기 | 신상일 |
| CON12 | 커넥터 | 미래전자 | 1000 | 200 | 200000 | 2사분기 | 박대성 |
| RG500 | 저항 | 새별전자 | 520 | 600 | 312000 | 3사분기 | 이종윤 |
| ROM256 | 메모리 | 미래전자 | 2200 | 250 | 550000 | 4사분기 | 이한우 |
| RG100K | 저항 | 새별전자 | 450 | 300 | 135000 | 1사분기 | 박대성 |
| CO500 | 콘덴서 | 서울전선 | 500 | 480 | 240000 | 2사분기 | 신상일 |
| CO10K | 콘덴서 | 서울전선 | 1200 | 650 | 780000 | 3사분기 | 이한우 |
| CON16 | 커넥터 | 미래전자 | 1500 | 200 | 300000 | 4사분기 | 이종윤 |
| CON20 | 커넥터 | 미래전자 | 1700 | 200 | 340000 | 1사분기 | 이한우 |
| RG10K | 저항 | 새별전자 | 1100 | 350 | 385000 | 2사분기 | 이종윤 |
| ROM128 | 메모리 | 미래전자 | 2050 | 200 | 410000 | 3사분기 | 신상일 |
| RAM16 | 메모리 | 새별전자 | 15500 | 100 | 1550000 | 4사분기 | 박대성 |

⑤ 엑셀의 데이터에서 E4 셀의 "500"을 "300"으로 수정한다.

|  | A | B | C | D | E | F | G | H |
|---|---|---|---|---|---|---|---|---|
| 1 | 부품 구매 관리 | | | | | | | |
| 2 | 부품코드 | 품목 | 제조회사 | 가격 | 수량 | 금액 | 구매분기 | 구매자 |
| 3 | RG100 | 저항 | 새별전자 | 150 | 500 | 75000 | 1사분기 | 신상일 |
| 4 | CO250 | 콘덴서 | 서울전선 | 250 | 300 | 125000 | 2사분기 | 이한우 |
| 5 | CO300 | 콘덴서 | 서울전선 | 300 | 500 | 150000 | 3사분기 | 이종윤 |
| 6 | RG200 | 저항 | 새별전자 | 200 | 300 | 60000 | 4사분기 | 박대성 |
| 7 | CON10 | 커넥터 | 미래전자 | 550 | 300 | 165000 | 1사분기 | 신상일 |
| 8 | CON12 | 커넥터 | 미래전자 | 1000 | 200 | 200000 | 2사분기 | 박대성 |
| 9 | RG500 | 저항 | 새별전자 | 520 | 600 | 312000 | 3사분기 | 이종윤 |
| 10 | ROM256 | 메모리 | 미래전자 | 2200 | 250 | 550000 | 4사분기 | 이한우 |
| 11 | RG100K | 저항 | 새별전자 | 450 | 300 | 135000 | 1사분기 | 박대성 |
| 12 | CO500 | 콘덴서 | 서울전선 | 500 | 480 | 240000 | 2사분기 | 신상일 |
| 13 | CO10K | 콘덴서 | 서울전선 | 1200 | 650 | 780000 | 3사분기 | 이한우 |
| 14 | CON16 | 커넥터 | 미래전자 | 1500 | 200 | 300000 | 4사분기 | 이종윤 |
| 15 | CON20 | 커넥터 | 미래전자 | 1700 | 200 | 340000 | 1사분기 | 이한우 |
| 16 | RG10K | 저항 | 새별전자 | 1100 | 350 | 385000 | 2사분기 | 이종윤 |
| 17 | ROM128 | 메모리 | 미래전자 | 2050 | 200 | 410000 | 3사분기 | 신상일 |
| 18 | RAM16 | 메모리 | 새별전자 | 15500 | 100 | 1550000 | 4사분기 | 박대성 |

⑥ 한글 2020의 내용을 확인하면 시트의 내용이 변환되어 나타난다.

부품 구매 관리

| 부품코드 | 품목 | 제조회사 | 가격 | 수량 | 금액 | 구매분기 | 구매자 |
|---|---|---|---|---|---|---|---|
| RG100 | 저항 | 새별전자 | 150 | 500 | 75000 | 1사분기 | 신상일 |
| CO250 | 콘덴서 | 서울전선 | 250 | 300 | 125000 | 2사분기 | 이한우 |
| CO300 | 콘덴서 | 서울전선 | 300 | 500 | 150000 | 3사분기 | 이종윤 |
| RG200 | 저항 | 새별전자 | 200 | 300 | 60000 | 4사분기 | 박대성 |
| CON10 | 커넥터 | 미래전자 | 550 | 300 | 165000 | 1사분기 | 신상일 |
| CON12 | 커넥터 | 미래전자 | 1000 | 200 | 200000 | 2사분기 | 박대성 |
| RG500 | 저항 | 새별전자 | 520 | 600 | 312000 | 3사분기 | 이종윤 |
| ROM256 | 메모리 | 미래전자 | 2200 | 250 | 550000 | 4사분기 | 이한우 |
| RG100K | 저항 | 새별전자 | 450 | 300 | 135000 | 1사분기 | 박대성 |
| CO500 | 콘덴서 | 서울전선 | 500 | 480 | 240000 | 2사분기 | 신상일 |
| CO10K | 콘덴서 | 서울전선 | 1200 | 650 | 780000 | 3사분기 | 이한우 |
| CON16 | 커넥터 | 미래전자 | 1500 | 200 | 300000 | 4사분기 | 이종윤 |
| CON20 | 커넥터 | 미래전자 | 1700 | 200 | 340000 | 1사분기 | 이한우 |
| RG10K | 저항 | 새별전자 | 1100 | 350 | 385000 | 2사분기 | 이종윤 |
| ROM128 | 메모리 | 미래전자 | 2050 | 200 | 410000 | 3사분기 | 신상일 |
| RAM16 | 메모리 | 새별전자 | 15500 | 100 | 1550000 | 4사분기 | 박대성 |

## 8.10.3 한글 2020의 표를 엑셀 시트로 변환

이번에는 한글 2020의 표를 엑셀의 시트로 변환하는 기능을 살펴보기로 한다. 이전에 엑셀에서 변환한 표를 이용하여 보기로 한다.

**따라하기**

① 한글 2020에서 표의 영역을 블록으로 지정하고 [편집]-[복사하기]를 지정한다.

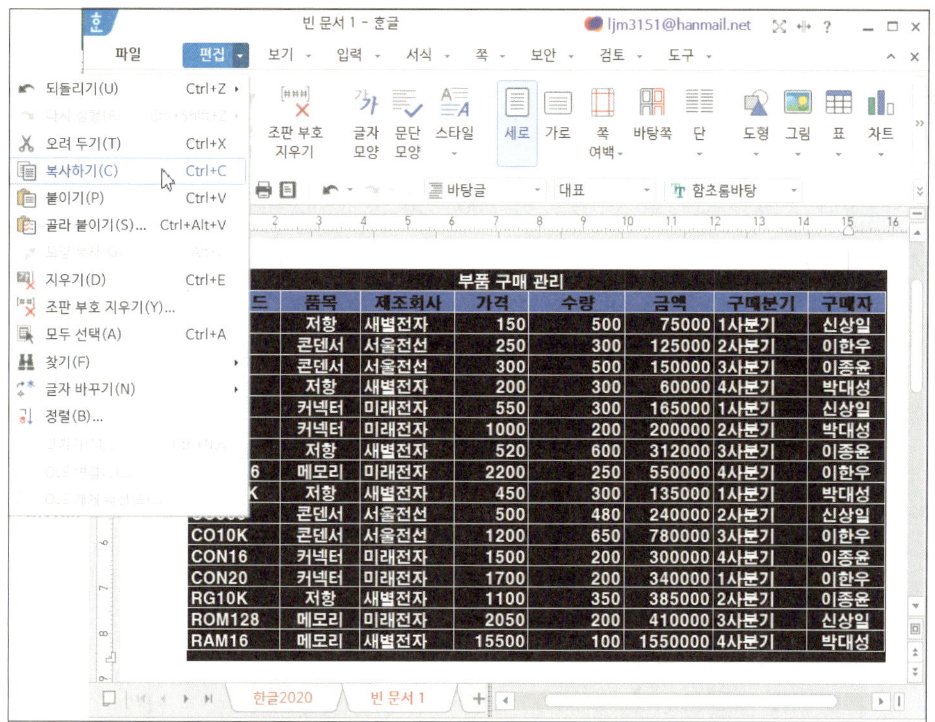

② 엑셀을 활성화하고, [B2] 셀에 [편집]-[붙여넣기]를 지정하면 해당 표가 셀에 지정되어 나타난다.

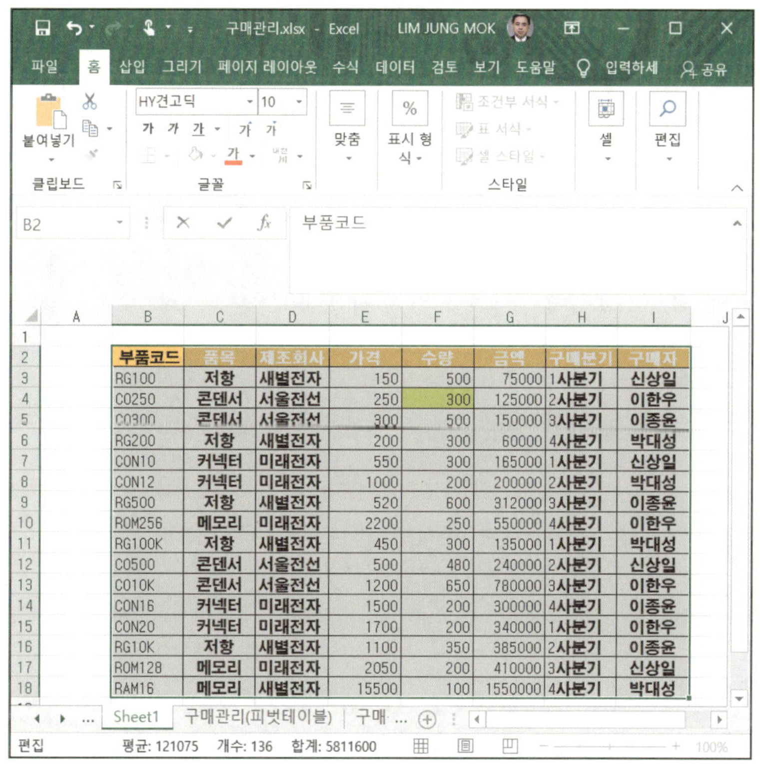

| 부품코드 | 품목 | 제조회사 | 가격 | 수량 | 금액 | 구매분기 | 구매자 |
|---|---|---|---|---|---|---|---|
| RG100 | 저항 | 새별전자 | 150 | 500 | 75000 | 1사분기 | 신상일 |
| C0250 | 콘덴서 | 서울전선 | 250 | 300 | 125000 | 2사분기 | 이한우 |
| C0300 | 콘덴서 | 서울전선 | 300 | 500 | 150000 | 3사분기 | 이종윤 |
| RG200 | 저항 | 새별전자 | 200 | 300 | 60000 | 4사분기 | 박대성 |
| CON10 | 커넥터 | 미래전자 | 550 | 300 | 165000 | 1사분기 | 신상일 |
| CON12 | 커넥터 | 미래전자 | 1000 | 200 | 200000 | 2사분기 | 박대성 |
| RG500 | 저항 | 새별전자 | 520 | 600 | 312000 | 3사분기 | 이종윤 |
| ROM256 | 메모리 | 미래전자 | 2200 | 250 | 550000 | 4사분기 | 이한우 |
| RG100K | 저항 | 새별전자 | 450 | 300 | 135000 | 1사분기 | 박대성 |
| C0500 | 콘덴서 | 서울전선 | 500 | 480 | 240000 | 2사분기 | 신상일 |
| C010K | 콘덴서 | 서울전선 | 1200 | 650 | 780000 | 3사분기 | 이한우 |
| CON16 | 커넥터 | 미래전자 | 1500 | 200 | 300000 | 4사분기 | 이종윤 |
| CON20 | 커넥터 | 미래전자 | 1700 | 200 | 340000 | 1사분기 | 이한우 |
| RG10K | 저항 | 새별전자 | 1100 | 350 | 385000 | 2사분기 | 이종윤 |
| ROM128 | 메모리 | 미래전자 | 2050 | 200 | 410000 | 3사분기 | 신상일 |
| RAM16 | 메모리 | 새별전자 | 15500 | 100 | 1550000 | 4사분기 | 박대성 |

## 8.11 원고지 형태로 글쓰기

원고지 위에 직접 문장을 입력할 수 있으며, 200자 원고지, 400자 원고지, 1000자 원고지 중에서 작성할 원고지 종류를 선택하여 원고지 사용법에 맞추어 글을 입력한다.

그뿐만 아니라 '□현재 문서에서 내용을 가져다 채움(C)' 옵션을 선택하면 일반 편집 화면에서 작성한 문서를 가져다가 원고지에 작성한 글의 형태로 바꿀 수도 있다.

원고지 쓰기 순서는 다음과 같다.

① [쪽]-[원고지]를 실행하면 원고지 쓰기 대화 상자가 나타난다.

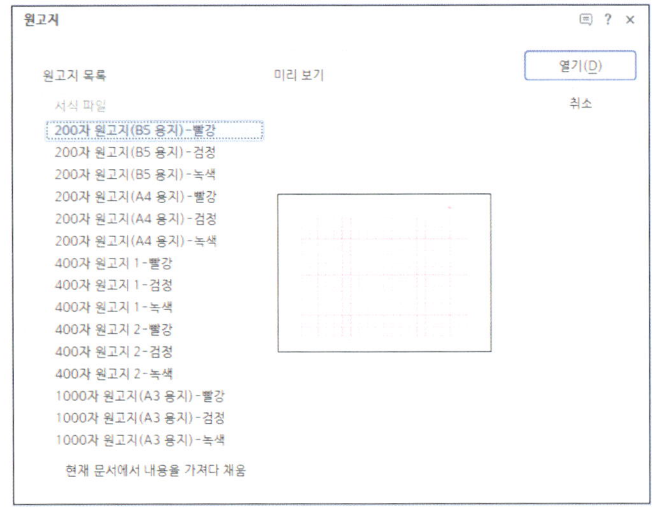


② [열기] 단추를 누르면 원고지 입력 화면이 나오고 글자를 입력할 수 있는 상태가 나타난다.

③ 다음은 원고지에 입력된 문장의 형태를 나타낸 화면이다.

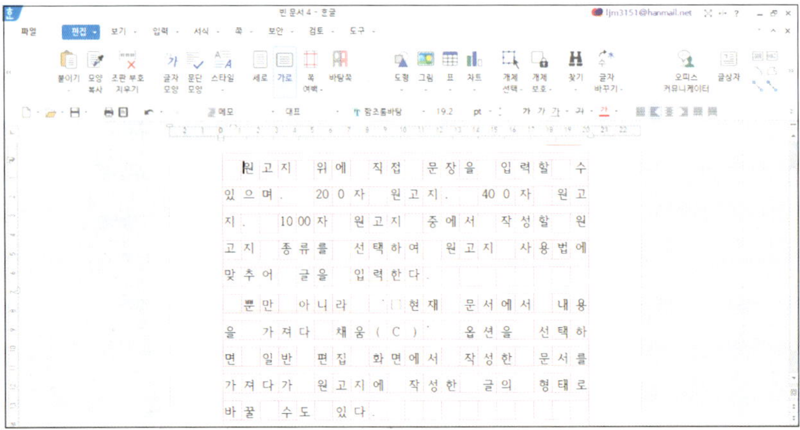

## 8.12 표 안에 다른 표의 삽입

표 안에서 [표]-[표 만들기]를 실행하여 새로운 표를 만들고 편집을 할 수 있다. 그러나 표 안에 삽입한 표가 현재 표의 셀보다 클 때 나머지 부분은 가려져 보이지 않을 수 있으므로, 표 안에 삽입한 표의 크기에 맞게 셀 크기를 조정해야 한다.

다음과 같은 모양의 표를 만들어 보자.

<table>
<tr><td></td><td>1열의 셀</td><td>2열의 셀</td></tr>
<tr><td>표의 행</td><td><table><tr><td>표</td><td>안</td><td>의</td><td>표</td></tr><tr><td></td><td></td><td></td><td></td></tr></table></td><td><table><tr><td>표</td><td>안</td><td>의</td><td>표</td></tr><tr><td></td><td></td><td></td><td></td></tr></table></td></tr>
</table>

① 먼저 [표]-[표 만들기]를 진행하여 외곽의 표를 작성하고 제목과 대각선을 지정한다.

| | 1열의 셀 | 2열의 셀 |
|---|---|---|
| 표의 행 | | |

② 다음 외곽에 표 안에 넣을 셀을 미리 작성한다.

| 표 | 안 | 의 | 표 |
|---|---|---|---|
| | | | |

| 표 | 안 | 의 | 표 |
|---|---|---|---|
| | | | |

| | | |
|---|---|---|
| | | |

③ 다음 표 안에 넣을 셀을 개체로 지정한 다음 [복사하기]하고 표 안의 셀로 커서를 옮긴 다음 [붙여넣기]하면 다음과 같은 셀 붙이기 대화 상자가 나타난다.

④ 셀 붙이기 대화 상자에서 [셀 안에 표로 넣기]를 선택하고 붙이기 단추를 누르면 해당 셀이 셀 안에 위치하게 된다.

<table>
<tr><td></td><td>1열의 셀</td><td>2열의 셀</td></tr>
<tr><td>표의 행</td><td><table><tr><td>표</td><td>안</td><td>의</td><td>표</td></tr><tr><td></td><td></td><td></td><td></td></tr></table></td><td></td></tr>
</table>

⑤ 마찬가지로 2열의 셀에 같은 방법으로 셀 안에 표를 붙여넣기 한다.

<table>
<tr><td></td><td>1열의 셀</td><td>2열의 셀</td></tr>
<tr><td>표의 행</td><td><table><tr><td>표</td><td>안</td><td>의</td><td>표</td></tr><tr><td></td><td></td><td></td><td></td></tr></table></td><td><table><tr><td>표</td><td>안</td><td>의</td><td>표</td></tr><tr><td></td><td></td><td></td><td></td></tr></table></td></tr>
</table>

## 8.13 표에서 자동 채우기

표의 일부 셀에서 규칙을 찾아 사용자가 지정한 셀 전체를 규칙에 따라 자동으로 채워서 나타낼 수 있다.

표에서 자동 채우기 순서는 다음과 같다.

① 먼저 편집 화면에 7행 3열의 표를 나타낸다.

| | | | | | | |
|---|---|---|---|---|---|---|
| | | | | | | |
| | | | | | | |

② 다음 1열과 2열에 각각 "일요일"과 "월요일"을 입력하고 해당 행을 블록으로 지정한다.

| 일요일 | 월요일 | | | | | |
|---|---|---|---|---|---|---|
| | | | | | | |
| | | | | | | |

③ 다음 [입력]-[채우기]-[표 자동 채우기]를 지정하면 다음과 같이 연속한 요일의 문자열이 나타난다.

| 일요일 | 월요일 | 화요일 | 수요일 | 목요일 | 금요일 | 토요일 |
|---|---|---|---|---|---|---|
| | | | | | | |
| | | | | | | |

## 8.14 여러 종류의 다단 편집

한 쪽(페이지) 또는 하나의 문서에서 여러 개의 단 모양을 사용하여 문서를 편집할 수 있으며, [다단 설정 나누기]를 이용하면 앞단과 관계없이 독립적인 새로운 단 모양을 정의할 수 있어, 한 쪽(페이지) 안에서 단 수를 몇 번이고 다르게 지정할 수 있다.

여러 종류의 다단 편집 순서는 다음과 같다.

① 먼저 '대한민국.hwp' 파일을 불러온다.

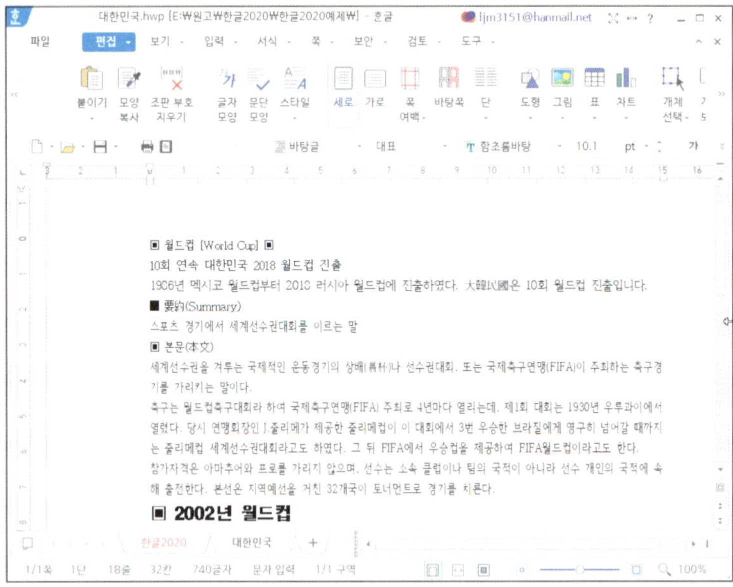

② 다음 3번째 문장 본문 부분을 블록으로 지정하고 [쪽]-[단]을 지정하면 다단 대화 상자가 나타나며, 2단과 구분선을 지정하고 적용 범위를 정한다.

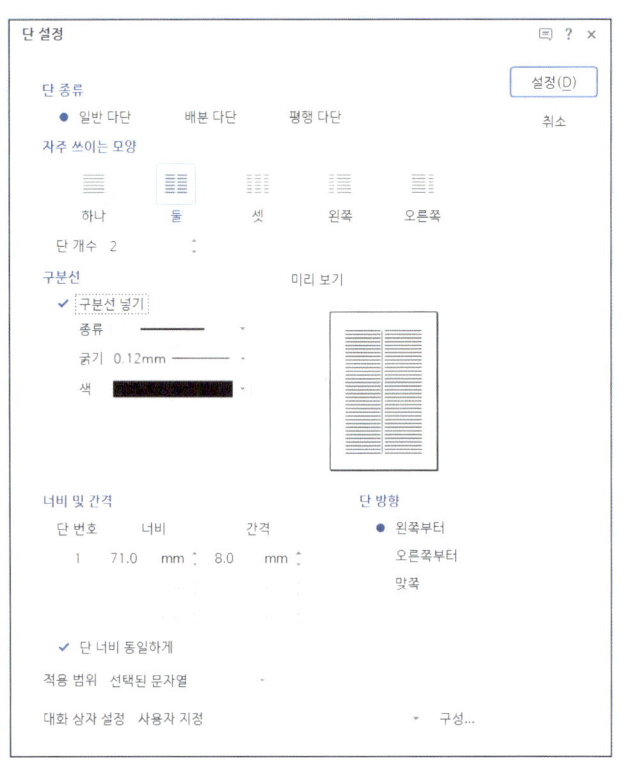

③ 다음 4번째 문장을 블록으로 지정하고 [쪽]-[다단 설정]을 지정하면 다단 대화 상자가 나타나며, 3단과 구분선을 지정하면 다음과 같이 한 쪽에 여러 단을 나타낼 수 있다.

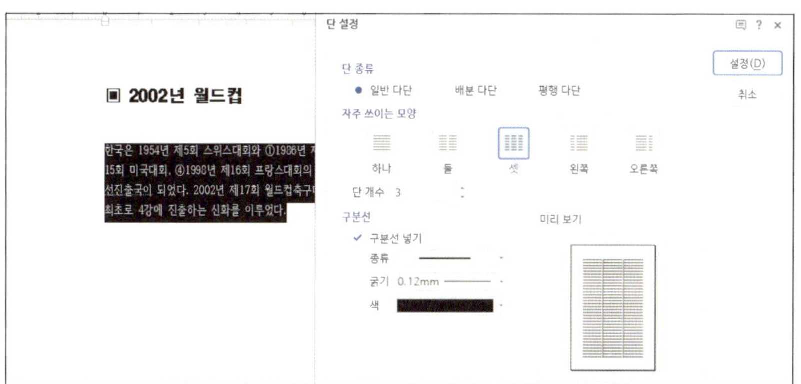


▣ 월드컵 [World Cup] ▣
10회 연속 대한민국 2018 월드컵 진출
1986년 멕시코 월드컵부터 2018 러시아 월드컵에 진출하였다. 大韓民國은 10회 월드컵 진출입니다.
■ 要約(Summary)
스포츠 경기에서 세계선수권대회를 이르는 말
▣ 본문(本文)

세계선수권을 겨루는 국제적인 운동경기의 상배(賞杯)나 선수권대회. 또는 국제축구연맹(FIFA)이 주최하는 축구경기를 가리키는 말이다.
축구는 월드컵축구대회라 하여 국제축구연맹(FIFA) 주최로 4년마다 열리는데, 제1회 대회는 1930년 우루과이에서 열렸다. 당시 연맹회장인 J.줄리메가 제공한 줄리메컵이 이 대회에서 3번 우승한 브라질에게 영구히 넘어갈 때까지는 줄리메컵 세계선수권대회라고도 하였다. 그 뒤 FIFA에서 우승컵을 제공하여 FIFA월드컵이라고도 한다.
참가자격은 아마추어와 프로를 가리지 않으며, 선수는 소속 클럽이나 팀의 국적이 아니라 선수 개인의 국적에 속해 출전한다. 본선은 지역예선을 거친 32개국이 토너먼트로 경기를 치른다.

▣ 2002년 월드컵

한국은 1954년 제5회 스위스대회와 ①1986년 제13회 멕시코대회, ②1990년 제14회 이탈리아대회, ③1994년 제15회 미국대회, ④1998년 제16회 프랑스대회의 본선경기에 진출함으로써 아시아 국가로는 처음으로 4회 연속 본선진출국이 되었다. 2002년 제17회 월드컵축구대회는 한국과 일본에서 공동 개최되었으며, 한국은 아시아에서는 최초로 4강에 진출하는 신화를 이루었다.

## 8.15 차트

차트는 자료의 변화를 한눈에 알아보기 쉽게 그래프 형식으로 제공하는 도구이며, 일종의 개체라고 할 수 있다. 한글 2020에서는 표 전체를 선택하거나 표 일부분만 셀 블록으로 설정하여 쉽게 차트를 만들 수 있다.

차트를 나타내기 위해서는 먼저 나타낼 표의 영역을 셀 블록으로 지정한 다음, [입력]-[차트]를 선택하거나, 차트 아이콘( )을 클릭하면 기본적인 차트 모양을 선택할 수 있다.

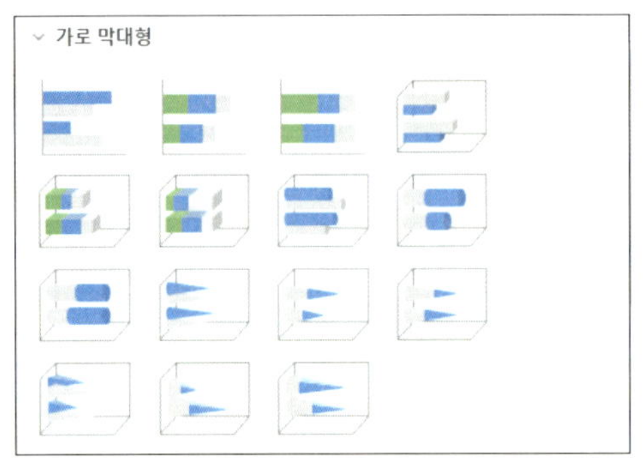


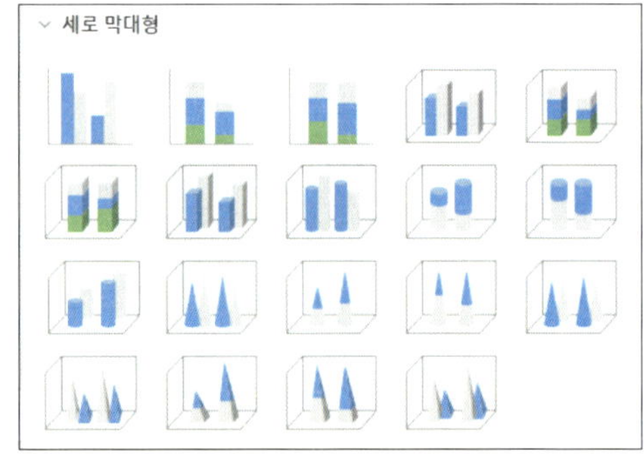


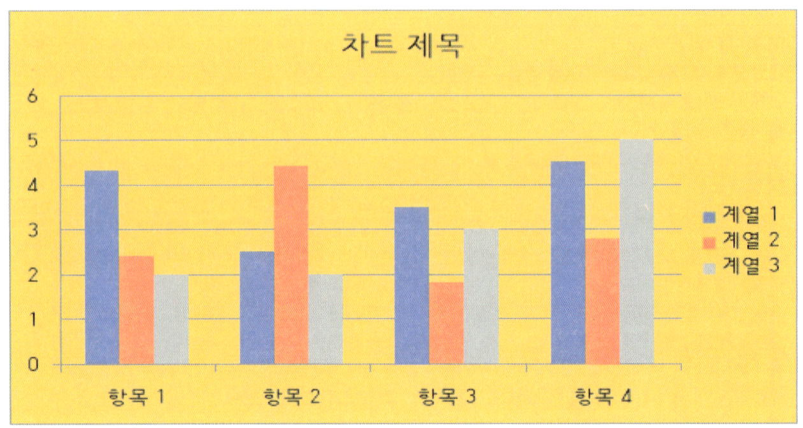


차트의 모양을 바꾸기 위해 차트 안에서 마우스 오른쪽 단추를 누르면, 각각의 차트 개체를 수정할 수 있는 단축 메뉴가 나타난다.

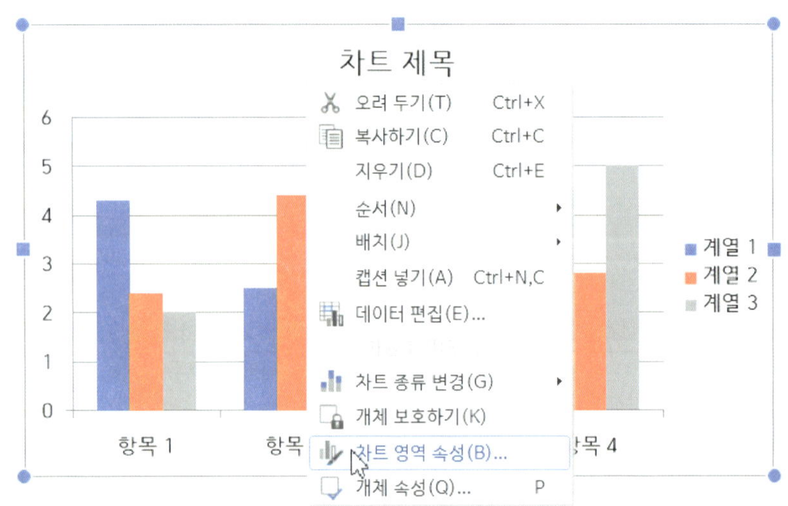

## 8.15.1 표를 이용한 차트 작성

| | 1월 | 2월 | 3월 | 합계 |
|---|---|---|---|---|
| 서울 | 900 | 932 | 346 | 2178 |
| 대전 | 265 | 324 | 216 | 805 |
| 광주 | 333 | 555 | 444 | 1332 |
| 대구 | 548 | 517 | 274 | 1339 |
| 부산 | 321 | 843 | 325 | 1489 |
| 합계 | 2367 | 3171 | 1605 | 7143 |

**따라하기**

① 차트를 만들기 위한 데이터 영역을 블록으로 선택한다.

| | 1월 | 2월 | 3월 | 합계 |
|---|---|---|---|---|
| 서울 | 900 | 932 | 346 | 2178 |
| 대전 | 265 | 324 | 216 | 805 |
| 광주 | 333 | 555 | 444 | 1332 |
| 대구 | 548 | 517 | 274 | 1339 |
| 부산 | 321 | 843 | 325 | 1489 |
| 합계 | 2367 | 3171 | 1605 | 7143 |

② [차트 만들기]를 클릭하면 기본적인 차트가 작성된다.

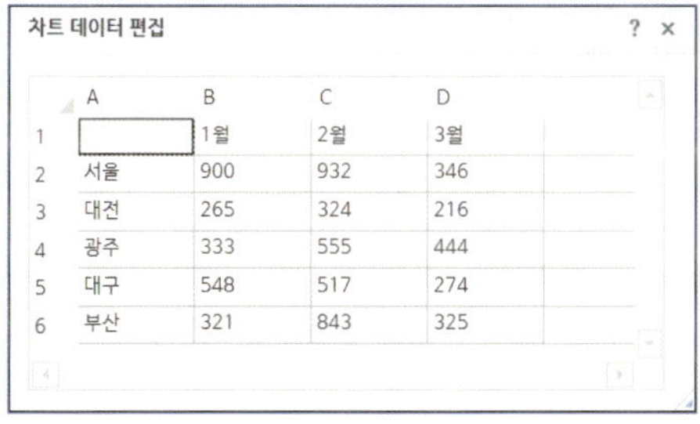

차트 데이터 편집

| | A | B | C | D |
|---|---|---|---|---|
| 1 | | 1월 | 2월 | 3월 |
| 2 | 서울 | 900 | 932 | 346 |
| 3 | 대전 | 265 | 324 | 216 |
| 4 | 광주 | 333 | 555 | 444 |
| 5 | 대구 | 548 | 517 | 274 |
| 6 | 부산 | 321 | 843 | 325 |

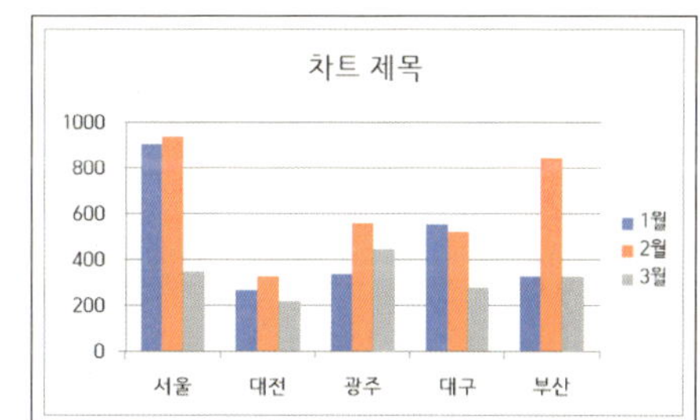


## 8.15.2 차트 디자인

차트를 지정하면 차트에 반영될 기본적인 메뉴가 자동으로 나타난다.

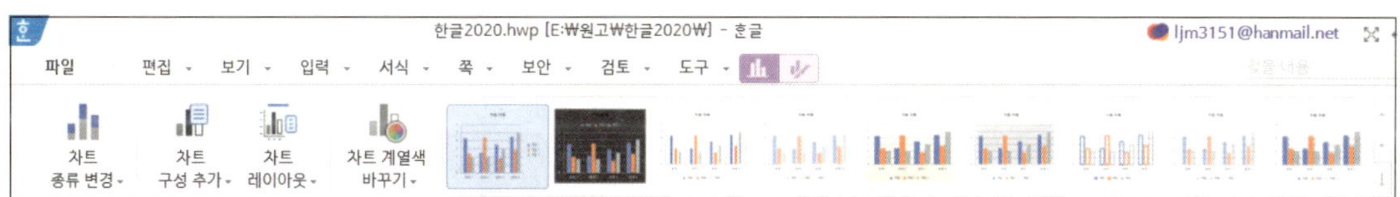

### 8.15.3 차트 서식

서식을 지정하면 다음과 같은 기본적인 메뉴가 자동으로 나타난다.

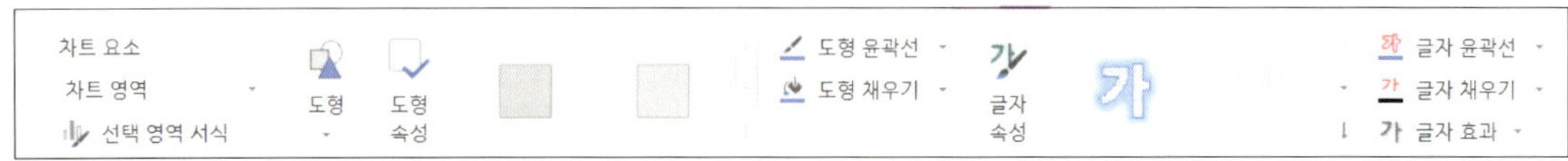


### 8.15.4 차트 종류 변경

**따라하기**

① 차트를 선택하고 [차트 종류 변경] 아이콘을 클릭하면 차트 종류 목록이 나타난다.

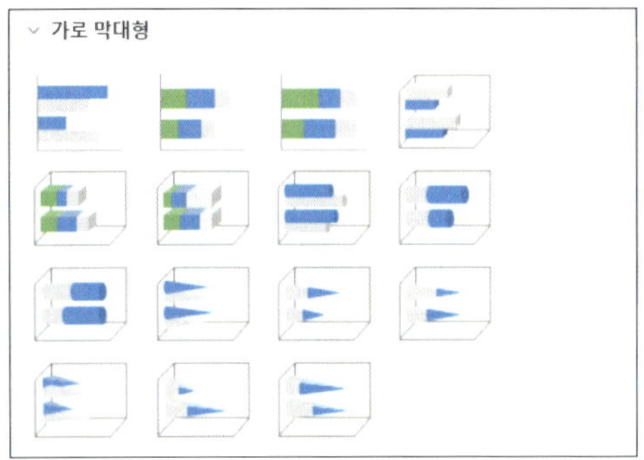


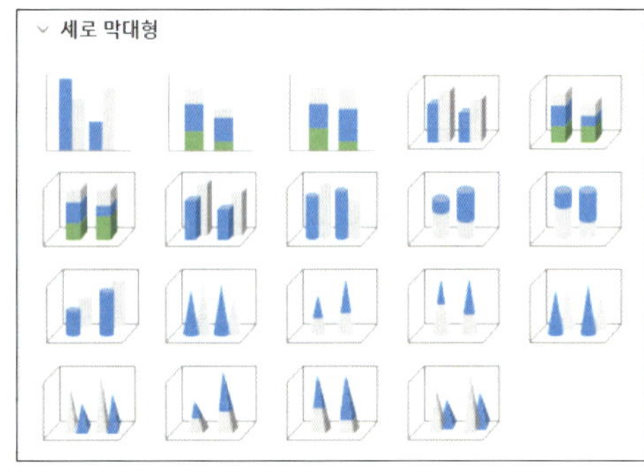


② 차트 종류 변경 대화 상자에서 다시 '묶은 세로 막대형( )'을 선택하면 다음과 같이 나타난다.

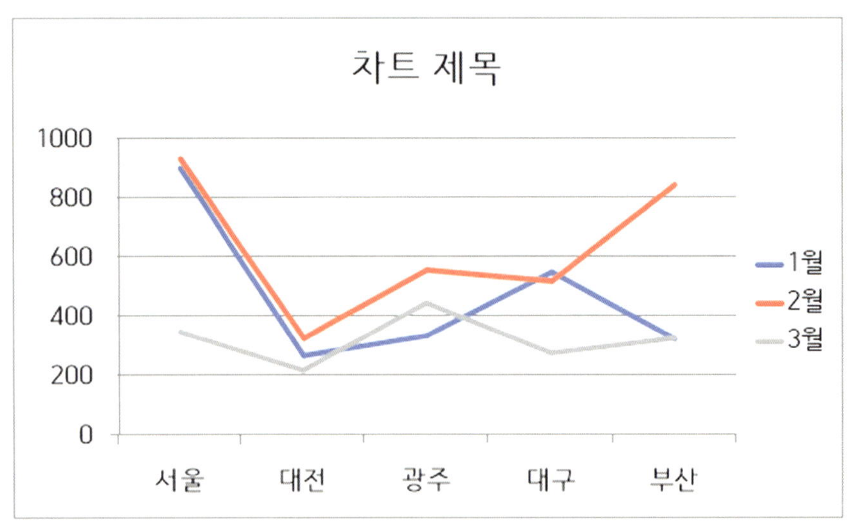

③ 차트 종류 변경 대화 상자에서 '꺾은선형( )'을 선택하면 다음과 같이 나타난다.

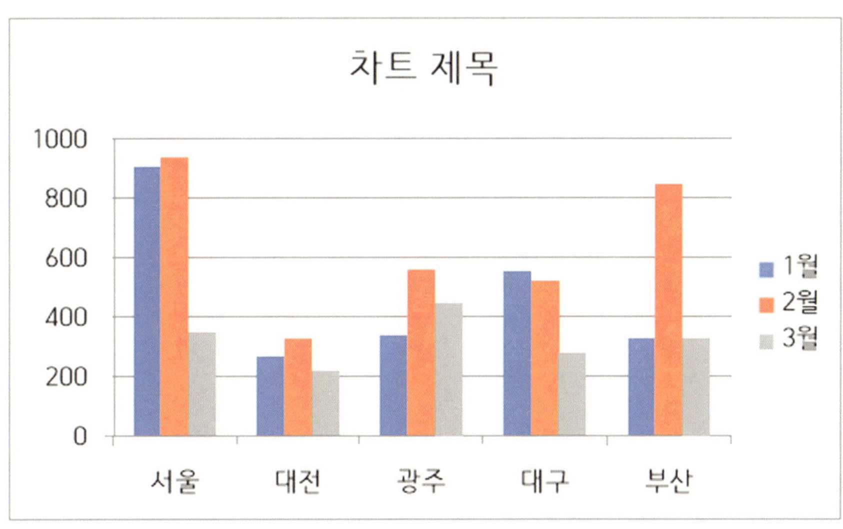


## 8.15.5 차트 구성요소 추가

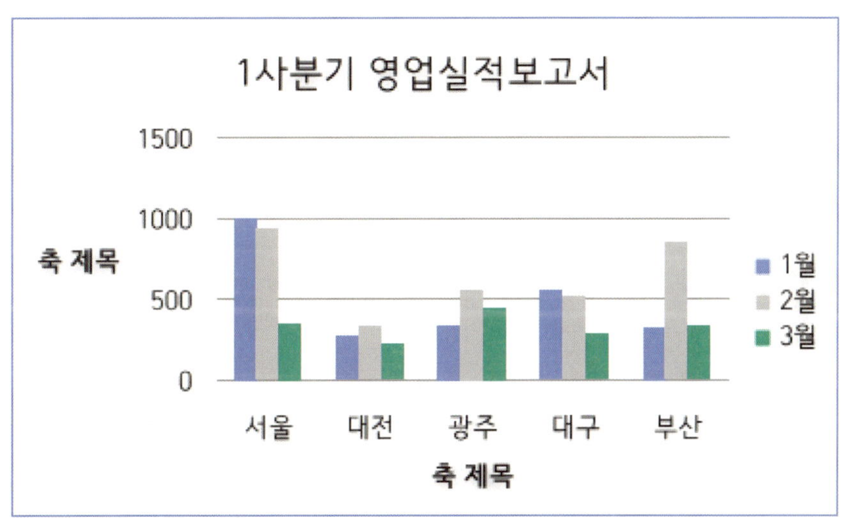


### (1) 차트 제목

차트의 제목을 마우스 오른쪽 단추를 누르고, [제목 편집]을 지정하고 제목 내용을 "1사분기 영업실적보고서"로 수정한다.

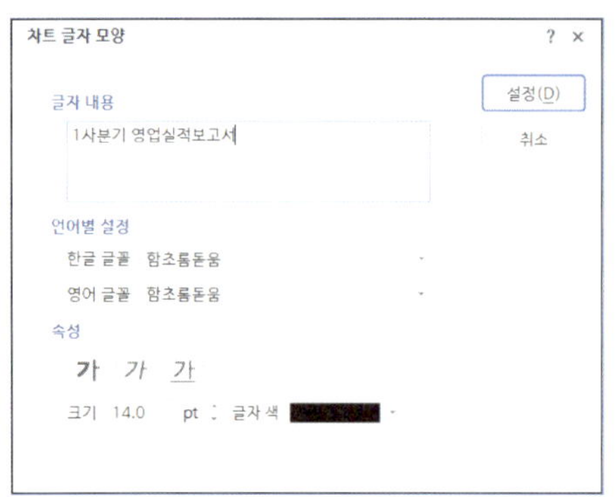


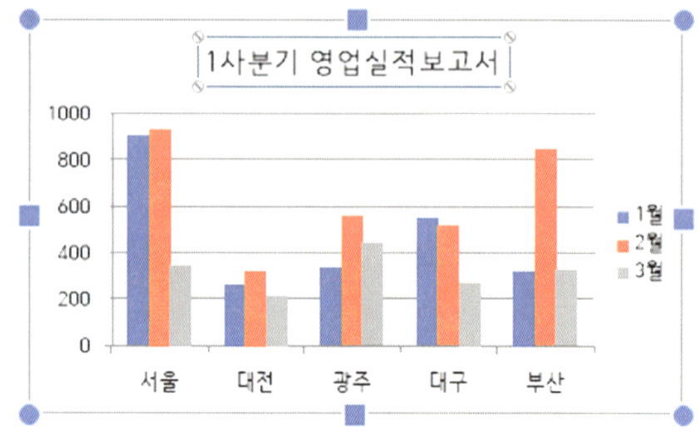


## (2) 원본 데이터 편집

데이터 막대를 마우스 오른쪽 단추를 눌러서 [데이터 편집]을 지정하면, 편집 창이 나타나고 B2 셀을 900에서 1000으로 수정한다.

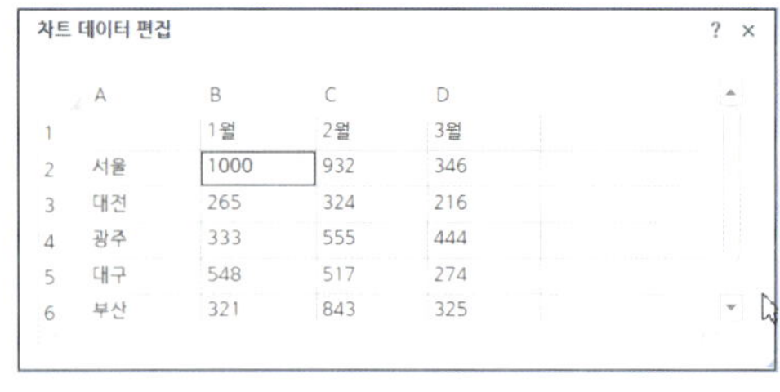


| | A | B | C | D |
|---|---|---|---|---|
| 1 | | 1월 | 2월 | 3월 |
| 2 | 서울 | 1000 | 932 | 346 |
| 3 | 대전 | 265 | 324 | 216 |
| 4 | 광주 | 333 | 555 | 444 |
| 5 | 대구 | 548 | 517 | 274 |
| 6 | 부산 | 321 | 843 | 325 |

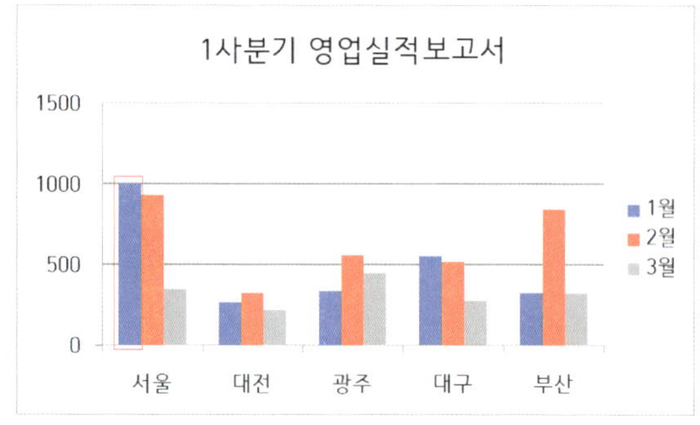


## (3) 차트 데이터 영역 삽입 삭제

데이터 막대를 마우스 오른쪽 단추를 눌러서 [데이터 편집]을 지정하면, 편집 창이 나타나고 삭제할 행을 선택하고 [지우기] 또는 [삽입]을 눌러서 지정한다.

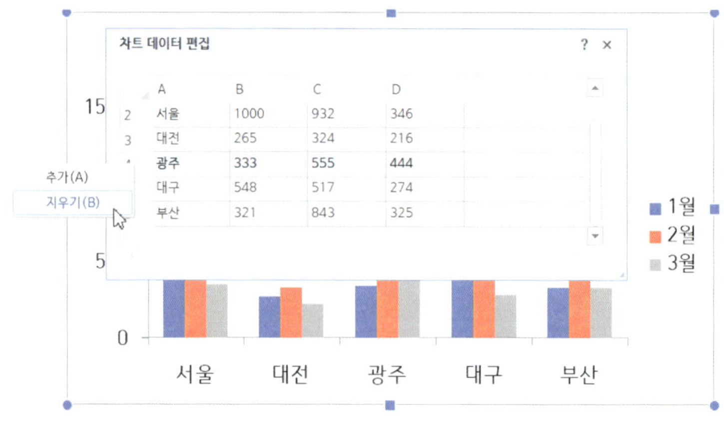


| | A | B | C | D |
|---|---|---|---|---|
| 2 | 서울 | 1000 | 932 | 346 |
| 3 | 대전 | 265 | 324 | 216 |
| 4 | 광주 | 333 | 555 | 444 |
| | 대구 | 548 | 517 | 274 |
| | 부산 | 321 | 843 | 325 |

### 8.15.6 차트 레이아웃 지정

#### (1) 축 제목 삽입

차트를 클릭하면 화면 위에서 [차트 레이아웃]을 지정하고 [레이아웃9]를 선택하면 축 제목이 나타나고 지정한 다음 축 제목 이름을 수정한다.

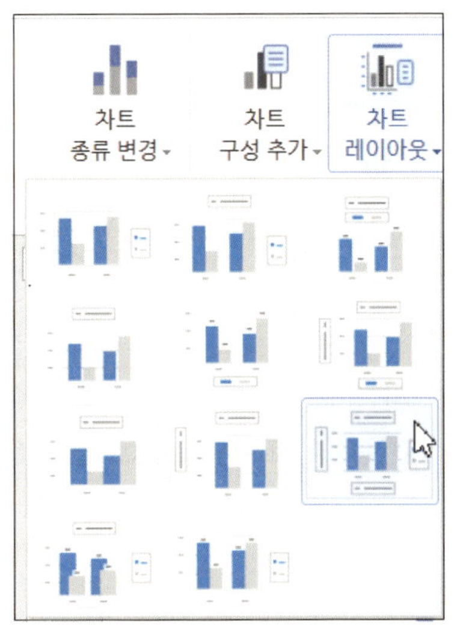


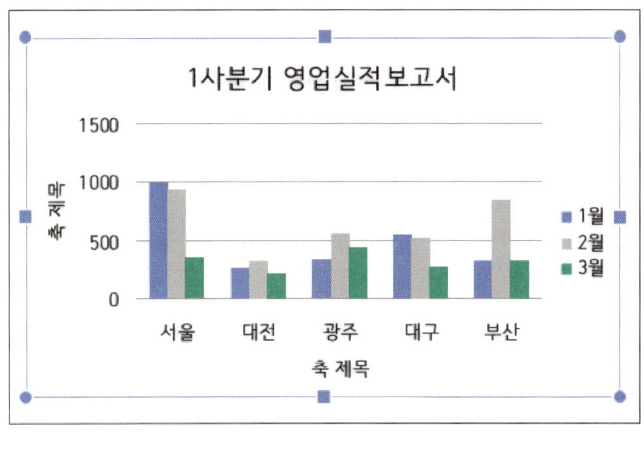


#### (2) 개체 속성 지정

차트를 마우스 오른쪽 단추를 눌러서 [개체 속성]을 지정하면 클릭하면 화면 오른쪽에 개체 속성 화면이 나타나고, [차트 영역]을 눌러서 각각의 항목을 수정할 수 있다.

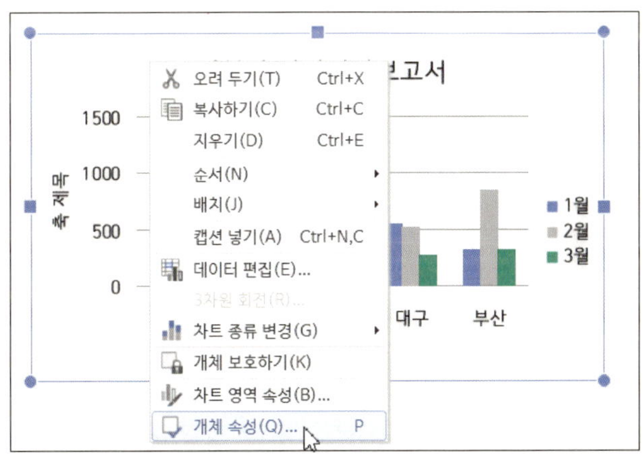


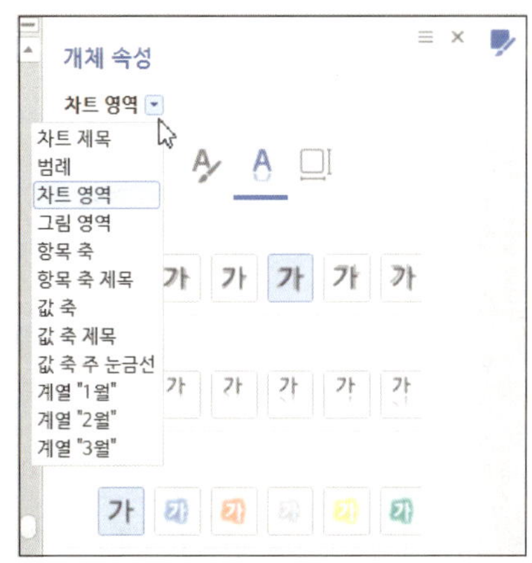

## 8.16 매크로

한글 워드프로세서에서 매크로란 엑셀의 매크로 기능처럼 단순하게 반복되는 기능을 자동으로 처리하는 편리한 기능이다. 매크로는 키보드뿐만 아니라 마우스 동작을 포함한 사용자가 정의하는 동작을 특정 단축키에 기록하여 매크로로 이용할 수 있다.

편집 과정에서 단순하게 반복해야 하는 마우스와 키보드로 입력한 동작을 차례로 기억했다가 간단하게 되풀이함으로 문서 작업에 적절히 사용하면 매우 빠르고 편리하게 사용할 수 있다.

매크로 정의는 Alt+Shift+H를 눌러서 시작하고, [중지] 아이콘(Alt+Shift+X)을 눌러서 끝낸다. 매크로의 실행은 Alt+Shift+1~0, -을 눌러서 사용할 수 있다.

한 번 정의한 매크로는 한글을 끝낼 때 시스템에 기록되기 때문에 덮어쓰지 않는 한 계속 사용이 가능하다.

### (1) 매크로 정의

매크로를 정의하는 순서는 다음과 같다.

① 편집 창에 "스크립트 매크로 정의"라고 입력한 다음 Enter↵를 누르고 반복해서 같은 내용을 세 줄로 입력한다.

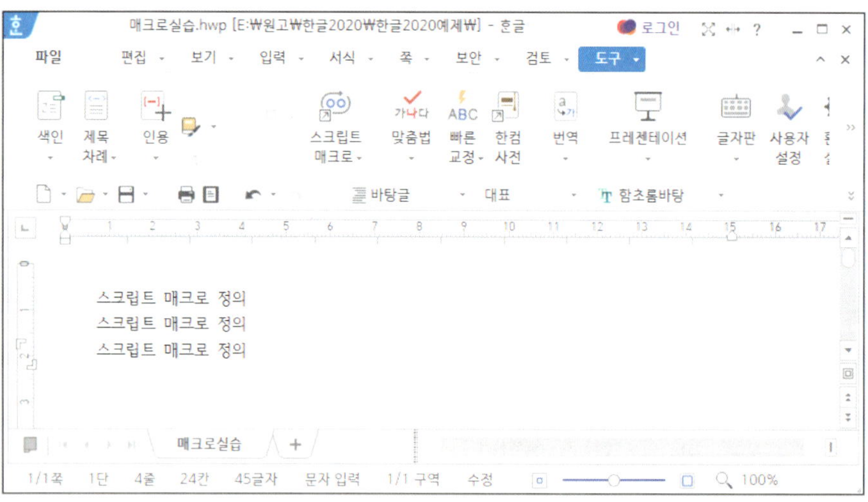


② 첫째 줄의 '스크립트 매크로 정의' 글자를 블록으로 설정한 다음 [도구]-[스크립트 매크로-매크로 정의]를 실행한다.

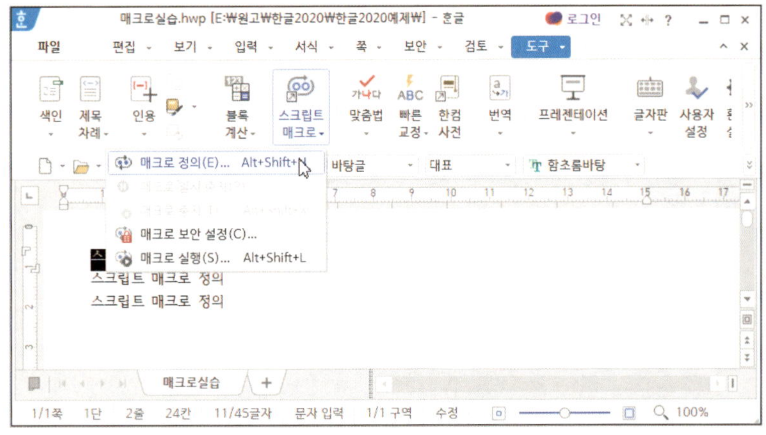


③ [스크립트 매크로 정의] 대화 상자가 나타나면 목록에서 Alt+Shift+3을 선택하고, [이름]에 "글자색"이라고 입력한 다음 [정의] 단추를 클릭한다.

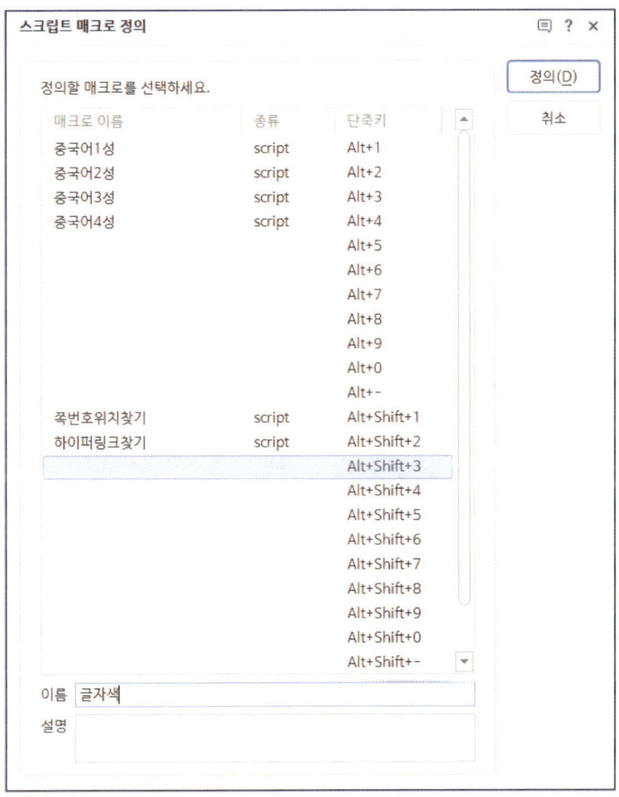


④ 스크립트 매크로 정의가 시작되면서 [매크로 기록 중지], [매크로 기록 일시 중지] 단추가 상황 선에 나타난다.

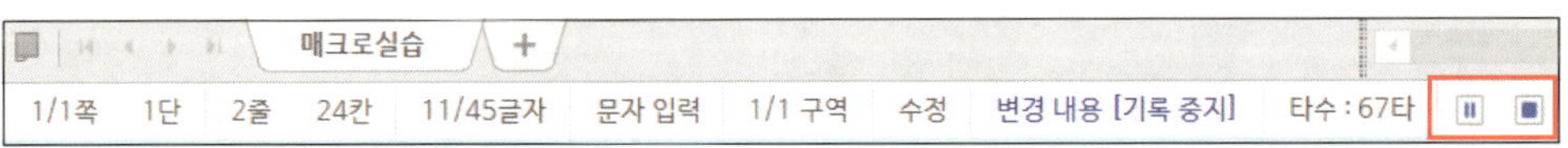

⑤ 앞으로 누르는 글자판과 마우스의 동작이 차례로 Alt+Shift+3에 기록된다.
⑥ [서식]-[글자 모양]을 실행한 다음 [글자 모양] 대화 상자, [기본]-[글자색] 항목에서 [빨간색]을 선택하고 [설정] 단추를 누른다.

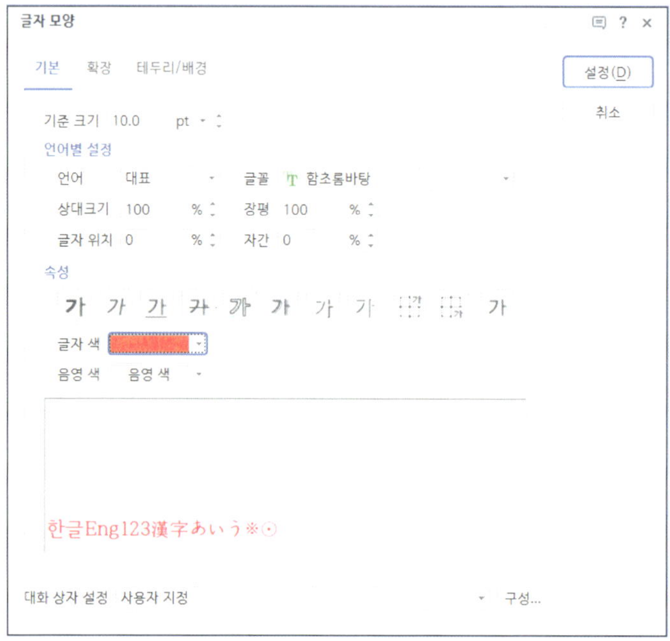

⑦ [상황 선]에서 [매크로 기록 중지] 아이콘( )을 눌러 매크로 정의를 끝낸다.
⑧ 매크로 기록 중지 아이콘이 상황선에서 없어지고, 매크로가 정의되어 있는지 확인한다.

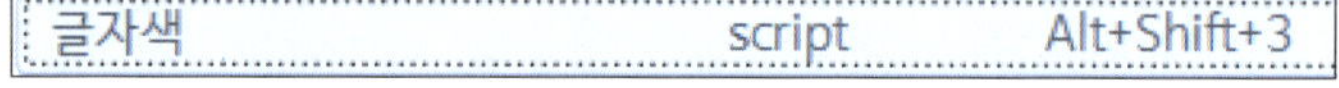


### (2) 매크로 실행

매크로를 실행하는 순서는 다음과 같다.

① 편집 창에서 둘째 줄의 '스크립트 매크로 정의' 글자를 블록으로 설정한다.
② Alt+Shift+3을 누르면 글자색을 바꾸는 스크립트 매크로가 실행되어 둘째 줄의 글자색도 빨간색으로 바뀌어 나타난다.

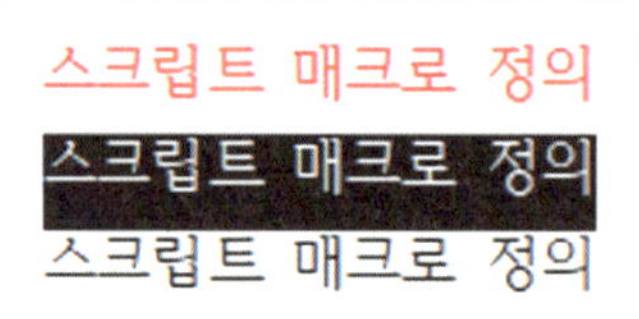


스크립트 매크로 정의
스크립트 매크로 정의
스크립트 매크로 정의

③ 이와 같은 방법을 이용하여 다른 글자도 빨간색으로 쉽게 바꿀 수 있다.

### (3) 매크로 삭제

선택한 매크로에 정의되어 있는 이름과 내용을 모두 지운다.

① [도구]-[스크립트 매크로]-[매크로 실행]을 실행한다.

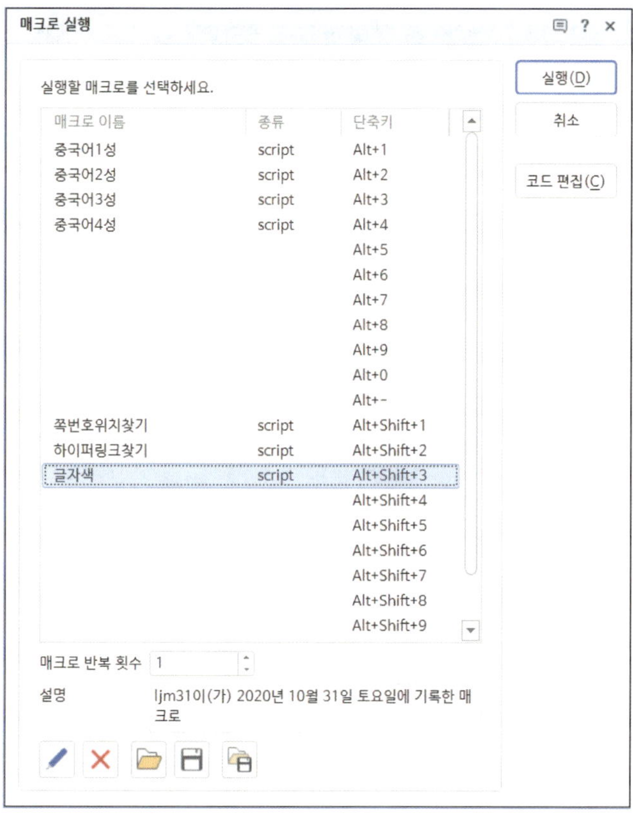


② [매크로 실행] 대화 상자가 나타나면 목록에서 삭제할 매크로 "글자색"을 선택한다.

③ [매크로 지우기] 아이콘(×)을 누른다.

④ "선택한 매크로를 지울까요?" 메시지가 나타나면 [지움]을 클릭한다.

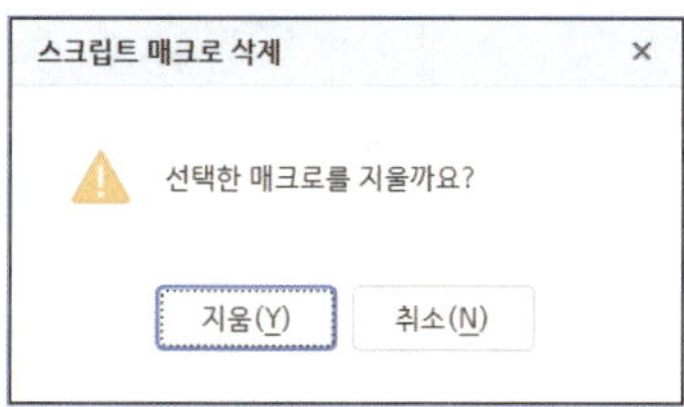


⑤ 선택한 매크로의 이름과 내용이 모두 지워진다.

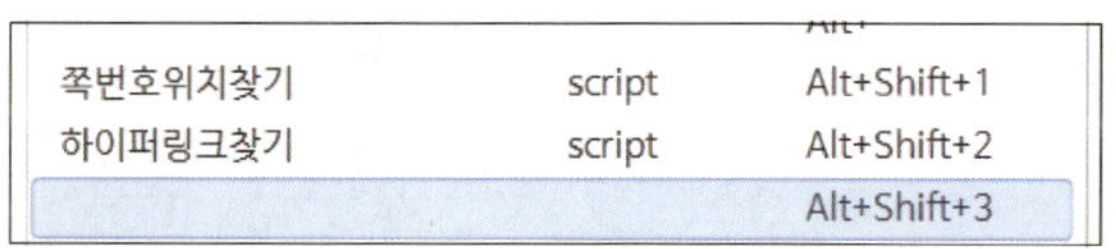

한 번 지운 매크로는 다시 되살릴 방법이 없다. 만일 매크로가 자주 쓰이지 않기 때문에 지우려고 했다면, [매크로 편집]에서 단축키를 "없음"으로 지정하여 목록에서 아래쪽으로 미루어 두거나, 먼저 [매크로 저장하기] 에서 그 매크로를 파일로 저장해 둔 다음 지우면 필요할 때 다시 불러 쓸 수 있다.

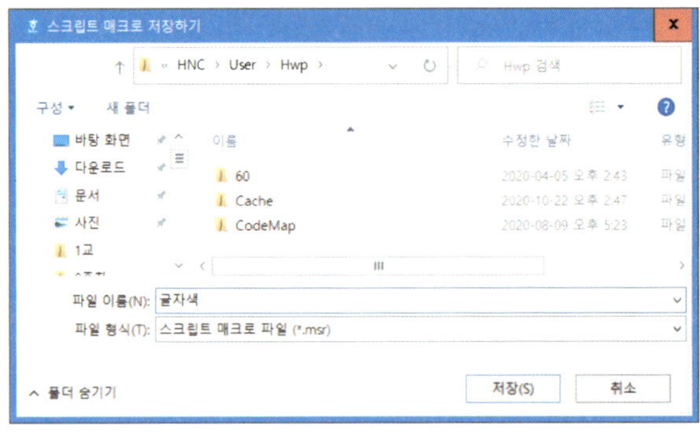


## (4) 매크로 불러오기

파일로 저장된 매크로를 불러 원하는 단축키에 배당한다.

① [도구]-[스크립트 매크로]-[매크로 실행]을 실행한다.

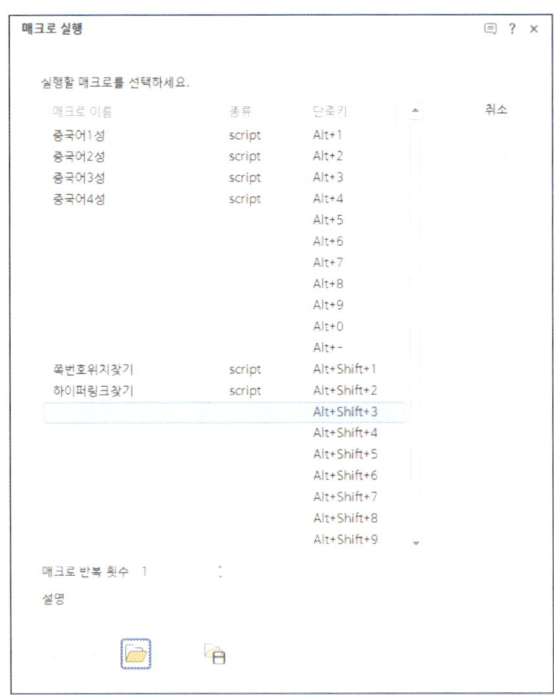


② [매크로 실행] 대화 상자가 나타나면 정의되어 있지 않은 매크로를 선택하고 [매크로 불러오기] 아이콘( )을 누른다.

③ [매크로 불러오기] 대화 상자가 나타나면, 불러올 파일(*.msr 또는 *.mcr)을 선택한 다음 [열기] 단추를 지정한다.

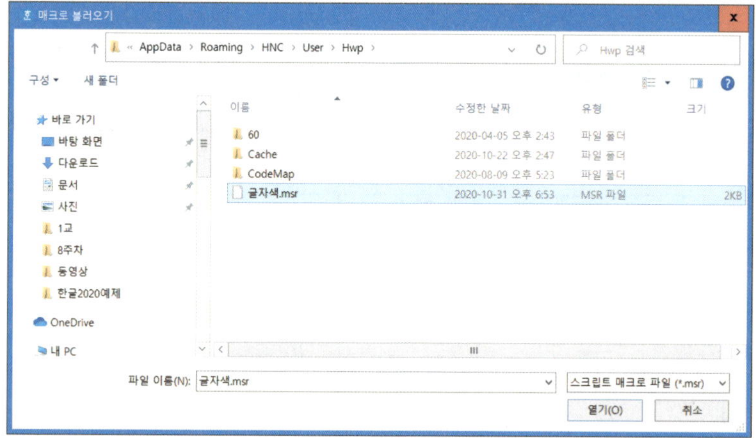


④ 불러온 매크로가 목록에서 선택한 위치의 단축키에 배당된다.

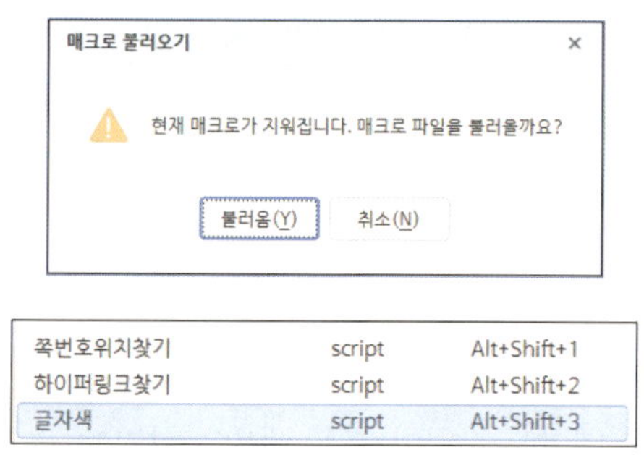


| | | |
|---|---|---|
| 쪽번호위치찾기 | script | Alt+Shift+1 |
| 하이퍼링크찾기 | script | Alt+Shift+2 |
| 글자색 | script | Alt+Shift+3 |

[매크로 불러오기]를 할 때 목록에서 정의된 내용이 있는 단축키를 선택하면, 새로 불러온 내용으로 덮어쓰고 그 자리에 있던 스크립트 매크로는 지워진다. 이렇게 지워진 스크립트 매크로는 되살릴 수 없으니 주의해야 한다.

## 8.17 메일 머지

메일 머지는 여러 사람의 이름, 주소 등이 들어 있는 '데이터 파일(data file)'과 '서식 파일(form letter file)'을 결합함(merge)으로써, 이름이나 직책, 주소 부분 등만 다르고 나머지 내용이 같은 수십, 수백 통의 편지지를 한꺼번에 만드는 기능이다.

따라서 회원들에게 정기적으로 안내장을 발송할 일이 있다면, 많은 양의 단순 반복 작업을 메일 머지 기능으로 대신할 수 있다.

메일 머지를 수행하기 위해서는 데이터 파일과 서식 파일이 필요하다.

### (1) 한글에서 만든 데이터 파일로 메일 머지 만들기

① [파일]-[새 문서]를 실행하여 데이터를 입력한 다음 데이터 파일(데이터.hwp)을 저장하고 열기 상태를 유지한다.
(데이터 첫 줄에 3(레코드 개수)을 입력하고 다음 목록들을 차례로 입력한다.)

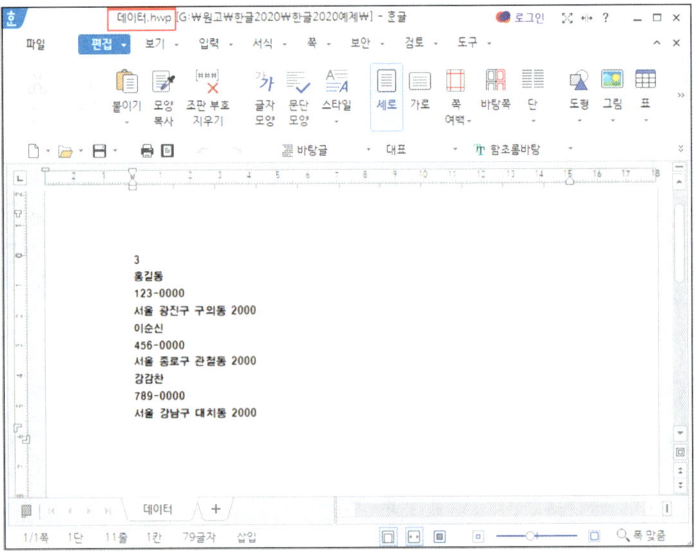


② [파일]-[새 문서]를 실행하여 메일 머지의 데이터(데이터.hwp) 내용을 적용할 서식 파일(Mail_form1.hwp)의 내용을 작성한 다음 데이터 파일이 필드 내용을 삽입할 곳에 커서를 놓고 [도구]-[메일 머지]-[메일 머지 표시 달기]를 실행한다.

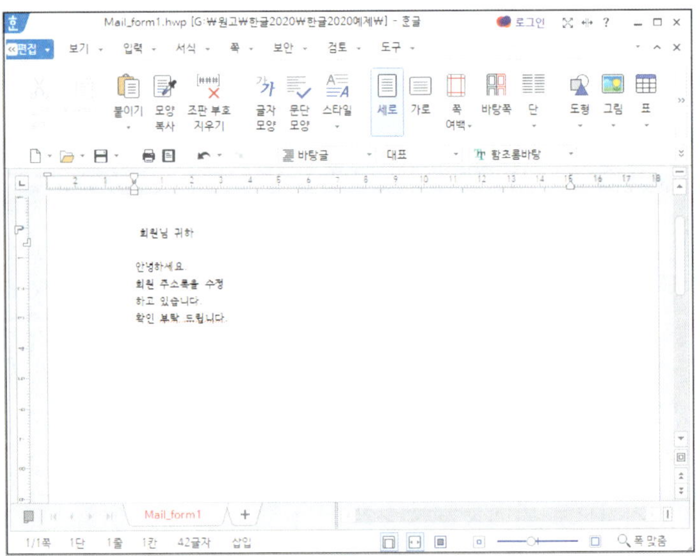

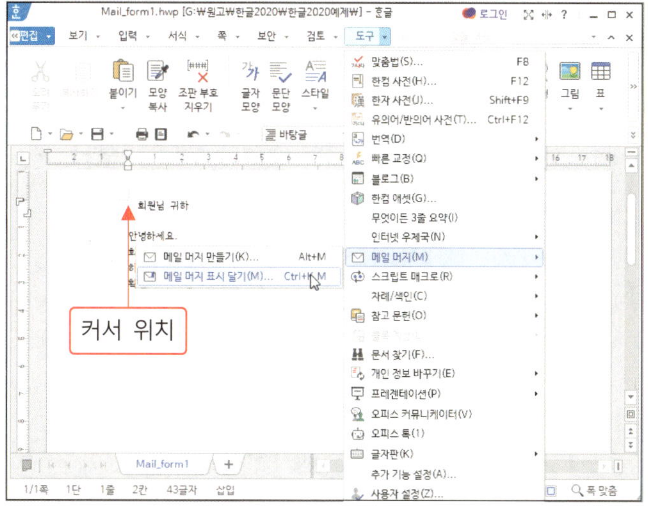


③ [메일 머지 표시 달기] 대화 상자가 나타나면 [필드 만들기] 탭을 선택하고 입력 상자에 필드 번호 "1"을 입력한 다음 [넣기] 단추를 누른다.

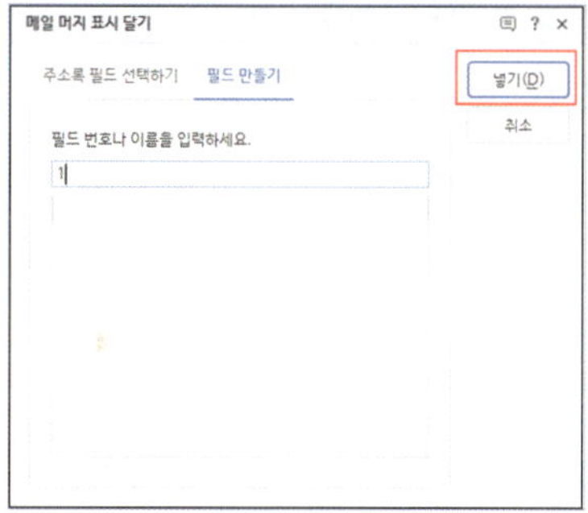

④ 커서 위치에 {{1}} 이 삽입되면 다른 곳에도 메일 머지 표시 달기를 수행한 다음 내용을 입력한다.

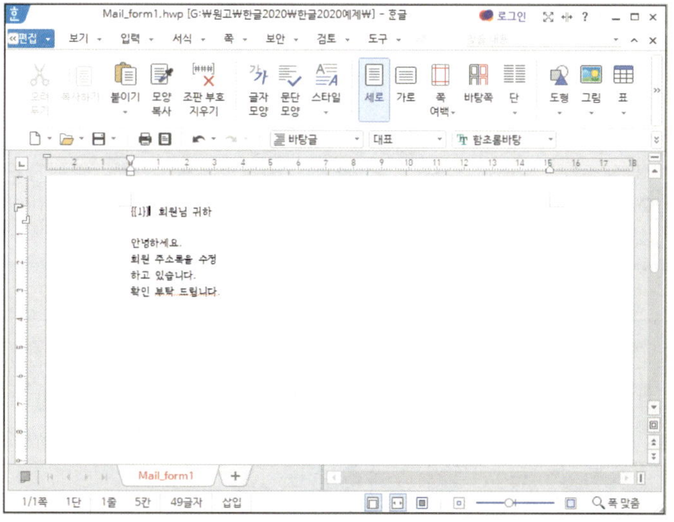

⑤ 다음으로 문서 아랫부분에 커서를 위치하고, [메일 머지 표시 달기] 대화 상자가 나타나면 [필드 만들기] 탭을 선택하고 입력 상자에 필드 번호 "2"와 "3"을 추가해서 입력한 다음 [넣기] 단추를 누르면 다음과 같이 나타난다.

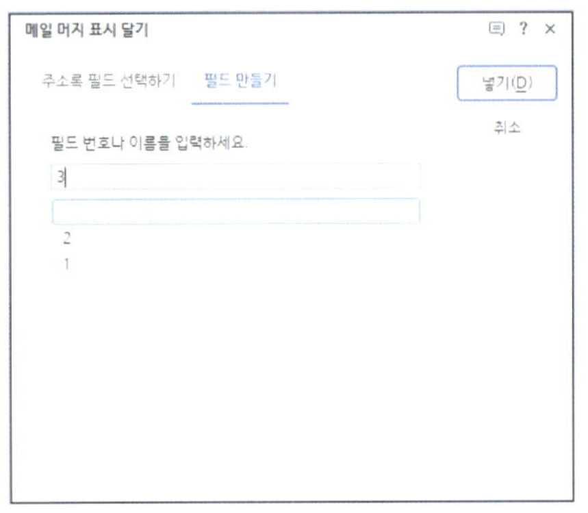


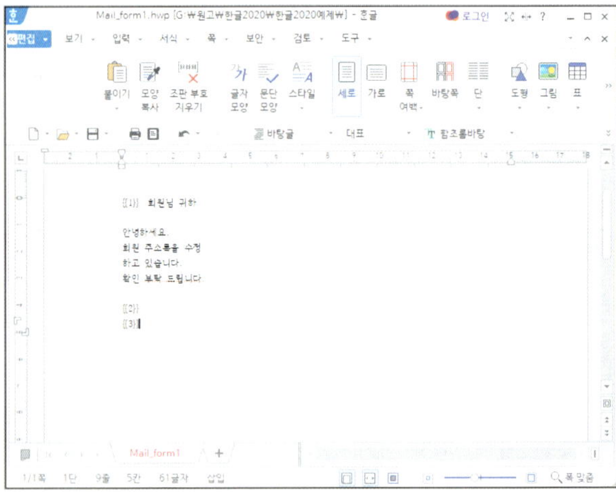


⑥ 먼저 서식 파일(Mail_form1.hwp)을 저장한다.

⑦ [파일]-[불러오기]를 실행하여 서식 파일(Mail_form1.hwp)을 불러온 다음 [도구]-[메일 머지]-[메일 머지 만들기]를 실행한다.

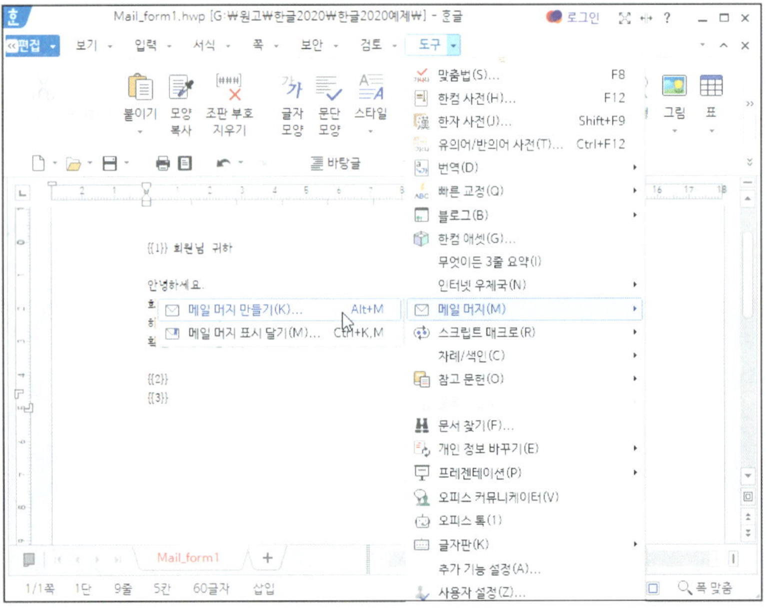


⑧ [메일 머지 만들기] 대화 상자가 나타나면 [자료 종류]-[한글 파일]을 선택한 다음 [파일 선택] 아이콘을 클릭하고, [한글 파일 불러오기] 대화 상자가 나타나면 데이터 파일(Data.hwp)을 나타낸다.

⑨ [출력 방향]-[화면]을 지정하고 [만들기] 단추를 누른다.

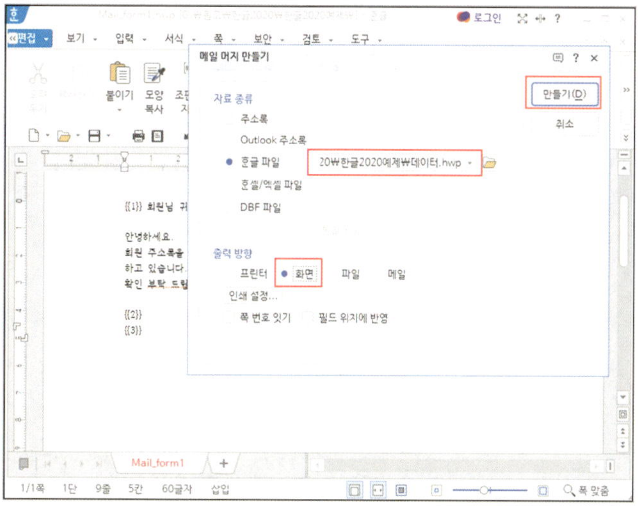

⑩ 출력 결과가 [미리 보기] 창으로 다음과 같이 나타난다.

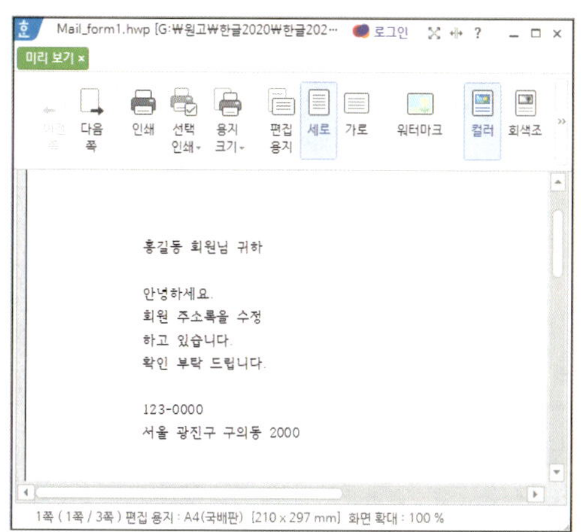


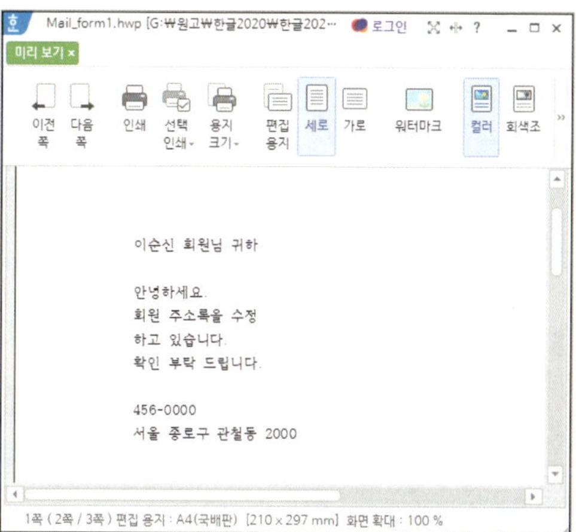


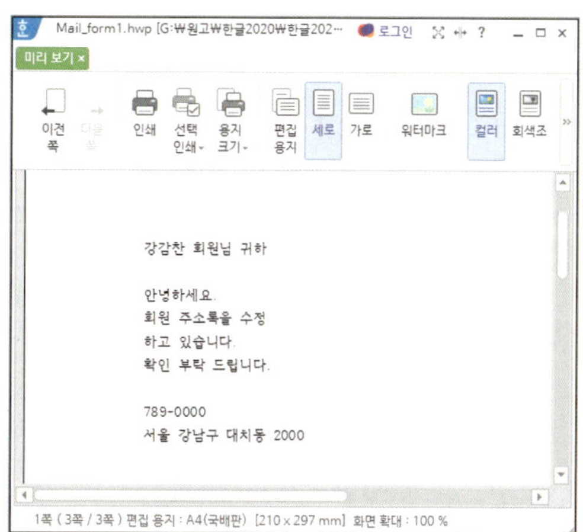


⑪ 메일 머지 결과가 미리 보기 창으로 출력되면 [인쇄] 아이콘을 눌러 인쇄한다.

# 단축키 목록

**[커서 이동]**

| | |
|---|---|
| 빈칸 삽입 | SpaceBar |
| 문단 나누기 | Enter |
| 바로 앞 글자로 커서 이동 | ← |
| 바로 뒤 글자로 커서 이동 | → |
| 아래 줄로 커서 이동 | ↓ |
| 앞줄로 커서 이동 | ↑ |
| 오른쪽 낱말의 첫 글자로 | Ctrl+→ |
| 왼쪽 낱말의 첫 글자로 | Ctrl+← |
| 아래 문단의 첫 글자로 | Ctrl+↓ |
| 앞 문단의 첫 글자로 | Ctrl+↑ |
| 왼쪽 단으로 | Ctrl+Alt+← |
| 오른쪽 단으로 | Ctrl+Alt+→ |
| 현재 낱말의 끝 글자로 | Ctrl+(회색)5 |
| 줄의 첫 번째 글자로 | Home |
| 줄의 마지막 글자로 | End |
| 문단의 첫 번째 글자로 | Alt+Home |
| 문단의 마지막 글자로 | Alt+End |
| 화면의 첫 번째 줄로 | Ctrl+Home |
| 화면의 마지막 줄로 | Ctrl+End |
| 한 화면 앞으로 | Page Up |
| 한 화면 뒤로 | Page Down |
| 한 페이지 앞으로 | Alt+Page Up |
| 한 페이지 뒤로 | Alt+Page Down |
| 문서의 맨 처음으로 | Ctrl+Page Up |
| 문서의 맨 끝으로 | Ctrl+Page Down |

**[지우기]**

| | |
|---|---|
| 바로 뒤 한 글자 지우기 | Delete |
| 바로 앞 한 글자 지우기 | BackSpace |
| 커서 뒤 낱말 지우기 | Ctrl+T/Ctrl+Delete |
| 바로 앞 낱말 지우기 | Ctrl+BackSpace |
| 커서 위치의 한 줄 지우기 | Ctrl+Y |
| 커서 위치부터 줄 끝까지 지우기 | Alt+Y |

**[파일]**

| | |
|---|---|
| 새 글 | Alt+N |

| | |
|---|---|
| 문서마당 | Ctrl+Alt+N |
| 불러오기 | Alt+O |
| 최근 파일 불러오기 | Alt+F3 |
| 저장하기 | Alt+S/Ctrl+S |
| 새 이름으로 저장하기 | Alt+V |
| 문서 닫기 | Ctrl+F4 |
| 문서 요약 | Ctrl+Q,I/Ctrl+Q,D |
| 끝내기 | Alt+X |
| 인쇄 | Alt+P/Ctrl+P |

• 미리 보기상태에서

| | |
|---|---|
| 편집 용지 설정 | F7 |
| 인쇄 | Alt+P/Ctrl+P |
| 앞 페이지/다음 페이지 | Page Up/Page Down |
| 문서의 첫 페이지 | Ctrl+Page Up |
| 문서의 끝 페이지 | Ctrl+Page Down |
| 현재 페이지(맞쪽 보기에서는 오른쪽) | Ctrl+Enter |
| 화면 인쇄 확대/축소 | (회색)+/- |
| 편집 용지 여백 보기 | . (마침표) |
| 편집 용지 보기 | , (쉼표) |

**【편집】**

| | |
|---|---|
| 되살리기 | Ctrl+Z |
| 다시 실행 | Ctrl+Shift+Z |
| 모두 선택 | Ctrl+A |
| 블록 복사하기 | Ctrl+C/Ctrl+Insert |
| 블록 오려 두기 | Ctrl+X/Shift+Delete |
| 블록 지우기 | Ctrl+E |
| 붙이기 | Ctrl+V/Shift+Insert |
| 골라 붙이기 | Ctrl+Alt+V |
| 블록 설정 | F3 |
| 낱말 블록 | F3, 2번 |
| 한 문단 블록 | F3, 3번 |
| 문서 전체 블록 | F3, 4번 |
| 원하는 만큼 블록 설정 | Shift+←/→ |
| 커서부터 줄 처음까지/끝까지 블록 설정 | Shift+Home/End |
| 찾기 | Ctrl+Q,F/Ctrl+F |
| 쉬운 찾기 | F2 |
| 바꾸기 | Ctrl+F2/Ctrl+Q,A/Ctrl+H |
| 다시 찾기 | Ctrl+L |
| 거꾸로 찾기 | Ctrl+Q,L |

| | |
|---|---|
| 찾아가기 | Alt+G |
| 고치기 | Ctrl+N,K |

**【보기】**

| | |
|---|---|
| 조판 부호 보이기/감추기 | Ctrl+G,C |
| 문단 부호 보이기/감추기 | Ctrl+G,T |
| 쪽 윤곽 | Ctrl+G,L |
| 화면 확대 쪽 맞춤 | Ctrl+G,P |
| 화면 확대 폭 맞춤 | Ctrl+G,W |
| 화면 확대 100% | Ctrl+G,Q |
| 화면 확대/축소 | Shift+(회색)+/- |
| 전체 화면 | Ctrl+G,Z |

**【입력】**

| | |
|---|---|
| 글자판 바꾸기 | Alt+F2 |
| 글자판 보기 | Alt+F1 |
| 한/영 자판 전환 (1, 2 글자판) | 왼쪽 Shift+SpaceBar |
| 3, 4 글자판 전환 | 오른쪽 Shift+SpaceBar |
| 언어 선택 사항 | Shift+F3 |
| 문자표 | Ctrl+F10 |
| 한글을 한자로 변환 | F9 |
| 한자를 한글로 변환 | Alt+F9 |
| 한자 부수 입력 | Ctrl+F9 |
| 한자 자전 | Shift+F9 |
| 한자 단어 등록 | Ctrl+Alt+F9 |
| 한자 새김 입력 | Ctrl+Shift+F9 |
| 각주 | Ctrl+N,N |
| 미주 | Ctrl+N,E |
| 표 | Ctrl+N,T |
| 수식 | Ctrl+N,M |
| 문단 띠 | Ctrl+N,L |
| 캡션 편집 | Ctrl+N,C |
| 책갈피 | Ctrl+K,B |
| 하이퍼링크 | Ctrl+K,H |
| 끼워 넣기 | Ctrl+O |
| 개체 삽입 | Ctrl+N,O |
| 문서마당 정보 입력 | Ctrl+K,E |

- **그림 넣기에서**

| | |
|---|---|
| 그림 | Ctrl+N,I |
| 처음 값으로 개체 삽입 | F/Enter |

| | |
|---|---|
| 글자처럼 취급 | D |
| 어울림-문단 | S |
| 어울림-쪽 | A |
| 어울림-종이 | V |
| 자리차지-문단 | C |
| 자리차지-쪽 | X |
| 자리차지-종이 | Z |

• 글상자에서

| | |
|---|---|
| 글상자 | Ctrl+N,B |
| 처음 값으로 개체 삽입 | F/Enter |
| 글자처럼 취급 | D |
| 어울림-문단 | S |
| 어울림-쪽 | A |
| 어울림-종이 | V |
| 자리차지-문단 | C |
| 자리차지-쪽 | X |
| 자리차지-종이 | Z |

• 상용구에서

| | |
|---|---|
| 상용구 등록 | F3→Alt+I |
| 상용구 실행 | 첫 글자, Alt+I |
| 상용구 내용 보기 | Ctrl+F3 |

【모양】

| | |
|---|---|
| 글자 모양 | Alt+L |
| 문단 모양 | Alt+T |
| 모양 복사 | Alt+C |
| 스타일 | F6 |
| 편집 용지 설정 | F7 |
| 머리말/꼬리말 | Ctrl+N,H |
| 쪽 번호 달기 | Ctrl+N,P |
| 감추기 | Ctrl+N,S |
| 구역 | Ctrl+N,G |
| 단 나누기 | Ctrl+Shift+Enter |
| 다단 설정 나누기 | Ctrl+Alt+Enter |
| 구역 나누기 | Alt+Shift+Enter |
| 강제 페이지 나눔 | Ctrl+Enter/Ctrl+J |
| 강제 줄 나누기 | Shift+Enter |

• 스타일에서

| | |
|---|---|
| 스타일 적용 | Ctrl+1,2...0/Ctrl+Alt+1,2...0 |
| 글자 스타일 해제 | Ctrl+- |

• 글자 속성

| | |
|---|---|
| 글씨 크게/작게 | Shift+Alt+E/R |
| 자간 넓게/좁게 | Shift+Alt+W/N |
| 장으로/평으로 | Shift+Alt+J/K |
| 밑줄 | Shift+Alt+U/Ctrl+U |
| 진하게 | Shift+Alt+B/Ctrl+B |
| 이탤릭 | Shift+Alt+I/Ctrl+I |
| 위첨자 | Shift+Alt+P |
| 아래 첨자 | Shift+Alt+S |
| 보통 모양 | Shift+Alt+C |
| 다음 글꼴 | Shift+Alt+F |
| 이전 글꼴 | Shift+Alt+G |
| 위첨자/아래첨자/보통 | Ctrl+Alt+A |
| 검정 글자색 | Ctrl+M,K |
| 빨강 글자색 | Ctrl+M,R |
| 파랑 글자색 | Ctrl+M,B |
| 자주 글자색 | Ctrl+M,D |
| 초록 글자색 | Ctrl+M,G |
| 노랑 글자색 | Ctrl+M,Y |
| 청록 글자색 | Ctrl+M,C |
| 흰색 글자색 | Ctrl+M,W |

• 문단 속성

| | |
|---|---|
| 빠른 내어쓰기 | Shift+Tab |
| 왼쪽 여백 줄이기 | Ctrl+Alt+F5/Ctrl+Shift+E |
| 왼쪽 여백 늘이기 | Ctrl+Alt+F6/Ctrl+Shift+G |
| 오른쪽 여백 늘이기 | Ctrl+Alt+F7/Ctrl+Shift+D |
| 오른쪽 여백 줄이기 | Ctrl+Alt+F8/Ctrl+Shift+F |
| 첫 줄 내어쓰기 | Ctrl+F5/Ctrl+Shift+O |
| 첫 줄 들여쓰기 | Ctrl+F6/Ctrl+Shift+I |
| 양 쪽 여백 줄이기 | Ctrl+F7 |
| 양 쪽 여백 늘이기 | Ctrl+F8 |
| 줄 간격 넓게/좁게 | Shift+Alt+Z/A, Ctrl+Shift+Q/W |
| 양 쪽 정렬 | Ctrl+Shift+M |
| 왼쪽 정렬 | Ctrl+Shift+L |
| 오른쪽 정렬 | Ctrl+Shift+R |

| | |
|---|---|
| 가운데 정렬 | Ctrl+Shift+C |
| 배분 정렬 | Ctrl+Shift+T |

• 개요 번호

| | |
|---|---|
| 개요 번호 모양 | Ctrl+K,O |
| 문단 번호 모양 | Ctrl+K,N |
| 개요 번호 삽입 | Ctrl+Alt+Insert |
| 문단 번호 삽입 | Ctrl+Shift+Insert |
| 글머리표 삽입 | Ctrl+Shift+Delete |
| 문단 번호 새 번호로 시작 | Alt+Shift+Insert |
| 개요 번호 단계 증가 | Ctrl+(회색)+ |
| 개요 번호 단계 감소 | Ctrl+(회색)- |

【도구】

| | |
|---|---|
| 한글과 컴퓨터 사전 | Shift+F6/F12 |
| 맞춤법 검사 시작 | F8 |
| 빠른 교정 내용 보기 | Shift+F8 |
| 유의어 사전 보기 | Ctrl+F12 |
| 찾아보기 표시 달기 | Ctrl+K,I |

• 매크로에서

| | |
|---|---|
| 매크로 정의/기록 끝 | Alt+B |
| 매크로 실행 | Alt+1,2...0,- |
| 매크로 실행 중지 | Ctrl+Alt+Delete |

【표】

| | |
|---|---|
| 셀 편집 | F5 |
| 표 안에서 다른 셀로 이동 | Tab |
| 표 안에서 탭 삽입 | Ctrl+Tab |
| 틀, 숨은 화면 편집 끝내기 | Shift+Esc |
| 블록 합계 | Ctrl+Shift+S |
| 블록 평균 | Ctrl+Shift+A |
| 블록 곱 | Ctrl+Shift+P |
| 가로 합계 | Ctrl+Shift+H |
| 세로 합계 | Ctrl+Shift+V |
| 가로 평균 | Ctrl+Shift+J |
| 세로 평균 | Ctrl+Shift+B |
| 가로 곱 | Ctrl+Shift+K |
| 세로 곱 | Ctrl+Shift+N |

• F5 셀 블록상태에서

| | |
|---|---|
| 칸 전체 블록 | F7 |
| 줄 전체 블록 | F8 |
| 현재 셀의 크기 조절 | Shift+화살표 |
| 현재 셀이 속한 가로 줄/세로 칸 전체 크기 | Ctrl+화살표 |
| 표 크기를 고정한 채 가로 줄/세로 칸 크기 | Alt+화살표 |
| 테두리 모양 | L |
| 배경 모양 | C |
| 나누기 | S |
| 줄/칸 지우기 | Delete |
| 줄/칸 삽입 | Insert |
| 줄 높이를 같게 | H |
| 줄 너비를 같게 | W |
| 셀 합치기 | M |
| 자동 채우기 | A |

【창】

| | |
|---|---|
| 모두 아이콘으로 | Ctrl+W,M |
| 창 순환 | Alt+Tab |
| 문서탭 순환 | Ctrl+Tab |

• 편집 화면 분할에서

| | |
|---|---|
| 화면 이동 | Ctrl+W,N |

【기타】

| | |
|---|---|
| 도움말 | F1 |
| 메뉴 | F10/Alt |
| 빠른 메뉴 | Shift+F10 |
| 고정폭 빈칸 | Alt+SpaceBar |
| 무른 하이픈(-) | Ctrl+Shift+− |
| 개체 선택 | F11 |

• 그림 그리기에서

| | |
|---|---|
| 맨 앞으로 | Shift+Page Up |
| 맨 뒤로 | Shift+Page Down |
| 글 앞으로 | Shift+Home |
| 글 뒤로 | Shift+End |
| 개체 묶기 | Ctrl+G |
| 개체 풀기 | Ctrl+U |

**김찬회** 한글과컴퓨터 고문(공학박사)
**임정목** 코리아퍼스텍 상무이사(공학박사)
**박대성** 육본 1군단 1군지여단 TICN 정비관

# 한글 2020

| | |
|---|---|
| 지 은 이 | 김찬회 · 임정목 · 박대성 |
| 펴 낸 이 | 김형근 |
| 펴 낸 곳 | 도서출판 기한재 |
| 주 소 | 경기도 파주시 회동길 56 (파주출판도시) |
| 전 화 | 031)955-0900~2 |
| 팩 스 | 031)955-0100 |
| 등 록 | 1990년 3월 15일 제2-968호 |
| 발 행 | 2021년 1월 29일 1판 1쇄 |
| 정 가 | 16,000원 |


Published by Kihanjae Co.
ISBN 978-89-7018-804-1
http://www.kihanjae.com
E-mail : kihanjae@hanmail.net